第二版

中华人民共和国民法典
婚姻家庭编

实用问题版

法律出版社法律应用中心　编

法律出版社 LAW PRESS · CHINA
北京

图书在版编目（CIP）数据

中华人民共和国民法典婚姻家庭编：实用问题版/法律出版社法律应用中心编. -- 2版. -- 北京：法律出版社，2025. -- ISBN 978-7-5197-9994-6

Ⅰ. D923.9

中国国家版本馆CIP数据核字第20253R2D45号

中华人民共和国民法典婚姻家庭编：实用问题版（第二版）
ZHONGHUA RENMIN GONGHEGUO MINFADIAN HUNYIN JIATING BIAN：SHIYONG WENTI BAN（DI-ER BAN）

法律出版社法律应用中心 编

责任编辑 朱海波 张颖 杨雨晴
装帧设计 臧晓飞

出版发行 法律出版社
编辑统筹 法律应用出版分社
责任校对 马丽
责任印制 刘晓伟
经销 新华书店

开本 A5
印张 8.875 **字数** 210千
版本 2025年2月第2版
印次 2025年2月第1次印刷
印刷 保定市中画美凯印刷有限公司

地址：北京市丰台区莲花池西里7号（100073）
网址：www.lawpress.com.cn
投稿邮箱：info@lawpress.com.cn
举报盗版邮箱：jbwq@lawpress.com.cn
销售电话：010-83938349
客服电话：010-83938350
咨询电话：010-63939796

书号：ISBN 978-7-5197-9994-6
定价：36.00元

凡购买本社图书，如有印装错误，我社负责退换。电话：010-83938349

出版说明

2021年1月1日《民法典》正式施行。《民法典》是一本写满民事权利的宣言书，与人民的生活密切相关，几乎所有的民事活动都能在《民法典》中找到依据。为帮助读者更好地理解《民法典》中的法律概念、术语以及具体条文的适用，我们从实用、易懂、便捷的角度出发，编写了“民法典实用问题版系列”图书。

本套图书具有以下特点：

1. 实用的解读。对重点条文根据立法、司法、行政机关的释义、解读以及相关法律法规的规定等进行精炼、准确的解答，为理解、适用《民法典》的条文规定提供实用的解读。

2. 实用的指引。结合生活、工作实践提炼法律适用问题，并依据《民法典》及相关法律法规、司法解释、部门规章的进一步规定进行分析解答，为处理法律事务、解决法律问题提供实用的指引。

3. 实用的工具和案例。提炼法律知识图表，让成体系的《民法典》相关规定的适用一目了然，同时收录了常用的法律文书（合同）范本、典型案例，供读者参照使用，为处理民事法律事务提供实用的工具。

4. 实用的依据。收录常用的法律法规、司法解释、部门规章等（电子版免费阅读使用，并持续更新），并以《民法典》的体例进行划分，条理清晰、查询方便，后续电子版将根据法律法规的变化持续调整，为处理民事法律事务提供实用的依据。

带着问题学习法律，以法律解决实际问题！希望本套丛书能够为广大读者带来切实的法律帮助。

《民法典》线上配套法律法规汇编

本汇编为“民法典实用问题版系列”的配套法规，旨在为读者提供便捷的、全面的在线内容查询。本汇编以《民法典》的体例划分，条理清晰、查询方便，后续将根据法律法规的变化持续调整，为处理民事法律事务提供实用的依据。

本汇编包含：(1)《民法典》全文正式版本。(2)《民法典》与《婚姻法》《继承法》《民法通则》《收养法》《担保法》《合同法》《物权法》《侵权责任法》《民法总则》相关法律的条文对照。(3)与《民法典》相关的法律、行政法规、司法解释、司法批复、司法文件、部门规章等。

《民法典》婚姻家庭典型案例汇编

本汇编收录最高人民法院等有关部门发布的以下婚姻家庭典型案例:(1)涉婚姻家庭纠纷典型案例;(2)最高人民法院与全国妇联联合发布 5 件反家庭暴力犯罪典型案例;(3)最高人民法院、民政部、全国妇联联合发布四起涉彩礼纠纷典型案例;(4)最高人民法院发布人民法院反家庭暴力典型案例(第二批);(5)最高人民法院发布人民法院反家庭暴力典型案例(第一批);(6)最高人民法院发布人身安全保护令十大典型案例。

目　录

民法典　第五编　婚姻家庭

第一章　一 般 规 定 …………………………………………… 3

第一千零四十条　【婚姻家庭编的调整范围】 ……………… 3

第一千零四十一条　【基本原则】 …………………………… 3

第一千零四十二条　【婚姻家庭的禁止性规定】 …………… 3

第一千零四十三条　【婚姻家庭的倡导性规定】 …………… 4

第一千零四十四条　【收养的基本原则】 …………………… 5

第一千零四十五条　【亲属、近亲属及家庭成员】………… 6

第二章　结　　婚 ……………………………………………… 6

第一千零四十六条　【结婚自愿】 …………………………… 6

第一千零四十七条　【法定结婚年龄】 ……………………… 7

第一千零四十八条　【禁止结婚的情形】 …………………… 7

第一千零四十九条 【结婚登记】 …………………………… 8
第一千零五十条 【婚后双方互为家庭成员】 ………… 9
第一千零五十一条 【婚姻无效的情形】 ……………… 9
第一千零五十二条 【胁迫婚姻】…………………………… 10
第一千零五十三条 【隐瞒疾病的可撤销婚姻】………… 11
第一千零五十四条 【婚姻无效和被撤销的法律后果】…… 12
第三章 家庭关系 ………………………………………… 13
第一节 夫妻关系 ……………………………………… 13
第一千零五十五条 【夫妻地位平等】…………………… 13
第一千零五十六条 【夫妻姓名权】……………………… 14
第一千零五十七条 【夫妻参加各种活动的自由】……… 14
第一千零五十八条 【夫妻抚养、教育和保护子女的权利义务平等】……………………… 15
第一千零五十九条 【夫妻相互扶养义务】……………… 16
第一千零六十条 【日常家事代理权】…………………… 17
第一千零六十一条 【夫妻相互继承权】………………… 19
第一千零六十二条 【夫妻共同财产】…………………… 20
第一千零六十三条 【夫妻个人财产】…………………… 22
第一千零六十四条 【夫妻共同债务】…………………… 24
第一千零六十五条 【夫妻约定财产制】………………… 25
第一千零六十六条 【婚姻关系存续期间夫妻共同财产的分割】………………………… 28
第二节 父母子女关系和其他近亲属关系 ……………… 30
第一千零六十七条 【父母的抚养义务和子女的赡养义务】…………………………… 30
第一千零六十八条 【父母教育、保护未成年子女的权利义务】……………………… 32

第一千零六十九条 【子女应尊重父母的婚姻权利】……… 32
第一千零七十条 【父母子女相互继承权】………………… 33
第一千零七十一条 【非婚生子女的权利】………………… 34
第一千零七十二条 【继父母与继子女间的权利义务关系】………………………………… 35
第一千零七十三条 【亲子关系异议之诉】………………… 36
第一千零七十四条 【祖孙之间的抚养、赡养义务】 ……… 36
第一千零七十五条 【兄弟姐妹间的扶养义务】…………… 37
第四章 离 婚 ……………………………………………… 38
第一千零七十六条 【协议离婚】…………………………… 38
第一千零七十七条 【离婚冷静期】………………………… 38
第一千零七十八条 【离婚登记】…………………………… 39
第一千零七十九条 【诉讼离婚】…………………………… 40
第一千零八十条 【婚姻关系解除时间】………………… 41
第一千零八十一条 【军婚的保护】………………………… 42
第一千零八十二条 【男方离婚诉权的限制】……………… 42
第一千零八十三条 【复婚登记】…………………………… 43
第一千零八十四条 【离婚后的父母子女关系】…………… 44
第一千零八十五条 【离婚后子女抚养费的负担】………… 46
第一千零八十六条 【父母的探望权】……………………… 47
第一千零八十七条 【离婚时夫妻共同财产的处理】……… 48
第一千零八十八条 【离婚经济补偿】……………………… 49
第一千零八十九条 【离婚时夫妻共同债务清偿】………… 50
第一千零九十条 【离婚经济帮助】……………………… 51
第一千零九十一条 【离婚损害赔偿】……………………… 52
第一千零九十二条 【一方侵害夫妻共同财产的法律后果】………………………………… 53

第五章　收　　养 …………………………………………… 54
第一节　收养关系的成立 ……………………………………… 54
第一千零九十三条　【被收养人的范围】………………… 54
第一千零九十四条　【送养人的范围】…………………… 55
第一千零九十五条　【监护人送养未成年人的特殊规定】………………………………… 57
第一千零九十六条　【监护人送养孤儿的特殊规定】……… 58
第一千零九十七条　【生父母送养】……………………… 59
第一千零九十八条　【收养人的条件】…………………… 60
第一千零九十九条　【收养三代以内旁系同辈血亲子女的特殊规定】……………………… 61
第一千一百条　【收养子女的人数】……………………… 61
第一千一百零一条　【共同收养】………………………… 62
第一千一百零二条　【无配偶者收养异性子女】………… 62
第一千一百零三条　【继父母收养继子女的特殊规定】…… 62
第一千一百零四条　【收养、送养自愿】 ………………… 62
第一千一百零五条　【收养登记、收养公告、收养协议、收养公证、收养评估】 ………… 63
第一千一百零六条　【被收养人户口登记】……………… 64
第一千一百零七条　【抚养】……………………………… 64
第一千一百零八条　【抚养优先权】……………………… 65
第一千一百零九条　【涉外收养】………………………… 66
第一千一百一十条　【收养保密义务】…………………… 68
第二节　收养的效力 ………………………………………… 68
第一千一百一十一条　【收养效力】……………………… 68
第一千一百一十二条　【养子女的姓氏】………………… 69
第一千一百一十三条　【无效收养行为】………………… 69

第三节 收养关系的解除 …………………………………… 70
第一千一百一十四条 【当事人协议解除及因违法行为而解除】…………………… 70
第一千一百一十五条 【关系恶化而协议解除】………… 72
第一千一百一十六条 【解除收养关系登记】…………… 72
第一千一百一十七条 【解除收养关系后的身份效力】…… 73
第一千一百一十八条 【解除收养关系后的财产效力】…… 74

实用问题

第一章 一 般 规 定 ………………………………………… 79
1. 父母能够干涉自己子女的婚姻吗？ ………………………… 79
2. 独身老人有争取自己“黄昏恋”的婚姻自由吗？ ………… 79
3. 借女儿婚姻，向亲家索要“天价彩礼”是违法行为吗？ ……… 79
4. 为法律所禁止的重婚行为具体如何界定？ ……………… 80
5. 什么是家庭暴力？ ………………………………………… 80
6. 如何防范家庭暴力？ ……………………………………… 81
7. 家庭暴力实施者应负哪些法律责任？ ……………………… 82
8. 对家庭暴力的受害者有哪些救助措施？ …………………… 82
9. 遭遇家庭暴力可以向哪些部门求助？ ……………………… 83
10. 什么情况下可以申请人身安全保护令？ ………………… 84
11. 人身安全保护令是否有期限限制？当事人不服的怎么办？ … 85
12. 违反人身安全保护令会有什么样的后果？ ……………… 85
13. 收养未成年人时约定巨额“营养费”“感谢费”违法吗？ ……… 85
14.《民法典》中亲属、近亲属、家庭成员的范围分别指什么？ …… 86
第二章 结 婚 ………………………………………… 86
15. 结婚需要符合哪些条件？ ………………………………… 86

16. 哪些情况下即使符合结婚的条件也不能结婚？ …………… 86
17. 父母再婚已成年的异父异母的兄弟姐妹能否结婚？ ……… 86
18. 被判处缓刑的罪犯有申请结婚的权利吗？ ……………… 87
19. 举行婚礼就可以成为合法夫妻了吗？ …………………… 87
20. 结婚登记双方可以委托别人代办吗？ …………………… 87
21. 如何办理结婚登记手续？ ………………………………… 88
22. 要到哪里的婚姻登记机关办理结婚登记？ ……………… 88
23. 内地居民申请结婚登记需要提交哪些证明文件？ ……… 88
24. 港澳台居民申请结婚登记需要提交哪些证明文件？ …… 89
25. 华侨在内地申请结婚登记需要提交哪些证明文件？ …… 89
26. 外国人在中国内地申请结婚登记需要提交哪些证明文件？ … 89
27. 婚姻无效的情形包括哪些？ ……………………………… 90
28. 什么情况下可以向人民法院申请撤销婚姻？ …………… 90
29. 受胁迫结婚后，受胁迫的一方应该怎么办？ …………… 91
30. 婚姻被认定为无效或者被撤销会产生什么样的法律后果？ … 91
31. 婚姻被撤销或宣告无效时，子女的法律地位如何？ …… 92
第三章　家 庭 关 系 ………………………………………… 92
第一节　夫 妻 关 系 ………………………………………… 92
32. 夫妻双方在家庭中的地位平等吗？ ……………………… 92
33. 夫妻双方相互扶养的义务指的是什么？ ………………… 93
34. 妻子失去劳动能力，而丈夫拒绝扶养，妻子该如何寻求救济？ …………………………………………………… 93
35. 夫妻间的扶养义务可以约定取消吗？ …………………… 94
36. 夫妻一方因家庭日常生活需要而实施的民事法律行为对双方都有约束力吗？ ………………………………………… 94
37. 哪些财产属于夫妻共同财产？ …………………………… 95
38. 哪些财产属于夫妻个人财产？ …………………………… 95
39. 保单现金价值是否属于夫妻共同财产？ ………………… 96
40. 夫妻一方能否做主出售共同所有的房屋？ ……………… 96

41. 婚前房产婚后被征收,补偿款是否属于夫妻共同财产? …… 97
42. 婚前个人房产,婚后出售的增值部分属于夫妻共同财产吗? …… 97
43. 丈夫因车祸而获得的残疾人生活补助费是否属于夫妻共同财产? …… 97
44. 分居期间夫妻一方取得的财产是夫妻共同财产吗? …… 98
45. 夫妻一方以自己的名义举债,一定为夫妻共同债务吗? …… 98
46. 约定夫妻财产“AA 制”后,就不需要对对方的债务负责了吗? …… 98
47. 分居后夫妻一方所负债务是否属于共同债务? …… 99
48. 夫妻双方如何对财产进行约定?约定的法律后果有哪些? …… 99
49. 一方擅自将夫妻共同财产赠与第三者,夫妻另一方有权要求第三者返还吗? …… 100
50. 婚姻关系存续期间,能要求分割共同财产吗? …… 101
51. 夫妻一方私自赠与“第三者”财产另一方能否要求返还? …… 101
第二节 父母子女关系和其他近亲属关系 …… 102
52. 已成年的残疾女孩还能向自己的父母索要抚养费吗? …… 102
53. 风烛残年的老人能向自己的成年子女索要赡养费吗? …… 102
54. 萱萱在公园玩耍时将小朋友打伤,其父母应该赔偿吗? …… 103
55. 儿子可以因母亲改嫁而拒付赡养费吗? …… 103
56. 父母离婚多年,子女对远在他乡的父亲还有义务赡养吗? …… 104
57. 放弃继承权的子女,可以免除赡养父母的义务吗? …… 104
58. 父母和子女可以相互继承遗产吗? …… 104
59. 代位继承人成年后从未履行赡养义务,应否均分遗产? …… 105
60. 非婚生子女和婚生子女地位平等吗? …… 105
61. 继父继母与受其抚养教育的继子女之间的权利义务有哪些? …… 105

62. 父亲或者母亲可以向人民法院起诉要求确认或者否认亲子关系吗？ …… 106
63. 子女可以向人民法院起诉要求确认亲子关系吗？ …… 106
64. 祖父母、外祖父母和孙子女、外孙子女之间有抚养和赡养的义务吗？ …… 106
65. 兄弟姐妹之间有互相扶养的义务吗？ …… 107
66. 同居期间生下的非婚生子女在分手后归谁抚养？ …… 107
67. 被遗弃的老人应该怎么保护自己的权利？ …… 107
第四章 离 婚 …… 108
68. 夫妻自愿离婚如何办理手续？ …… 108
69. 离婚协议书应该怎么写？ …… 109
70.《民法典》新设立的“离婚冷静期制度”是怎么回事？ …… 109
71. 当事人可以向人民法院提起离婚诉讼吗？ …… 110
72. 起诉离婚应该提交哪些材料？ …… 111
73. 离婚诉讼应该向哪个人民法院提起？ …… 111
74. 委托代理人后，是否意味着离婚诉讼的当事人可以不出庭？ …… 112
75. 哪些情形人民法院应当准予离婚？ …… 113
76. 如何确定感情确已破裂？ …… 113
77. 离婚时，哪些家庭暴力的证据会被人民法院认可？ …… 115
78. 夫妻分居 2 年以上就一定可以离婚吗？ …… 116
79. 如何计算“分居”2 年的时间？ …… 116
80. 配偶下落不明满 2 年以上的，当事人如何解除婚姻关系？ …… 117
81. 丈夫长期酗酒能作为确认夫妻感情破裂的事由吗？ …… 117
82. 第二次起诉离婚 6 个月期限的起算点怎么计算？ …… 118
83. 重婚导致的无效婚姻，是否因离婚或原配偶死亡转为有效？ …… 118
84. 离婚诉讼费用如何计算？ …… 118
85. 一审判决离婚后尚在上诉期内的，当事人可以再结婚吗？ …… 119
86. 什么时候婚姻关系才算真正解除？ …… 119
87. 现役军人的配偶要求离婚有什么特殊规定？ …… 119

88. 现役军人的配偶提出离婚，军人方不同意又无重大过错，怎么处理？ …… 120
89. 破坏军婚的第三者该怎么处理？ …… 120
90. 丈夫在任何时间都可以提出离婚吗？ …… 120
91. 妻子所怀孩子身份不明，丈夫在此期间可否请求离婚？ …… 121
92. 复婚不领证会有什么风险？ …… 121
93. 离婚是不是意味着与子女断绝关系？ …… 122
94. 同居生活期间取得的财产双方如何分割？ …… 122
95. 离婚后子女应该归谁抚养？ …… 123
96. 离婚案件中，孩子选择跟随生活的一方条件比另一方差很多，应如何处理？ …… 124
97. 离婚后不直接抚养子女一方应当如何承担抚养费？ …… 125
98. 离婚时子女抚养费的支付方式有哪些？ …… 126
99. 子女抚养费的给付期限是多久？ …… 126
100. 子女抚养费在什么条件下可要求变更？ …… 126
101. 在什么情况下可以变更子女的抚养权？ …… 127
102. 离婚后不直接抚养子女的一方有权探望吗？ …… 128
103. 双方分居或离婚诉讼期间以及离婚后，如何制止藏匿未成年子女行为？ …… 129
104. 离婚时夫妻财产如何处理？ …… 129
105. 婚后一直与家庭其他成员共同生活的，离婚时如何确定夫妻共同财产？ …… 130
106. 离婚时嫁妆如何分配？ …… 130
107. 离婚时双方都要房子怎么办？ …… 131
108. 离婚时夫妻一方的房改房是否应当分割？ …… 131
109. 夫妻间给予房产行为，离婚时房产归属如何判定？ …… 131
110. 父母为子女购房出资子女离婚时财产如何分割？ …… 133
111. 离婚前夫妻双方共同出资购买的彩票，离婚后中奖的，奖金如何分割？ …… 134

112. 离婚时如何处理知识产权收益？ …………………… 134
113. 夫妻一方的受赠财产和人身伤害赔偿金在离婚时应如何处理？ …………………………………………… 134
114. 男女双方解除同居关系后，如何处理同居期间的财产和债务？ …………………………………………… 135
115. 离婚时夫妻在有限公司的出资怎么分割？ ………… 135
116. 离婚时夫妻在合伙企业中的出资如何分割？ ……… 136
117. 离婚时以夫妻一方名义投资的个人独资企业财产如何分割？ …………………………………………… 137
118. 是否可以随意撤销离婚协议中约定将财产给子女的约定？ … 138
119. 以子女名义购买的房屋在离婚时该房产如何分割？ ……… 138
120. "净身出户"的协议具有法律效力吗？ ……………… 139
121. 何为"假离婚"？"假离婚"后受害一方该怎么办？ ……… 140
122. 公婆婚后赠与购房款离婚时应否偿还？ …………… 140
123. 婚姻中付出较多的一方在离婚时有权向另一方请求补偿吗？ ………………………………………… 141
124. 离婚时夫妻的共同债务应该如何偿还？ …………… 141
125. 离婚时一方生活有困难能够要求另一方帮助吗？ ……… 142
126. 离婚时无过错方要求损害赔偿的情形有哪些？ ……… 143
127. 离婚损害赔偿可以在离婚后提出吗？ ……………… 143
128. 离婚损害赔偿的证据有哪些？ …………………… 144
129. 离婚双方都有过错时，过错小的一方可以要求损害赔偿吗？ ………………………………………… 145
130. 离婚时夫妻一方有隐藏、转移、变卖、毁损、挥霍夫妻共同财产情形的另一方应该怎么办？ ……………… 145
131. 如何规制"离婚逃债"行为？ …………………… 146
第五章　收　　养 ……………………………………… 147
第一节　收养关系的成立 …………………………… 147
132. 哪些未成年人可以被收养？ ……………………… 147

133. 哪些个人和组织可以成为送养人？ …………………… 147
134. 未成年人的监护人在什么情况下可以将该未成年人送养？ ………………………………………………… 148
135. 监护人送养孤儿应当征得有抚养义务的人的同意吗？ …… 148
136. 生父母送养子女可以由一方单独送养吗？ ……………… 148
137. 通常情况下收养人应具备哪些条件？ …………………… 148
138. 收养三代以内旁系同辈血亲的子女可以享有哪些宽松条件？ ………………………………………………… 149
139. 华侨收养三代以内旁系同辈血亲的子女可以享有哪些宽松条件？ …………………………………………… 150
140. 收养人一般可以收养几名子女？ ………………………… 150
141. 夫妻俩收养子女应当共同收养吗？ ……………………… 150
142. 无配偶者收养异性子女的有什么限制条件？ …………… 151
143. 继父母收养继子女的有什么特殊规定？ ………………… 151
144. 在收养过程中是否应得到被收养人的同意？ …………… 151
145. 收养关系应由哪个部门登记？收养评估应当由哪个部门作出？ …………………………………………………… 152
146. 收养查找不到生父母的未成年人应当在登记前公告吗？ … 152
147. 收养过程中必须签订收养协议和办理收养公证吗？ ……… 152
148. 收养关系自何时成立？收养关系成立后被收养人可以办理户口吗？ ……………………………………………… 153
149. 生父母的亲属、朋友抚养孤儿的适用本章有关规定吗？ …… 153
150. 什么情况下祖父母或者外祖父母有优先抚养的权利？ …… 154
151. 外国人在中国收养子女需要遵守哪些规定？ …………… 154
152. 收养秘密的保守受法律保护吗？ ………………………… 154
第二节　收养的效力 ………………………………………… 155
153. 收养关系成立后养子女与养父母、生父母及其他近亲属的权利义务将发生什么变化？ …………………………… 155
154. 养子女可以保留原姓氏吗？ ……………………………… 155

155. 什么样的收养行为是无效的？ …………………………… 155
第三节 收养关系的解除 …………………………………… 156
156. 被收养人尚未成年可以解除收养关系吗？ ……………… 156
157. 收养人有虐待未成年养子女的行为，送养人可以要求解除收养关系吗？ …………………………………………… 157
158. 养子女成年后与养父母关系恶化可以解除收养关系吗？ … 157
159. 当事人协议解除收养关系的还需要办理登记手续吗？ …… 157
160. 收养关系解除后养子女与养父母、生父母及其他近亲属的权利义务关系会有什么变化？ ………………………… 158
161. 收养关系解除后养父母还可以向成年养子女要求生活费吗？ …………………………………………………… 158
162. 养父母在什么情况下可以要求养子女或者生父母补偿抚养费？ ………………………………………………… 159

关联法规

1. 最高人民法院关于适用《中华人民共和国民法典》婚姻家庭编的解释(一) ………………………………………………………… 163
2. 最高人民法院关于适用《中华人民共和国民法典》婚姻家庭编的解释(二) ………………………………………………………… 175
3. 最高人民法院关于审理涉彩礼纠纷案件适用法律若干问题的规定 …………………………………………………………… 180
4. 婚姻登记条例 ……………………………………………… 181
5. 民政部关于贯彻执行《婚姻登记条例》若干问题的意见 ………… 185
6. 最高人民法院、最高人民检察院、公安部、司法部印发《关于依法办理家庭暴力犯罪案件的意见》的通知 ………………………… 188
7. 中华人民共和国人口与计划生育法 ………………………… 195

8. 中华人民共和国反家庭暴力法 …… 201
9. 中华人民共和国母婴保健法 …… 206
10. 最高人民法院关于办理人身安全保护令案件适用法律若干问题的规定 …… 211
11. 最高人民法院、全国妇联、教育部、公安部、民政部、司法部、卫生健康委关于加强人身安全保护令制度贯彻实施的意见 …… 213
12. 最高人民法院关于人身安全保护令案件相关程序问题的批复 …… 217
13. 民政部关于贯彻落实《中华人民共和国民法典》中有关婚姻登记规定的通知 …… 218
14. 最高人民法院关于内地与香港特别行政区法院相互认可和执行婚姻家庭民事案件判决的安排 …… 221

实用工具

1. 民事起诉状(离婚纠纷) …… 229
2. 民事起诉状(实例)(离婚纠纷) …… 233
3. 民事答辩状(离婚纠纷) …… 239
4. 民事答辩状(实例)(离婚纠纷) …… 242
5. 离婚协议书(一般范本) …… 245
6. 夫妻分居协议书(一般范本) …… 249
7. 婚前财产协议书 …… 251
8. 离婚登记申请书 …… 253
9. 离婚登记申请受理回执单 …… 254
10. 不予受理离婚登记申请告知书 …… 255
11. 撤回离婚登记申请书 …… 256
12. 撤回离婚登记申请确认单 …… 257
13. 离婚登记声明书 …… 258

14. 不予办理离婚登记告知书 …… 259
15. 离婚登记审查处理表 …… 260
16. 离婚登记流程图 …… 261
17. 离婚官司流程图(一审) …… 262
18. 离婚官司流程图(二审) …… 263

民法典

第五编　婚姻家庭

第一章　一般规定

第一千零四十条　【婚姻家庭编的调整范围】本编调整因婚姻家庭产生的民事关系。

条文注解

婚姻家庭法,或称亲属法,是调整婚姻、亲属间权利义务关系的法律。它主要规定婚姻、亲属间身份关系的产生、变更和消灭,以及基于这种关系而产生的民事权利和义务。婚姻家庭法涉及家家户户,关系每一位公民的切身利益。

第一千零四十一条　【基本原则】婚姻家庭受国家保护。

实行婚姻自由、一夫一妻、男女平等的婚姻制度。

保护妇女、未成年人、老年人、残疾人的合法权益。

关联法规

《宪法》第 49 条,《残疾人保障法》第 3 条

第一千零四十二条　【婚姻家庭的禁止性规定】禁止包办、买卖婚姻和其他干涉婚姻自由的行为。禁止借婚姻索取财物。

禁止重婚。禁止有配偶者与他人同居。

禁止家庭暴力。禁止家庭成员间的虐待和遗弃。

条文注解

本条第1款规定,坚持婚姻自由原则,就要反对包办婚姻和买卖婚姻等,禁止借婚姻索取财物。包办婚姻,是指第三人违反婚姻自主的原则,包办强迫他人婚姻的违法行为。买卖婚姻,是指第三人以索取财物为目的,强迫他人婚姻的违法行为。买卖婚姻往往表现为第三人向男方索要嫁女的身价以及贩卖妇女与人为妻。借婚姻索取财物,是指除买卖婚姻以外的其他以索取对方财物为结婚条件的违法行为。包办婚姻和买卖婚姻都是违反婚姻自由的原则、强迫他人婚姻的行为。它们的区别在于是否以索取钱财为目的。

本条第2款规定,实行一夫一妻制就必须反对重婚。所谓重婚,是指有配偶的人又与他人结婚的违法行为,或者明知他人有配偶而与他人登记结婚的违法行为。有配偶的人,未办理离婚手续又与他人登记结婚,即是重婚;虽未登记结婚,但事实上与他人以夫妻名义公开同居生活的,亦构成重婚。

本条第3款规定,建立和维护平等、和睦、文明的婚姻家庭关系,就必须禁止家庭成员间的虐待和遗弃,禁止一切形式的家庭暴力。家庭成员间的虐待,是指用打骂、冻饿、有病不给治疗等方法摧残、折磨家庭成员,使他们在肉体上、精神上遭受痛苦的行为。

关联法规

《刑法》第258、260、261条,《最高人民法院关于适用〈中华人民共和国民法典〉婚姻家庭编的解释(一)》第1、2条,最高人民法院关于审理涉彩礼纠纷案件适用法律若干问题的规定

第一千零四十三条　【婚姻家庭的倡导性规定】家庭应当树立优良家风,弘扬家庭美德,重视家庭文明建设。

夫妻应当互相忠实,互相尊重,互相关爱;家庭成员应当敬老爱幼,互相帮助,维护平等、和睦、文明的婚姻家庭关系。

关联法规

《最高人民法院关于适用〈中华人民共和国民法典〉婚姻家庭编的解释(一)》第4条

第一千零四十四条　【收养的基本原则】收养应当遵循最有利于被收养人的原则,保障被收养人和收养人的合法权益。

禁止借收养名义买卖未成年人。

条文注解

本条来自《收养法》第2条和第20条。婚姻家庭法的收养规定在突出保护被收养的未成年人的同时,兼顾保护收养人的利益。所以本条规定"保障被收养人和收养人的合法权益"。收养关系的当事人主要包括收养人、被收养人。除保护被收养人外,收养人的权利也要维护。国家设立收养制度,可以使某些孤儿,以及出于某种原因不能随父母生活的儿童,得到家的温暖,在养父母的抚育下健康成长。同时,满足某些无子女的人希望得到子女的合理愿望,他们通过收养子女,得到生活上的安慰,并在年老时有所依靠。被收养人和收养人的权利义务是统一的,收养人抚育被收养人,使之幼有所育;收养人年迈时,被收养人就应当尽赡养义务,使之老有所养。《收养法》维护被收养人和收养人双方的利益,但重在保护被收养人的权利。最有利于被收养人的原则与有利于收养人的原则在收养关系中并不是并行的,前者为主,后者为辅。

被收养的儿童不是商品,不容买卖。借收养名义买卖儿童实质是买卖而不是收养,必须旗帜鲜明地反对并予以禁止。所以本条第2款规定:"禁止借收养名义买卖未成年人。"

第一千零四十五条　【亲属、近亲属及家庭成员】亲属包括配偶、血亲和姻亲。

配偶、父母、子女、兄弟姐妹、祖父母、外祖父母、孙子女、外孙子女为近亲属。

配偶、父母、子女和其他共同生活的近亲属为家庭成员。

条文注解

亲属为有血缘关系或者婚姻关系的人。血缘关系包括法律拟制的血缘关系，如收养形成的父母子女关系。配偶，即夫妻，是男女因结婚而形成的亲属关系。血亲，是指因自然的血缘关系而产生的亲属关系，也包括因法律拟制而产生的血亲关系。有自然血缘联系的亲属，称为自然血亲；因法律拟制的抚养关系而形成的亲属，称为拟制血亲。姻亲是以婚姻为中介形成的亲属，但不包括己身的配偶。一类是配偶的血亲，如岳父母、公婆。另一类是血亲的配偶，如儿媳、女婿、嫂、弟媳、姐夫、妹夫。

第二章　结　　婚

第一千零四十六条　【结婚自愿】结婚应当男女双方完全自愿，禁止任何一方对另一方加以强迫，禁止任何组织或者个人加以干涉。

条文注解

结婚应当男女双方完全自愿，这是婚姻自由原则在结婚上的具体体现。该规定的核心是，男女双方是否结婚、与谁结婚，应当由当事者本人决定。它包括两层含义：第一，应当是双方自愿，而不是一厢情愿。婚姻应以互爱为前提，任何一方都不得强迫对方成婚。第二，应当是当事人自愿，而不是父母等第三人采用包办、买卖等方式强迫男女双方结为夫妻。当然，法律要求本人自愿，并不排斥男女双方就个人的婚事征求父母、亲友的意见，也不排斥父母、亲友等第三人出于对当事人的关心和爱护对他们的婚姻提出看法和建议。

关联法规

《宪法》第 49 条，《妇女权益保障法》第 61 条，《老年人权益保障法》第 21 条，《刑法》第 257 条

第一千零四十七条　【法定结婚年龄】结婚年龄，男不得早于二十二周岁，女不得早于二十周岁。

第一千零四十八条　【禁止结婚的情形】直系血亲或者三代以内的旁系血亲禁止结婚。

条文注解

血亲主要指出于同一祖先，有血缘关系的亲属，即自然血亲；也包括法律拟制的血亲，即虽无血缘联系，但法律确认其与自然血亲有同等的权利义务的亲属。禁止血亲结婚是优生的要求。根据本条规定，禁止结婚的血亲有两类：第一，直系血亲。包括父母子女间，祖父母、外祖父母与孙子女、外孙子女间。父亲不能娶女儿为妻，母亲不能嫁儿子为夫。爷爷（姥爷）不能与孙女（外孙女）婚配，奶奶（姥姥）不能与孙子（外孙子）结合。第二，三代以内旁系血亲，包括：(1)同源于父母的兄弟姊妹（含同父异母、同母异父的兄弟姊妹）。同一父母的子女

之间不能结婚。(2)不同辈的叔、伯、姑、舅、姨与侄、甥。叔叔(伯伯)不能和兄(弟)的女儿结婚；姑姑不能和兄弟的儿子结婚；舅舅不能和姊妹的女儿结婚；姨妈不能和姊妹的儿子结婚。(3)同辈的堂兄弟姐妹和表兄弟姐妹。

关联法规

《婚姻登记条例》第6条

第一千零四十九条 【结婚登记】要求结婚的男女双方应当亲自到婚姻登记机关申请结婚登记。符合本法规定的，予以登记，发给结婚证。完成结婚登记，即确立婚姻关系。未办理结婚登记的，应当补办登记。

条文注解

事实婚姻，是指没有配偶的男女，未进行结婚登记，便以夫妻关系同居生活，群众也认为是夫妻关系的两性结合。对没有进行结婚登记的，应区别情况分别处理。对违反结婚实质条件的，本法已规定为无效婚姻；对符合结婚实质要件，只是没有办理登记手续的，一律简单宣布为无效婚姻，对保护妇女的权益不利，应当通过加强法制宣传和完善登记制度等工作，采取补办登记等办法解决。因此，本条规定，"符合本法规定的"，"未办理结婚登记的，应当补办登记"。这一规定从积极角度重申了办理结婚登记的必要性，那些符合本法规定的结婚条件，举行了结婚仪式或已经以夫妻名义共同生活，但未办理结婚登记的男女，应尽早补办登记，以使自己的婚姻行为合法化。

关联法规

《婚姻登记条例》第 4~7、19 条,《最高人民法院关于适用〈中华人民共和国民法典〉婚姻家庭编的解释(一)》第 6~8 条

第一千零五十条　【婚后双方互为家庭成员】登记结婚后,按照男女双方约定,女方可以成为男方家庭的成员,男方可以成为女方家庭的成员。

条文注解

通常,结婚登记后,举办了婚礼,男女双方就开始了共同生活。根据双方的约定,男女可以到自己的住所,建立小家庭;或者一方到另一方家庭中去,成为其家庭成员。女方可以到男方家去落户,男方也可以到女方家去落户。

第一千零五十一条　【婚姻无效的情形】有下列情形之一的,婚姻无效:

(一)重婚;

(二)有禁止结婚的亲属关系;

(三)未到法定婚龄。

关联法规

《刑法》第 258 条,《最高人民法院关于适用〈中华人民共和国民法典〉婚姻家庭编的解释(一)》第 9、10、14、15、17 条,《最高人民法院关于适用〈中华人民共和国民法典〉婚姻家庭编的解释(二)》第 1、2 条

第一千零五十二条　【胁迫婚姻】因胁迫结婚的，受胁迫的一方可以向人民法院请求撤销婚姻。

请求撤销婚姻的，应当自胁迫行为终止之日起一年内提出。

被非法限制人身自由的当事人请求撤销婚姻的，应当自恢复人身自由之日起一年内提出。

条文注解

可撤销婚姻，是指当事人因意思表示不真实而成立的婚姻，或者当事人成立的婚姻在结婚的要件上有欠缺，通过有撤销权的当事人行使撤销权，使已经发生法律效力的婚姻关系失去法律效力。本条对提出请求撤销婚姻效力的申请规定如下：(1)提出撤销婚姻效力的请求权人。有权提出撤销婚姻效力的申请人只能是因胁迫结婚的被胁迫人。这是由于因胁迫而缔结的婚姻，受胁迫方在缔结婚姻关系时，不能真实地表达自己的意愿，婚姻关系违背受胁迫方的意志。(2)提出撤销婚姻效力申请的时间。因胁迫而结婚的，受胁迫方虽然具有撤销该婚姻效力的请求权，但是这一请求权的行使不是没有任何限制的。本条规定，受胁迫的一方撤销婚姻的请求，应当自胁迫行为终止之日起1年内提出。被非法限制人身自由的当事人请求撤销婚姻的，应当自恢复人身自由之日起1年内提出。(3)有权撤销婚姻效力的机关。根据本条的规定，婚姻登记机关不再受理因胁迫结婚请求撤销业务，有权撤销婚姻关系的机关为人民法院，这与婚姻法的规定不同。

关联法规

《最高人民法院关于适用〈中华人民共和国民法典〉婚姻家庭编的解释（一）》第18、19条，《最高人民法院关于适用〈中华人民共和国民法典〉时间效力的若干规定》第26条

第一千零五十三条　【隐瞒疾病的可撤销婚姻】一方患有重大疾病的，应当在结婚登记前如实告知另一方；不如实告知的，另一方可以向人民法院请求撤销婚姻。

请求撤销婚姻的，应当自知道或者应当知道撤销事由之日起一年内提出。

条文注解

婚前医学检查包括“严重遗传性疾病”“指定传染病”“有关精神病”三类疾病的检查。所谓“严重遗传性疾病”，是指由于遗传因素先天形成，患者全部或者部分丧失自主生活能力，后代再现风险高，医学上认为不宜生育的遗传性疾病。所谓“指定传染病”，是指《传染病防治法》规定的艾滋病、淋病、梅毒以及医学上认为影响结婚和生育的其他传染病。所谓“有关精神病”，是指精神分裂症、躁狂抑郁型精神病以及其他重型精神病。《母婴保健法》规定了婚检项目，但并未确定禁婚疾病。

本条规定，请求撤销婚姻的，应当自知道或者应当知道撤销事由之日起 1 年内向人民法院提出。所谓“知道”，是指有直接和充分的证据证明当事人知道对方患病。“应当知道”，是指虽然没有直接和充分的证据证明当事人知道，但是根据生活经验、相关事实和证据，按照一般人的普遍认知能力，运用逻辑推理可以推断当事人知道对方患病。如果不能在知道或者应当知道撤销事由之日起 1 年内提出，就只能通过协议离婚或者诉讼离婚的程序解除婚姻关系。构成欺诈需在主观和客观方面均为重大或重要。在主观方面，隐瞒的疾病事项对婚姻有着决定性影响，即被隐瞒的一方知道对方患有重大疾病，就一定不会结婚。在客观方面，也必须相当重大或重要。

第一千零五十四条　【婚姻无效和被撤销的法律后果】无效的或者被撤销的婚姻自始没有法律约束力，当事人不具有夫妻的权利和义务。同居期间所得的财产，由当事人协议处理；协议不成的，由人民法院根据照顾无过错方的原则判决。对重婚导致的无效婚姻的财产处理，不得侵害合法婚姻当事人的财产权益。当事人所生的子女，适用本法关于父母子女的规定。

婚姻无效或者被撤销的，无过错方有权请求损害赔偿。

条文注解

本条对无效或者被撤销的婚姻的法律后果作了规定，即无效或者被撤销的婚姻，自始没有法律约束力。子女和财产处理规则相同。无效婚姻和可撤销婚姻虽然在法律后果上是一致的，但无效婚姻和可撤销婚姻还是存在不同之处，主要表现在：(1)无效婚姻是违反禁止结婚条件的，当事人或是已有配偶，或是有不能结婚的亲属关系，或是不到法定年龄。可撤销婚姻是因为胁迫，本不自愿，或者因为被隐瞒重大疾病产生认识错误，如果知道就不会结婚。(2)对于无效婚姻，当事人、利害关系人和相关组织都可以申请无效，人民法院可依法宣告无效。受胁迫和受隐瞒重大疾病的两类可撤销婚姻，只有当事人可以申请撤销，人民法院必须依当事人的申请撤销。(3)无效婚姻的宣告没有时间上的限制，人民法院根据实际情况而裁判是否宣告无效。可撤销婚姻当事人必须在规定的时间内提出，超出规定的时间则不能再提出撤销申请，如要解除婚姻关系只能走离婚的程序。

关联法规

《最高人民法院关于适用〈中华人民共和国民法典〉婚姻家庭编的解释(一)》第20条

第三章　家庭关系

第一节　夫妻关系

第一千零五十五条　【夫妻地位平等】夫妻在婚姻家庭中地位平等。

条文注解

对本条规定,可以从以下三个方面理解:第一,夫妻在婚姻家庭中地位平等的规定,是处理夫妻关系的指导原则,是确定夫妻之间各项权利义务的基础。夫妻地位平等意味着夫妻在共同生活中平等地行使法律规定的权利,平等地履行法律规定的义务,共同承担对婚姻、家庭和社会的责任。第二,规定夫妻在婚姻家庭中地位平等,主要意义在于强调夫妻在人格上的平等以及权利义务的平等。夫妻双方应当互相尊重对方的人格独立,不得剥夺对方享有的权利,夫妻任何一方不能只享有权利不尽义务,或者只尽义务而不享有权利。第三,规定夫妻在婚姻家庭中地位平等,不是指夫妻的权利义务一一对等,更不是指夫妻要平均承担家庭劳务等。平等不是平均,权利义务可以合理分配和承担,家庭劳务也可以合理分担。对于婚姻家庭事务,夫妻双方均有权发表意见,应当协商作出决定,一方不应独断专行。

关联法规

《宪法》第 48 条

第一千零五十六条　【夫妻姓名权】夫妻双方都有各自使用自己姓名的权利。

条文注解

姓名权,是指自然人依法享有的决定、使用、变更或者许可他人使用自己的姓名并排除他人干涉或者非法使用的权利。姓名权是自然人的一项重要人格权,是自然人独立人格的重要标志。夫或者妻有无独立的姓名权是夫或者妻在婚姻家庭中有无独立人格的重要标志。姓名权的内容包括:(1)姓名决定权。姓名决定权,是指自然人决定其姓名的权利。(2)姓名变更权。姓名变更权,是指自然人变更其姓名的权利。(3)姓名使用权。姓名使用权,是指自然人依法使用自己姓名的权利,包括自己使用、不使用和禁止他人使用的权利。(4)姓名许可他人使用权。姓名许可他人使用权,是指自然人依法许可他人使用自己姓名的权利。(5)姓名维护权。姓名维护权,是指自然人在自己的姓名权受到侵害时,有权提出停止侵害、排除妨害、赔偿损失等请求,以保护自己的姓名权的权利。

第一千零五十七条　【夫妻参加各种活动的自由】夫妻双方都有参加生产、工作、学习和社会活动的自由,一方不得对另一方加以限制或者干涉。

条文注解

人身自由权是每个自然人最基本的权利,夫妻的人身自由权是自然人人身自由权的具体体现,是夫妻在婚姻家庭关系中地位平等的重要标志。根据本条的规定,夫妻人身自由权主要包括以下三个方面的内容:(1)夫妻双方都有参加生产、工作的权利。所谓生产、工作,是指一切从事的社会职业和社会劳动。妇女享有参加生产、工作的自由权而不受干涉，是妇女享有与丈夫平等地位的前提。(2)夫妻双方都有参加学习的权利。这里的学习，不仅包括正规的在校学习，也包括扫盲学习、职业培训以及其他各种形式的专业知识与专业技能的学习。保证妇女学习的自由权，对于提高妇女的文化素质、提高妇女的就业率，进而保障妇女在家庭中与丈夫的平等地位都是必不可少的。(3)夫妻双方都有参加社会活动的权利。所谓社会活动，包括参政、议政活动，科学、技术、文学、艺术和其他文化活动，各种群众组织、社会团体的活动，以及各种形式的公益活动等。参加社会活动的自由权来自公民依法享有的民主权利，是社会主义条件下对夫妻关系的要求。

但要注意的是，本条规定了夫妻的人身自由权，并不意味着夫妻可以不顾家庭、为所欲为。夫妻行使人身自由的权利，必须符合法律与社会主义道德的要求，不得滥用权利损害家庭和他人的合法权益。自然人婚前与婚后截然不同，对配偶、子女、家庭有不可推卸的义务和责任。夫妻任何一方在行使自己的人身自由权的同时，必须履行自己对家庭应承担的义务和责任，两者应当协调统一起来。

第一千零五十八条　【夫妻抚养、教育和保护子女的权利义务平等】夫妻双方平等享有对未成年子女抚养、教育和保护的权利，共同承担对未成年子女抚养、教育和保护的义务。

条文注解

抚养，是指父母抚育子女的成长，并为他们的生活、学习提供一定的物质条件。教育，是指父母要按照法律和道德要求，采取正确的方法，对其未成年子女进行教导，并对其行为进行必要的约束，其目的是保障未成年子女的身心健康。保护，是指父母应当保护其未成年子女的人身安全和合法权益，预防和排除来自外界的危害，使其未成年子女的身心处于安全状态。抚养、教育和保护子女既是父母应尽的义务，也是父母应有的权利。需要强调的是，父母对子女的抚养、教育和保护的权利和义务，由父母双方平等享有、共同承担，而非一方的单方权利和义务。共同亲权原则实际上是男女平等原则的体现。根据本条的规定，对未成年子女抚养、教育和保护的权利由该子女的父母即夫妻双方平等享有，如何行使这一权利夫妻双方应当共同决定，不允许任何一方剥夺对方的这一权利；同样，对未成年子女抚养、教育和保护的义务由夫妻双方共同承担，不允许任何一方不履行这一义务。

第一千零五十九条　【夫妻相互扶养义务】夫妻有相互扶养的义务。

需要扶养的一方，在另一方不履行扶养义务时，有要求其给付扶养费的权利。

条文注解

本条第1款规定，夫妻相互扶养义务是指夫妻之间相互供养和扶助的法定义务，对保障夫妻正常生活，维护婚姻家庭关系的稳定，具有重要意义。夫妻相互扶养义务与夫妻人身关系密不可分，夫妻之间接受对方扶养的权利和履行扶养对方的义务是基于夫妻间的配偶身份关系的产生而产生的，也会随着夫妻间的配偶身份关系的消灭而消灭，即这一义务始于婚姻关系确立之日，终止于婚姻关系解除之日。夫妻之间的相互扶养既是权利又是义务，而且这种权利义务是相互对应和平等的，夫妻互为权利主体和义务主体。

本条第2款规定，夫妻互相扶养义务是法定义务，具有强制性，夫妻之间不得以约定形式改变这一法定义务。有扶养能力的一方，对于因失业、残疾、患病、年老等原因没有固定收入，缺乏生活来源的另一方，必须主动履行扶养义务。当夫或妻一方不履行扶养义务时，需要扶养的一方可以要求对方给付扶养费。应当给付扶养费的一方拒绝给付或者双方就扶养费数额、支付方式等具体内容产生争议的，需要扶养的另一方可以直接向人民法院提起诉讼，或者向人民调解组织提出调解申请，要求获得扶养费。如果夫或妻一方患病或者没有独立生活能力，有扶养义务的配偶拒绝扶养，情节恶劣，构成遗弃罪的，还应当承担刑事责任。

关联法规

《刑法》第261条，《老年人权益保障法》第23条

第一千零六十条　【日常家事代理权】夫妻一方因家庭日常生活需要而实施的民事法律行为，对夫妻双方发生效力，但是夫妻一方与相对人另有约定的除外。

夫妻之间对一方可以实施的民事法律行为范围的限制，不得对抗善意相对人。

条文注解

夫妻日常家事代理权，是指夫妻一方因家庭日常生活需要而与第三方为一定民事法律行为时互为代理的权利。夫妻一方在日常家庭事务范围内，与第三方所实施的一定民事法律行为，视为依夫妻双方的意思表示所为的民事法律行为，另一方也应承担因此而产生的法律后果。

理解本条规定，需要注意以下几个方面的问题：

第一，夫妻日常家事代理权的权利主体。法律设立夫妻日常家事代理权这一权利的目的在于扩张夫妻双方的意思自治，使夫妻双方在日常家庭事务的处理中无须事必躬亲，从而突破夫妻各自在时间、精

力上的局限性，满足夫妻共同生活的需要。因此，夫妻日常家事代理权为夫妻双方同等享有，夫妻双方在处理日常家庭事务中互相为代理人，各自都可以行使夫妻日常家事代理权。

第二，夫妻日常家事代理权的存续期间。夫妻日常家事代理权由法律直接规定，以夫妻身份的存在为前提。因此，夫妻日常家事代理权只存在于具有合法婚姻关系的配偶之间，始于婚姻关系的确立，终于婚姻关系的解除。在婚姻关系存续期间，夫妻日常家事代理权始终存在。

第三，夫妻日常家事代理权的行使方式。夫妻日常家事代理权的行使方式与一般代理不同。本法总则编规定的代理包括委托代理和法定代理，代理人都必须以被代理人的名义实施民事法律行为。而对于夫妻日常家事代理权，夫妻任何一方在日常家事范围内与第三人为民事法律行为时，不必明确其代理权，可直接以自己名义、另一方名义或者双方名义为之。

第四，夫妻日常家事代理权的行使范围。夫妻日常家事代理权的行使范围仅限于"因家庭日常生活需要而实施的民事法律行为"，通说概括为"日常家庭事务"或者"日常家事"。日常家事，是指为满足正常夫妻共同生活和家庭生活所必需的，非属人身性的一切事务，如购买食物、衣服等生活用品，正常的娱乐、保健、医疗费用，通常的子女教育费用，等等。

第五，夫妻日常家事代理权的行使限制。通常情况下，夫妻任何一方都可以在日常家事的范围内行使日常家事代理权。但在实际生活中，基于种种考虑，如一方时间、精力、知识、能力上的原因，一方滥用代理权的原因等，有时候夫妻双方对一方可以实施的民事法律行为会有所限制。这种限制在夫妻双方之间是有效的，法律无须加以规制，但为了保护正常交易安全，保护第三人的合法权益，法律明确规定这种限制不能对抗善意相对人。

第六，夫妻日常家事代理权的法律效力。夫妻任何一方行使夫妻日常家事代理权所实施的民事法律行为，对夫妻双方都发生效力，即该民事法律行为所产生的法律效果归属于夫妻双方。夫妻任何一方基于夫妻日常家事代理权所实施的民事法律行为所设立、变更、终止民事法律关系的一切结果都归属于夫妻双方，取得的权利由夫妻双方共同享有，产生的义务也由夫妻双方共同承担。

第一千零六十一条　【夫妻相互继承权】夫妻有相互继承遗产的权利。

条文注解

夫妻互相享有遗产继承权，是夫妻双方在婚姻家庭关系中地位平等的一个重要标志。根据本法的规定，理解夫妻相互遗产继承权，应注意把握以下问题：第一，夫妻相互遗产继承权以合法的夫妻关系为前提。夫妻间的继承权是基于婚姻的法律效力产生的，只有具备合法婚姻关系的夫妻双方，才能以配偶身份继承对方的遗产。如双方属于婚外姘居的，双方就不享有法定的相互遗产继承权。只有在婚姻关系确立之日起至婚姻关系解除之日止，配偶一方死亡，另一方才享有继承权。第二，夫妻互为第一顺序的法定继承人。第三，要正确确定继承遗产的范围，不得侵害生存配偶的合法财产权。夫或妻一方死亡时，继承开始，首先要确定哪些财产属于被继承人的遗产。被继承人的财产一般包括在夫妻共同财产中的份额以及其个人财产。第四，注意保障生存配偶对分得遗产的所有权。夫妻一方死亡后，生存的另一方依法继承死者遗产后，就取得了该财产的所有权，有权根据自己的意愿和利益在法律允许的范围内占有、使用和处理该财产，如果再婚，有权带走或处分其继承的财产。

关联法规

《妇女权益保障法》第58、59条

第一千零六十二条 【夫妻共同财产】夫妻在婚姻关系存续期间所得的下列财产，为夫妻的共同财产，归夫妻共同所有：

（一）工资、奖金、劳务报酬；

（二）生产、经营、投资的收益；

（三）知识产权的收益；

（四）继承或者受赠的财产，但是本法第一千零六十三条第三项规定的除外；

（五）其他应当归共同所有的财产。

夫妻对共同财产，有平等的处理权。

条文注解

夫妻财产制，是规定夫妻财产关系的法律制度，包括夫妻婚前财产和婚后所得财产的归属、管理、使用、收益和处分，以及家庭生活费用的负担，夫妻债务的清偿，婚姻终止时夫妻财产的清算和分割等内容，其核心是夫妻婚前财产和婚后所得财产的所有权归属问题。法律设立夫妻财产制，调整夫妻财产关系，对保护夫妻的合法权利和财产利益，维护平等、和睦的家庭关系，保障夫妻与第三人交易安全，具有重要意义。

本条第1款规定，夫妻在婚姻关系存续期间所得的财产，如工资和奖金，从事生产、经营的收益等，为夫妻的共同财产，归夫妻共同所有。这一规定表明，我国的夫妻共同财产制采用的是婚后所得共同制，即在婚姻关系存续期间，除个人特有财产和夫妻另有约定外，夫妻双方或者一方所得的财产，均归夫妻共同所有，夫妻双方享有平等的占有、使用、收益和处分权利的财产制度。这里的共同所有指的是共同共有，不是按份共有。关于夫妻共同财产的范围，本条第1款作了列举式的规定：(1)工资、奖金、劳务报酬。劳动者的劳动收入，既包括工资、奖金，也包括各种津贴、补贴等劳务报酬。(2)生产、经营、投资的收益。这包括夫妻一方或者双方从事生产、经营所得的各种收入和投资所得的收入，如农村中的农业生产和城市里的工业生产以及第三产业等各行各业的生产经营投资收益，有劳动收入，也有资本收益，如股票债券收入，股份、股权等资本利得，亦是夫妻共同财产的一种形式。(3)知识产权的收益。知识产权是一种智力成果权，它既是一种财产权，也是一种人身权，具有很强的人身性，与人身不可分离，婚后一方取得的知识产权权利本身归一方专有，权利也仅归权利人行使，如作者的配偶无权在其著作中署名，也不能决定作品是否发表。但是，由知识产权取得的经济利益，则属于夫妻共同财产，如因发表作品取得的稿费，因转让专利获得的转让费等，归夫妻共同所有。(4)继承或者受赠的财产，但遗嘱或者赠与合同中确定只归一方的财产除外。夫妻任何一方继承或者受赠的财产属于夫妻共同财产，但如果遗嘱或者赠与合同中指明财产归夫妻一方所有的，是立遗嘱人或者赠与人根据自己意愿处分财产的表现，基于意思自治，应当尊重其对财产的处分权，该财产归一方所有。(5)其他应当归共同所有的财产。这项规定属于概括性规定。随着社会经济的发展和人们生活水平的提高，夫妻共同财产的范围在不断地扩大，共同财产的种类在不断地增加，目前，夫妻共同财产已由原来简单的生活用品发展到汽车、房产、股票、债券乃至整个公司、企业等，今后还将出现一些新的财产类型。

本条第2款规定，夫妻共同财产的性质是共同共有，不是按份共有，因此，夫妻对全部共同财产，应当不分份额地享有同等的权利，承担同等的义务。不能根据夫妻双方经济收入的多少来确定其享有共同财产所有权的多少。夫妻双方对共同财产享有平等占有、使用、收益和处分的权利。夫妻一方对共同财产的使用、处分，除另有约定外，应当在取得对方的同意之后进行。尤其是重大财产问题，未经对方同意，任何一方不得擅自处分。夫妻一方在处分共同财产时，另一方明知其行为而不作否认表示的，视为同意，事后不得以自己未参加处分为由否认处分的法律效力。夫妻一方未经对方同意擅自处分共同财产的，对方有权请求宣告该处分行为无效，但不得对抗善意第三人，即如果第三人不知道也无从知道夫妻一方的行为属于擅自处分行为的，该处分行为有效，以保护第三人的利益，维护交易安全。

关联法规

《最高人民法院关于适用〈中华人民共和国民法典〉婚姻家庭编的解释（一）》第24、25、29条，《最高人民法院关于适用〈中华人民共和国民法典〉婚姻家庭编的解释（二）》第8~11条

第一千零六十三条　【夫妻个人财产】下列财产为夫妻一方的个人财产：

（一）一方的婚前财产；

（二）一方因受到人身损害获得的赔偿或者补偿；

（三）遗嘱或者赠与合同中确定只归一方的财产；

（四）一方专用的生活用品；

（五）其他应当归一方的财产。

条文注解

所谓夫妻个人财产，又称夫妻特有财产、夫妻保留财产，是指夫妻在实行共同财产制的同时，依照法律规定或者夫妻约定，夫妻各自保留的一定范围的个人所有财产。根据产生的原因不同，个人财产可分

为法定的个人财产和约定的个人财产。法定的个人财产，是指依照法律规定所确认的夫妻双方各自保留的个人财产，本条即属于法定个人财产的规定。

个人财产是夫妻在婚姻关系存续期间分别保留的独立于夫妻共同财产之外的财产，夫妻双方对各自的个人财产，享有独立的管理、使用、收益和处分权利，他人不得干涉。夫妻可以约定将各自的个人财产交由一方管理；夫妻一方也可以将自己的个人财产委托对方代为管理。对家庭生活费用的负担，在夫妻共同财产不足以负担家庭生活费用时，夫妻应当以各自的个人财产分担。

关于我国夫妻个人财产的范围，本条作了列举式的规定：(1)一方的婚前财产。婚前财产，是指夫妻在结婚之前各自所有的财产，包括婚前个人劳动所得财产、继承或者受赠的财产以及其他合法财产。婚前财产归各自所有，不属于夫妻共同财产。(2)一方因受到人身损害获得的赔偿或者补偿。这些财产是指与生命健康直接相关的财产，具有人身专属性，对于保护个人权利具有重要意义，因此应当专属于个人所有，而不能成为共同财产。这样有利于维护受害人的合法权益，保证受害人的身体康复和生活需要。(3)遗嘱或者赠与合同中确定只归一方的财产。根据本法第1062条第4项的规定，因继承或者受赠的财产，属于夫妻共同财产。但为了尊重遗嘱人或者赠与人的个人意愿，保护个人对其财产的自由处分权，如果遗嘱人或者赠与人在遗嘱或者赠与合同中明确指出，该财产只遗赠或者赠给夫妻一方，另一方无权享有，那么，该财产就属于夫妻个人财产，归一方个人所有。(4)一方专用的生活用品。一方专用的生活用品具有专属于个人使用的特点，如个人的衣服、鞋帽等，应当属于夫妻个人财产。(5)其他应当归一方的财产。这项规定属于概括性规定。夫妻个人财产除前四项的规定外，还包括其他一些财产和财产权利。随着社会经济的发展、新的财产类型的出现以及个人独立意识的增强，夫妻个人财产的范围也将有所增加。

关联法规

《最高人民法院关于适用〈中华人民共和国民法典〉婚姻家庭编的解释(一)》第31条

第一千零六十四条　【夫妻共同债务】夫妻双方共同签名或者夫妻一方事后追认等共同意思表示所负的债务，以及夫妻一方在婚姻关系存续期间以个人名义为家庭日常生活需要所负的债务，属于夫妻共同债务。

夫妻一方在婚姻关系存续期间以个人名义超出家庭日常生活需要所负的债务，不属于夫妻共同债务；但是，债权人能够证明该债务用于夫妻共同生活、共同生产经营或者基于夫妻双方共同意思表示的除外。

条文注解

夫妻共同债务问题，事关夫妻双方特别是未举债一方和债权人合法权益的保护，事关婚姻家庭稳定和市场交易安全的维护。本条分两款，规定了三类比较重要的夫妻共同债务，即基于共同意思表示所负的夫妻共同债务、为家庭日常生活需要所负的夫妻共同债务、债权人能够证明的夫妻共同债务。

(1)基于共同意思表示所负的夫妻共同债务。本条第1款明确规定，“夫妻双方共同签名或者夫妻一方事后追认等共同意思表示所负的债务”，属于夫妻共同债务。这就是俗称的“共债共签”“共签共债”。多个民事主体基于共同签字等共同意思表示所形成的债务属于共同债务，这不存在任何争议，本条规定对这一内容加以强调意在引导债权人在形成债务尤其是大额债务时,为避免事后引发不必要的纷争,加强事前风险防范,尽可能要求夫妻共同签名。

(2)为家庭日常生活需要所负的夫妻共同债务。本条第1款规定,“夫妻一方在婚姻关系存续期间以个人名义为家庭日常生活需要所负的债务”,属于夫妻共同债务。也就是基于夫妻日常家事代理权所生的债务属于夫妻共同债务。

夫妻日常家事代理权,是指夫妻一方因家庭日常生活需要而与第三方为一定民事法律行为时互为代理的权利。夫妻一方在日常家庭事务范围内,与第三方所实施的一定民事法律行为,视为依夫妻双方的意思表示所为的民事法律行为,另一方也应承担因此而产生的法律后果。夫妻双方共同签名或者夫妻一方事后追认等共同意思表示所负的债务,以及夫妻一方在婚姻关系存续期间以个人名义为家庭日常生活需要所负的债务,属于夫妻共同债务。

(3)债权人能够证明的夫妻共同债务。本条第1款规定,夫妻双方共同签名或者夫妻一方事后追认等共同意思表示所负的债务,以及夫妻一方在婚姻关系存续期间以个人名义为家庭日常生活需要所负的债务,属于夫妻共同债务。同时,夫妻共同生产经营的情形非常复杂,主要是指由夫妻双方共同决定生产经营事项,或者虽由一方决定但另一方进行了授权的情形。判断生产经营活动是否属于夫妻共同生产经营,要根据经营活动的性质以及夫妻双方在其中的地位作用等综合认定。夫妻共同生产经营所负的债务一般包括双方共同从事工商业、共同投资以及购买生产资料等所负的债务。

第一千零六十五条 【夫妻约定财产制】男女双方可以约定婚姻关系存续期间所得的财产以及婚前财产归各自所有、共同所有或者部分各自所有、部分共同所有。约定应当采用书面形式。没有约定或者约定不明确的,适用本法第一千零六十二条、第一千零六十三

条的规定。

夫妻对婚姻关系存续期间所得的财产以及婚前财产的约定，对双方具有法律约束力。

夫妻对婚姻关系存续期间所得的财产约定归各自所有，夫或者妻一方对外所负的债务，相对人知道该约定的，以夫或者妻一方的个人财产清偿。

条文注解

所谓约定财产制，是指法律允许夫妻用协议的方式，对夫妻在婚前和婚姻关系存续期间所得财产的所有权的归属、管理、使用、收益、处分，以及对第三人债务的清偿、婚姻解除时财产的分割等事项作出约定，从而排除或者部分排除夫妻法定财产制适用的制度。约定财产制是相对于法定财产制而言的，它是夫妻以契约的方式依法选择适用的财产制，而法定财产制是依照法律直接规定而适用的财产制。约定财产制是法律对婚姻关系双方当事人就双方之间的财产关系进行约定的意思自治的尊重，约定财产制具有优先于法定财产制适用的效力，只有在当事人未就夫妻财产作出约定，或者所作约定不明确，或者所作约定无效时，才适用夫妻法定财产制。

根据本条的规定，我国夫妻约定财产制的内容主要包括以下几个方面：

（1）约定的条件。夫妻对财产关系进行约定是一种双方民事法律行为，它不仅要符合民事法律行为的一般要件，还要符合婚姻法的有关规定，因为该约定是基于配偶这一特殊身份发生的。夫妻对财产关系的约定需要符合下列要件：①缔约双方必须具有合法的夫妻身份，未婚同居、婚外同居者对他们之间财产关系的约定，不属于夫妻财产约定。②缔约双方必须具有完全民事行为能力。③约定必须双方自愿。夫妻对财产的约定必须出于真实的意思表示,以欺诈、胁迫等手段使对方在违背真实意思的情况下作出的约定,对方有权请求撤销。④约定的内容必须合法,不得违反法律、行政性法规的强制性规定,不得违背公序良俗,不得利用约定恶意串通、损害他人合法权益,约定的内容不得超出夫妻财产的范围,如不得将其他家庭成员的财产列入约定财产的范围,不得利用约定逃避对第三人的债务以及其他法定义务。

(2)约定的方式。关于约定的方式,本条第1款明确规定"约定应当采用书面形式"。这样规定的目的,在于更好地维护夫妻双方的合法权益以及第三人的利益,维护交易安全,避免发生纠纷。当然,如果夫妻以口头形式作出约定,事后对约定没有争议的,该约定也有效。夫妻以书面形式对其财产作出约定后,可以进行公证。

(3)约定的时间。关于约定的时间,本条对约定的时间未作规定。根据我国的实际情况,对约定的时间不必作更多的限制。约定可以在婚前进行也可以在婚后进行。约定生效后,因夫妻一方或者双方的情况发生变化,只要双方合意,也可以随时变更或者撤销原约定。

(4)约定的内容。关于约定的内容,本条第1款规定,"男女双方可以约定婚姻关系存续期间所得的财产以及婚前财产归各自所有、共同所有或者部分各自所有、部分共同所有"。这一规定的范围是比较宽的,根据这一规定,夫妻既可以对婚姻关系存续期间所得的财产进行约定,也可以对婚前财产进行约定;既可以对全部夫妻财产进行约定,也可以对部分夫妻财产进行约定;既可以概括地约定采用某种夫妻财产制,也可以具体地对某一项夫妻财产进行约定;既可以约定财产所有权的归属或者使用权、管理权、收益权、处分权的行使,也可以约定家庭生活费用的负担、债务清偿责任、婚姻关系终止时财产的分割等事项。

(5)约定的效力。约定的效力,分为优先效力、对内效力和对外效力。①优先效力。约定财产制的优先效力是指约定财产制的效力优先于法定财产制。本条第1款规定，“没有约定或者约定不明确的，适用本法第一千零六十二条、第一千零六十三条的规定”。根据这一规定，约定财产制具有优先于法定财产制适用的效力，只有在当事人未就夫妻财产作出约定，或者所作约定不明确，或者所作约定无效时，才适用夫妻法定财产制。②对内效力。约定财产制的对内效力是指夫妻财产约定对婚姻关系当事人的效力。本条第2款规定：“夫妻对婚姻关系存续期间所得的财产以及婚前财产的约定，对双方具有法律约束力。”夫妻对财产关系的约定，对双方具有法律约束力，双方按照约定享有财产所有权以及管理权等其他权利，并承担相应的义务。③关于对外效力。约定财产制的对外效力是指夫妻财产约定对婚姻关系当事人以外的第三人即相对人的效力。

关联法规

《最高人民法院关于适用〈中华人民共和国民法典〉婚姻家庭编的解释(一)》第37条

第一千零六十六条　【婚姻关系存续期间夫妻共同财产的分割】婚姻关系存续期间，有下列情形之一的，夫妻一方可以向人民法院请求分割共同财产：

(一)一方有隐藏、转移、变卖、毁损、挥霍夫妻共同财产或者伪造夫妻共同债务等严重损害夫妻共同财产利益的行为；

(二)一方负有法定扶养义务的人患重大疾病需要医治，另一方不同意支付相关医疗费用。

条文注解

根据本条规定，婚姻关系存续期间，夫妻双方一般不得请求分割共同财产，只有在法定情形下，夫妻一方才可以向人民法院请求分割共同财产，法定情形有两种：

一种情形是一方有隐藏、转移、变卖、毁损、挥霍夫妻共同财产或者伪造夫妻共同债务等严重损害夫妻共同财产利益的行为。夫妻共同财产主要指夫妻双方在婚姻关系存续期间所得的财产，夫妻在处分共同财产时，应当平等协商，取得一致意见，任何一方不得违背他方的意志，擅自处理。特别是对共有财产作较大的变动时，如出卖、赠与等，更应征得他方的同意，否则就侵犯了另一方对共有财产的所有权。实践中，比较典型的就是夫妻一方隐藏、转移、变卖、毁损、挥霍夫妻共同财产或者伪造夫妻共同债务等行为，这些都属于严重损害夫妻共同财产利益的行为。隐藏，是指将财产藏匿起来，不让他人发现，使另一方无法获知财产的所在从而无法控制。转移，是指私自将财产移往他处，或者将资金取出移往其他账户，脱离另一方的掌握。变卖，是指将财产折价卖给他人。毁损，是指采用打碎、拆卸、涂抹等破坏性手段使物品失去原貌，失去或者部分失去原来具有的使用价值和价值。挥霍，是指超出合理范围任意处置、浪费夫妻共同财产。伪造夫妻共同债务是指制造内容虚假的债务凭证，包括合同、欠条等，意图侵占另一方财产。上述违法行为，在主观上只能是故意，不包括过失行为，如因不慎将某些共同财产毁坏，只要没有故意，不属于本条规定之列。

另一种情形是一方负有法定扶养义务的人患重大疾病需要医治，另一方不同意支付相关医疗费用。这里所指的扶养是广义上的扶养，即一定范围的亲属之间互相供养和扶助的法律关系。广义的扶养包括抚养、赡养和狭义的扶养。抚养是就长辈对晚辈而言，主要指父母对未成年子女，祖父母对孙子女，外祖父母对外孙子女的供养；赡养是就晚辈对长辈而言，主要指子女对父母，孙子女对祖父母、外孙子女对外祖父母的供养；狭义的扶养是就平辈而言，主要是夫妻之间和兄弟姐妹之间的供养。扶养还可以分为法定扶养、协议扶养和遗嘱扶养。

法定扶养，是指基于法律强制性规定的扶养；协议扶养是指基于合同而产生的扶养；遗嘱扶养，是指基于遗嘱产生的扶养。本条规定明确仅指法定扶养。本法对法定扶养义务作了明确规定。关于“重大疾病”，本条没有作出明确界定，疾病是否认定为重大，在司法实践中应当参照医学上的认定，借鉴保险行业中对重大疾病的划定范围，一般认为，某些需要长期治疗、花费较高的疾病，如糖尿病、肿瘤、脊髓灰质炎等，或者直接涉及生命安全的疾病属于重大疾病。“相关医疗费用”主要指为治疗疾病需要的必要、合理费用，不应包括营养、陪护等费用。

关联法规

《最高人民法院关于适用〈中华人民共和国民法典〉婚姻家庭编的解释（一）》第38条，《最高人民法院关于适用〈中华人民共和国民法典〉婚姻家庭编的解释（二）》第6、7条

第二节　父母子女关系和其他近亲属关系

第一千零六十七条　【父母的抚养义务和子女的赡养义务】父母不履行抚养义务的，未成年子女或者不能独立生活的成年子女，有要求父母给付抚养费的权利。

成年子女不履行赡养义务的，缺乏劳动能力或者生活困难的父母，有要求成年子女给付赡养费的权利。

条文注解

本条第1款是父母对子女的抚养义务。抚养子女既是父母应尽的义务，也是子女应享有的权利。抚养，是指父母抚育子女的成长，并为他们的生活、学习提供一定的物质条件。因父母不履行抚养义务而

引起的纠纷,可由有关部门调解或者向人民法院提出追索抚养费的诉讼。人民法院应根据子女的需要和父母的抚养能力,通过调解或者判决,确定抚养费的数额、给付的期限和方法。对拒不履行抚养义务,恶意遗弃未成年子女已构成犯罪的,还应当根据我国《刑法》的有关规定追究刑事责任。

本条第2款是子女对父母的赡养义务。赡养,是指子女在物质上和经济上为父母提供必要的生活条件。赡养人的义务具体表现为以下几个方面:一是赡养人应当使患病的老年人及时得到治疗和护理;对经济困难的老年人,应当提供医疗费用。对生活不能自理的老年人,赡养人应当承担照料责任;不能亲自照料的,可以按照老年人的意愿委托他人或者养老机构等照料。二是赡养人应当妥善安排老年人的住房,不得强迫老年人居住或者迁居条件低劣的房屋。老年人自有的或者承租的住房,子女或者其他亲属不得侵占,不得擅自改变产权关系或者租赁关系。三是应当关心老年人的精神需求,不得忽视、冷落老年人。与老年人分开居住的,应当经常看望或者问候老年人。四是赡养人不得以放弃继承权或者其他理由,拒绝履行赡养义务。赡养人不履行赡养义务,老年人有要求赡养人付给赡养费等权利。赡养人不得要求老年人承担力不能及的劳动。如果子女不履行赡养义务,需要赡养的父母可以通过有关部门进行调解或者向人民法院提起诉讼。人民法院在处理赡养纠纷时,应当坚持保护老年人的合法权益的原则,通过调解或者判决使子女依法履行赡养义务。

关联法规

《宪法》第45、49条,《老年人权益保障法》第13条,《未成年人保护法》第15~21条,《最高人民法院关于适用〈中华人民共和国民法典〉婚姻家庭编的解释(一)》第41、42条

第一千零六十八条　【父母教育、保护未成年子女的权利义务】父母有教育、保护未成年子女的权利和义务。未成年子女造成他人损害的，父母应当依法承担民事责任。

条文注解

所谓“教育”，是指父母要按照法律和道德要求，采取正确的方法，对其未成年子女进行教导，并对其行为进行必要的约束，其目的是保障未成年子女的身心健康。父母对子女有教育义务。教育子女是家庭的一项重要职能，家庭教育对子女的成长有很大的影响。父母子女间的亲密关系，为教育子女提供了有利的条件。因此，教育好子女是父母双方在法律上应尽的义务，也是社会道德的必然要求。所谓“保护”，是指父母应当保护其未成年子女的人身安全和合法权益，预防和排除来自外界的危害，使其未成年子女的身心处于安全状态。要注意的是，父母作为未成年子女的法定代理人和监护人，其对未成年子女的教育和保护既是权利又是义务。

关联法规

《未成年人保护法》第16条，《义务教育法》第11条

第一千零六十九条　【子女应尊重父母的婚姻权利】子女应当尊重父母的婚姻权利，不得干涉父母离婚、再婚以及婚后的生活。子女对父母的赡养义务，不因父母的婚姻关系变化而终止。

条文注解

本条规定主要强调了两个方面的内容：第一，老年人的婚姻自由

受法律保护，子女应当尊重父母的婚姻权利，包括离婚和再婚的自主权利。父母是否再婚，与谁结婚应由其自主决定。父母再婚后，子女不得干涉父母婚后的生活，如子女不得干涉父母选择居所或者依法处分个人财产。第二，子女对父母的赡养义务，不因父母的婚姻关系变化而终止。子女不能因父母再婚而对父母不闻不问，相互推诿，不尽赡养义务。在有赡养能力的子女不履行赡养义务时，没有劳动能力或生活困难的父母，有要求子女给付赡养费的权利。父母可以直接向子女索要赡养费，也可以请求有关组织，如子女所在单位、居民委员会、村民委员会调解，还可以直接向人民法院起诉要求给付赡养费。

关联法规

《刑法》第261、275条，《老年人权益保障法》第18、21、75、76条

第一千零七十条　【父母子女相互继承权】父母和子女有相互继承遗产的权利。

条文注解

根据本条的规定，子女可以继承其父母的遗产，父母可以继承其子女的遗产。也可以理解为，父母与子女之间相互有继承权。这种权利是以双方之间的身份为依据的。父母、子女都是被继承人的最近的直系血亲，他们之间有极为密切的人身关系和财产关系。这里享有继承权的父母，包括生父母、养父母和有抚养关系的继父母。被继承人的父和母，继承其死亡子女的财产的权利是平等的。享有继承权的子女，包括亲生子女、养子女和有抚养关系的继子女。亲生子女包括婚生子女和非婚生子女。无论是婚生子女，还是非婚生子女，都有同等的继承权。成年子女有赡养能力和赡养条件，但未尽赡养义务，在分

配父母遗产时，应当不分或者少分。

第一千零七十一条　【非婚生子女的权利】非婚生子女享有与婚生子女同等的权利，任何组织或者个人不得加以危害和歧视。

不直接抚养非婚生子女的生父或者生母，应当负担未成年子女或者不能独立生活的成年子女的抚养费。

条文注解

非婚生子女，是指没有婚姻关系的男女所生的子女，包括未婚男女双方所生的子女或者已婚男女与婚外第三人发生两性关系所生的子女。根据本法的规定，对非婚生子女的保护主要有以下三个方面：(1)对非婚生子女不得歧视和危害。对于非婚生子女的歧视和危害主要有两个方面：一方面是来自家庭内部的歧视和迫害。当非婚生子女的生母或者生父与第三方结婚，非婚生子女一般也会随父亲或者母亲来到新的家庭。由于非婚生子女的加入涉及家庭财产的分割等若干利益冲突，非婚生子女往往受到新家庭成员的歧视和虐待。另一方面是来自社会各方面的歧视和迫害。虽然近年来人们对非婚生子女的认识有了很大的改变，但仍然有一些人还是将对非婚生子女生父母行为的异议和鄙视，发泄在非婚子女身上，致使一些非婚生子女的身心受到了极大的伤害。(2)非婚生子女的生父、生母都应当负担子女的抚养费。本条规定明确不直接抚养非婚生子女的生父或者生母，应当负担未成年子女或者不能独立生活的成年子女的抚养费。如果不与非婚生子女生活在一起的一方拒绝履行该抚养义务的，那么，非婚生子女有权向人民法院起诉要求其承担相应的义务。(3)非婚生子女与生父母间有相互继承遗产的权利。非婚生子女与婚生子女在继承时享有完全相同的权利和义务，同样，在非婚生子女的父母继承非婚生子女的财产时，他们之间的权利和义务也完全等同于父母和婚生子女之间的权利和义务。

第一千零七十二条　【继父母与继子女间的权利义务关系】继父母与继子女间，不得虐待或者歧视。

继父或者继母和受其抚养教育的继子女间的权利义务关系，适用本法关于父母子女关系的规定。

条文注解

继父母，是指子女母亲或者父亲再婚的配偶；继子女，是指夫或者妻一方与前配偶所生的子女。继父母和继子女的关系是因子女的生父或者生母再婚而形成的，即生父母一方死亡，另一方再婚，或者生父母离婚，生父或者生母再婚。本条第1款明确规定："继父母与继子女间，不得虐待或者歧视。"一方面加大对继子女的保护力度，使他们不能因为父母婚姻状况的改变而受到不公正的待遇；另一方面应当重视对继父母权利的保护，保障他们能老有所依。继父母和继子女之间不能相互虐待和歧视的条款，不仅适用于因生父母与继父母结婚而形成的单纯的姻亲关系，而且包括已形成扶养关系的继父母与继子女。

根据本条第2款的规定，继父母与接受其抚养教育的继子女之间，属于法律上的拟制血亲关系，产生父母子女间的权利义务关系，而未形成抚养关系的继父母和继子女之间则不发生父母子女的权利义务关系。但这种拟制血亲关系又和继父母收养继子女有所不同，它不以解除继子女与其生父母间的权利和义务关系为前提。继父或者继母和受其抚养教育的继子女间的权利义务关系，适用本法关于父母子女关系的有关规定，主要包括以下几层含义：一是继父母对继子女有抚养和教育的义务。继父母不仅要保证继子女的生活所需，而且要保证继子女能接受正常的教育。对于不履行抚养义务的继父母，未成年的继子女或者不能独立生活的继子女，有要求给付抚养费的权利。二是继子女对继父母有赡养和扶助的义务。在通常情况下，受继父母抚养成人并独立生活的继子女，应当承担赡养继父母的义务。继子女不履行赡养义务时，缺乏劳动能力或者生活困难的继父母，有要求继子女支付赡养费的权利。三是继父母和继子女之间有相互继承财产的权利。四是继父母有教育、保护未成年继子女的权利和义务。未成年继子女造成他人损害的，继父母应当依法承担民事责任。

关联法规

《最高人民法院关于适用〈中华人民共和国民法典〉婚姻家庭编的解释（二）》第18、19条

第一千零七十三条　【亲子关系异议之诉】对亲子关系有异议且有正当理由的，父或者母可以向人民法院提起诉讼，请求确认或者否认亲子关系。

对亲子关系有异议且有正当理由的，成年子女可以向人民法院提起诉讼，请求确认亲子关系。

第一千零七十四条　【祖孙之间的抚养、赡养义务】有负担能力的祖父母、外祖父母，对于父母已经死亡或者父母无力抚养的未成年孙子女、外孙子女，有抚养的义务。

有负担能力的孙子女、外孙子女，对于子女已经死亡或者子女无力赡养的祖父母、外祖父母，有赡养的义务。

条文注解

祖父母、外祖父母与孙子女和外孙子女是隔代的直系血亲关系，他们之间在具备法律条件的情况下，可以形成抚养和赡养关系。根据

本条的规定,祖孙之间抚养或者赡养关系的形成应当具备以下条件:(1)被抚养、赡养人的父母、子女死亡或者无抚养、赡养能力。主要包括两种情况:第一,子女在未成年时父母双亡,或者父母丧失抚养能力;第二,子女在成年后死亡或者丧失扶养能力,无法赡养其父母。(2)被抚养、赡养人确实有困难需要被抚养、赡养。祖孙之间扶养关系的形成必须建立在一方确实有困难的基础上,如果被扶养人有一定的经济收入或者经济来源,完全能负担自身的生活所需,那么,就不能要求祖父母、外祖父母或者孙子女、外孙子女来承担其抚养或者赡养义务。(3)承担抚养、赡养义务的人有一定的抚养、赡养能力。如果法律意义上的抚养、赡养义务人没有一定的抚养、赡养能力,那么就不能再要求其承担相应的法律责任。

第一千零七十五条 【兄弟姐妹间的扶养义务】有负担能力的兄、姐,对于父母已经死亡或者父母无力抚养的未成年弟、妹,有扶养的义务。

由兄、姐扶养长大的有负担能力的弟、妹,对于缺乏劳动能力又缺乏生活来源的兄、姐,有扶养的义务。

条文注解

(1)负有扶养义务的兄弟姐妹的范围。兄弟姐妹包括同胞兄弟姐妹、同父异母或同母异父兄弟姐妹、养兄弟姐妹和继兄弟姐妹。在一般情况下,兄弟姐妹应由他们的父母抚养,因而他们相互之间不发生扶养与被扶养的权利义务关系。但是在特定条件和特定情况下,兄、姐与弟、妹之间会产生有条件的扶养义务。(2)兄弟姐妹形成扶养义务的条件。兄、姐扶养弟、妹,或者弟、妹扶养兄、姐不是必然发生的法定义务,而是有条件的。简言之,就是应尽抚养或者赡养或者扶养义务的父母、子女或者配偶不能尽其抚养或赡养或扶养义务时,由有能力的兄弟姐妹来承担扶养义务。兄弟姐妹间的扶养义务是第二顺序的，具有递补性质。但兄弟姐妹间一旦形成扶养义务，那么该义务又是不可推卸的法定义务，义务人应当自觉履行。

第四章 离 婚

第一千零七十六条 【协议离婚】夫妻双方自愿离婚的，应当签订书面离婚协议，并亲自到婚姻登记机关申请离婚登记。

离婚协议应当载明双方自愿离婚的意思表示和对子女抚养、财产以及债务处理等事项协商一致的意见。

关联法规

《婚姻登记条例》第2、10～12条，《最高人民法院关于适用〈中华人民共和国民法典〉婚姻家庭编的解释（一）》第69条

第一千零七十七条 【离婚冷静期】自婚姻登记机关收到离婚登记申请之日起三十日内，任何一方不愿意离婚的，可以向婚姻登记机关撤回离婚登记申请。

前款规定期限届满后三十日内，双方应当亲自到婚姻登记机关申请发给离婚证；未申请的，视为撤回离婚登记申请。

条文注解

离婚冷静期，是指夫妻协议离婚时，政府给要求离婚的双方当事人一段时间，强制当事人暂时搁置离婚纠纷，在法定期限内冷静思考离婚问题，考虑清楚后再行决定是否离婚。法律规定当事人冷静思考

离婚问题的期限为离婚冷静期。依据本条规定，申请协议离婚的当事人自向婚姻登记机关申请离婚之日起30日内，应当冷静、理智地对自己的婚姻状况和今后的生活进行充分的考虑，重新考虑是否以离婚方式解决夫妻矛盾，考虑离婚对自身、子女、双方家庭及社会的利与弊，避免冲动行为。自婚姻登记机关收到离婚登记申请并向当事人发放《离婚登记申请受理回执单》之日起30日内，任何一方不愿意离婚的，可以持本人有效身份证件和《离婚登记申请受理回执单》（遗失的可不提供，但需书面说明情况），向受理离婚登记申请的婚姻登记机关撤回离婚登记申请，并亲自填写《撤回离婚登记申请书》。经婚姻登记机关核实无误后，发给《撤回离婚登记申请确认单》，并将《离婚登记申请书》、《撤回离婚登记申请书》与《撤回离婚登记申请确认单（存根联）》一并存档。

自离婚冷静期届满后30日内，双方未共同到婚姻登记机关申请发给离婚证的，视为撤回离婚登记申请。

自离婚冷静期届满后30日内（期间届满的最后一日是节假日的，以节假日后的第一日为期限届满的日期），双方当事人应当持《婚姻登记工作规范》第55条第4~7项规定的证件和材料，共同到婚姻登记机关申请发给离婚证。

婚姻登记机关按照《婚姻登记工作规范》第56、57条规定的程序和条件执行和审查。婚姻登记机关对不符合离婚登记条件的，不予办理。当事人要求出具《不予办理离婚登记告知书》的，应当出具。婚姻登记机关查明双方确实是自愿离婚，并已对子女抚养、财产及债务处理等事项协商一致的，予以登记，发给离婚证。

第一千零七十八条 【离婚登记】婚姻登记机关查明双方确实是自愿离婚，并已经对子女抚养、财产以及债务处理等事项协商一致的，予以登记，发给离婚证。

条文注解

婚姻登记机关对协议离婚的查明。一是查明当事人双方是不是自愿离婚,是不是真实而非虚假的离婚,查明离婚是否存在被胁迫的情形,查明是否因重大误解而导致的离婚。二是查明要求离婚的双方当事人是不是对子女抚养问题已协商一致。三是审查对财产及债务处理的事项是否协商一致。经婚姻登记机关查明双方确实是自愿离婚,并已对子女抚养、财产及债务处理等事项协商一致的,应按照《婚姻登记工作规范》第58~60条规定,予以登记,发给离婚证。

离婚协议书一式三份,男女双方各一份并自行保存,婚姻登记处存档一份。婚姻登记员在当事人持有的两份离婚协议书上加盖"此件与存档件一致,涂改无效。××××婚姻登记处××××年××月××日"的长方形红色印章并填写日期。多页离婚协议书同时在骑缝处加盖此印章,骑缝处不填写日期。当事人亲自签订的离婚协议书原件存档。婚姻登记处在存档的离婚协议书加盖"×××登记处存档件××××年××月××日"的长方形红色印章并填写日期。

关联法规

《婚姻登记条例》第13、17条

第一千零七十九条　【诉讼离婚】夫妻一方要求离婚的,可以由有关组织进行调解或者直接向人民法院提起离婚诉讼。

人民法院审理离婚案件,应当进行调解;如果感情确已破裂,调解无效的,应当准予离婚。

有下列情形之一,调解无效的,应当准予离婚:

(一)重婚或者与他人同居;

(二)实施家庭暴力或者虐待、遗弃家庭成员;

（三）有赌博、吸毒等恶习屡教不改；

（四）因感情不和分居满二年；

（五）其他导致夫妻感情破裂的情形。

一方被宣告失踪，另一方提起离婚诉讼的，应当准予离婚。

经人民法院判决不准离婚后，双方又分居满一年，一方再次提起离婚诉讼的，应当准予离婚。

条文注解

诉讼离婚，是婚姻当事人向人民法院提出离婚请求，由人民法院调解或判决而解除其婚姻关系的一项离婚制度。诉讼离婚制度，适用于当事人双方对离婚有分歧的情况，包括一方要求离婚而另一方不同意离婚而发生的离婚纠纷；或者双方虽然同意离婚，但在子女抚养、财产及债务处理等事项不能达成一致意见、作出适当处理的情况。诉讼离婚的法定条件是以“如果感情确已破裂，调解无效的，应准予离婚”作为审判离婚案件的标准。

本条第3～5款分别列举了日常生活中遇见的诉讼离婚的特殊情形。

关联法规

《最高人民法院关于适用〈中华人民共和国民法典〉婚姻家庭编的解释（一）》第1、2、23、63、64条，《最高人民法院关于适用〈中华人民共和国民法典〉时间效力的若干规定》第22条

第一千零八十条　【婚姻关系解除时间】完成离婚登记，或者离婚判决书、调解书生效，即解除婚姻关系。

第一千零八十一条 【军婚的保护】现役军人的配偶要求离婚，应当征得军人同意，但是军人一方有重大过错的除外。

条文注解

现役军人，指有军籍的人，包括在中国人民解放军服现役、具有军籍和军衔的军官、士兵。

中国人民武装警察部队虽然不属于中国人民解放军的编制序列，但是在婚姻问题上仍按现役军人婚姻问题处理。

现役军人不包括：一是在军事单位中未取得军籍的职工；二是退役军人，包括复员军人、转业军人、退休军人、离休军人以及退役的革命伤残军人；三是在地方担任某种军事职务的人员，如不属于军队编制的在武装部工作的干部、编入民兵组织或者经过登记的预备役士兵。

不适用本条规定的两类军人离婚案件：(1)双方都是现役军人；(2)现役军人向非军人主动提出离婚的。

"但是军人一方有重大过错的除外"，是针对"应当征得军人同意"而说。"应当征得军人同意"不是绝对的，如果夫妻感情破裂是由于军人一方的重大过错造成的，非军人配偶一方也可以提出离婚，但过错限定在"重大过错"而非一般的过错。

关联法规

《刑法》第259条，《最高人民法院关于适用〈中华人民共和国民法典〉婚姻家庭编的解释(一)》第64条

第一千零八十二条 【男方离婚诉权的限制】女方在怀孕期间、分娩后一年内或者终止妊娠后六个月内，男方不得提出离婚；但是，女方提出离婚或者人民法院认为确有必要受理男方离婚请求的除外。

条文注解

本条规定是对保护妇女、儿童身心健康的特别规定，它在一定条件下限制了男方提出离婚的请求权。本条规定限制的主体是男方，而不是女方；限制的是男方在一定期限内的起诉权，而不是否定和剥夺男方的起诉权，只是推迟了男方提出离婚的时间，并不涉及准予离婚与不准予离婚的实体性问题。也就是说，只是对男方离婚请求权暂时性的限制，超过法律规定的期限，不再适用此规定。但是，男方在此期间并不是绝对地没有离婚请求权，法律还有例外规定，即人民法院认为“确有必要”的，也可以根据具体情况受理男方的离婚请求。所谓“确有必要”，一般是指比本条特别保护利益更为重要的利益需要关注的情形。“确有必要”受理男方离婚请求的案例是非常少的，哪些情形“确有必要”受理，由人民法院认定。

在本条规定中，法律还规定了另一种例外情形，即在此期间，女方提出离婚的，不受此规定的限制。女方自愿放弃法律对其的特殊保护，说明其本人对离婚已有思想准备，对此，法院应当根据当事人婚姻的实际情况判定是否准予离婚。

关联法规

《妇女权益保障法》第45条

第一千零八十三条　【复婚登记】离婚后，男女双方自愿恢复婚姻关系的，应当到婚姻登记机关重新进行结婚登记。

条文注解

复婚，是指离了婚的男女重新和好，再次登记结婚，恢复婚姻关系。男女双方离婚后又自愿复婚，可以通过办理恢复结婚登记，重新恢复夫妻关系。复婚登记手续与结婚登记手续一致，男女双方应当亲自到一方户籍所在地的婚姻登记机关申请复婚登记。在办理复婚登记时，应提交原离婚证，以备婚姻登记机关审查。婚姻登记机关按照结婚登记程序办理复婚登记。在办理复婚登记时，应当在收回双方当事人的离婚证后，重新发给结婚证。收回离婚证的目的，是防止当事人重婚。对于复婚的当事人一般不再要求进行婚前健康检查。

关联法规

《婚姻登记条例》第 14 条，《最高人民法院关于适用〈中华人民共和国民法典〉婚姻家庭编的解释(二)》第 1 条

第一千零八十四条 【离婚后的父母子女关系】父母与子女间的关系，不因父母离婚而消除。离婚后，子女无论由父或者母直接抚养，仍是父母双方的子女。

离婚后，父母对于子女仍有抚养、教育、保护的权利和义务。

离婚后，不满两周岁的子女，以由母亲直接抚养为原则。已满两周岁的子女，父母双方对抚养问题协议不成的，由人民法院根据双方的具体情况，按照最有利于未成年子女的原则判决。子女已满八周岁的，应当尊重其真实意愿。

条文注解

本条第 1 款规定，婚姻关系的解除，只是夫妻双方基于婚姻而存在的人身关系和财产关系归于消灭，但父母与子女之间存有的血亲关系不因父母离婚而消除。夫妻关系和父母子女关系是两种不同性质的关系。夫妻关系是男女两性基于自愿而结成的婚姻关系，可依法律程序而成立，亦可依法律行为而消除；而父母子女关系是基于出生事

实而形成的自然血亲关系,不能人为解除。离婚后,子女无论随父母哪一方生活,仍是父母的子女,本法关于父母子女权利义务的规定仍然适用,不能因父母离婚而受到影响。

本条第2款规定,离婚后父母对未成年子女有抚养、教育和保护的权利与义务,主要包括进行生活上的照料,保障未成年人接受义务教育,以适当的方式、方法管理和教育未成年人,保护未成年人的人身、财产不受到侵害,促进未成年人的身心健康发展等。在实际生活中,父母还可以按照本法婚姻家庭编的有关规定、《未成年人保护法》等法律的有关规定行使对子女的抚养、教育、保护的权利,履行对子女的抚养、教育、保护的义务。

本条第3款规定是从有利于保护未成年人权益、保障子女合法权益的原则出发,有利于子女身心健康,结合父母双方的抚养能力和抚养条件,结合审判实践等具体情况,对离婚后的子女直接抚养问题作出的具体规定。具体包括:(1)确定子女直接抚养主体的基本考量,有利于子女身心健康、保障子女的合法权益、儿童利益最大化的原则,是贯穿于本法的基本原则,也是处理离婚后子女直接抚养归属问题的出发点,在此前提下,再结合父母双方的抚养能力和抚养条件等具体情况妥善解决。(2)确定子女抚养的具体办法,第一,对不满2周岁子女的抚养,2周岁以下的子女,一般裁决随母亲生活,由母亲直接抚养。因为2周岁以下的子女年纪太小,事情较多,带起来较为复杂、麻烦,宜由有细心、耐心的人直接抚养比较好;2周岁以下的子女表达能力很差,而孩子是从母亲体内生出,母亲与孩子有一种天然的联系与感觉。此时期孩子由母亲直接抚养为宜。第二,2周岁以上未成年子女的抚养。夫妻离婚后,对2周岁以上的未成年子女,由父亲还是母亲直接抚养,首先应由父母双方协议决定。当父母双方对由谁直接抚养未成年子女发生争议时,法院应当进行调解,尽可能争取当事人以协议方式解决。第三,已满8周岁子女的抚养。已满8周岁的子女属于限制民事行为能力人，已有一定的自主意识和认知能力，因此本条明确规定子女已满8周岁的，应当尊重其真实意愿。在离婚时，无论是父母协商确定由谁抚养，还是人民法院判决决定，都要事先听取8周岁以上子女的意见，在子女提出自己的意见后，再根据其年龄、社会经验、认知能力和判断能力等，探求、尊重其真实的意愿。第四，子女直接抚养归属的变更。父母离婚后，在一定条件下，可以根据父母双方或子女的实际情况的变化，依法对直接抚养子女的归属予以变更。

应当注意的是，离婚后，一方要求变更子女直接抚养关系，双方对此不能达成协议时，应另行起诉。

关联法规

《妇女权益保障法》第71条，《最高人民法院关于适用〈中华人民共和国民法典〉婚姻家庭编的解释（一）》第44条，《最高人民法院关于适用〈中华人民共和国民法典〉婚姻家庭编的解释（二）》第12~14条、第16条第2款

第一千零八十五条　【离婚后子女抚养费的负担】离婚后，子女由一方直接抚养的，另一方应当负担部分或者全部抚养费。负担费用的多少和期限的长短，由双方协议；协议不成的，由人民法院判决。

前款规定的协议或者判决，不妨碍子女在必要时向父母任何一方提出超过协议或者判决原定数额的合理要求。

条文注解

夫妻离婚后，父母与子女间的关系，不因父母离婚而消除，父母对于子女仍有抚养和教育的权利和义务。因此，离婚后的夫妻双方都有

平等地负担子女生活费和教育费的经济责任。抚养费应当包括生活费、教育费和医疗费等。子女无论是由母亲抚养还是由父亲抚养,另一方都应负担必要的抚养费。抚养费如何给付应当首先由父母双方协议,或者经人民法院调解,当事人达成协议的,按照协议确定。但人民法院对于父母双方协议约定子女随一方生活并由抚养方负担子女全部抚养费的,应当进行审查。如经查实,抚养方的抚养能力明显不能保障子女所需费用,可能影响子女健康成长的应不予准许此项协议。

关联法规

《妇女权益保障法》第70条,《最高人民法院关于适用〈中华人民共和国民法典〉婚姻家庭编的解释(一)》第45~55条,《最高人民法院关于适用〈中华人民共和国民法典〉婚姻家庭编的解释(二)》第16条第1款、第17条

第一千零八十六条　【父母的探望权】离婚后,不直接抚养子女的父或者母,有探望子女的权利,另一方有协助的义务。

行使探望权利的方式、时间由当事人协议;协议不成的,由人民法院判决。

父或者母探望子女,不利于子女身心健康的,由人民法院依法中止探望;中止的事由消失后,应当恢复探望。

条文注解

本条第1款对父或者母赋予了对子女探望的权利,即离婚后,不直接抚养子女的父或者母,有探望子女的权利。通常情况下,探望权在夫妻协议离婚或者诉讼离婚时一并解决确定。如果夫妻在离婚时对探望权未作明确约定,或者人民法院没有明确作出判决,那么,当事

人可以就探望权问题单独提起诉讼。

本条第2款规定，行使探望权利的方式、时间、地点等通常宜由当事人协议确定。双方不应囿于夫妻离异后的冲突纷争，应从有利于子女健康成长的角度出发，对探望的时间、方式、地点及探望期间双方对子女的安排等作出协商。当双方无法就诸上事宜达成一致时，尤其是在直接抚养子女的一方无故拒绝不直接抚养子女的一方探望子女时，享有探望权的一方可依《民事诉讼法》的有关规定提起诉讼，请求人民法院作出判决。

本条第3款规定了对探望权的限制。父或者母探望子女，不利于子女身心健康的，由人民法院依法中止探望。不直接抚养子女的父母一方的探望权，只有在特殊的情况下才能被加以限制。这种特殊情况主要是指探望有可能不利于子女的身心健康。如父母一方患精神疾病、传染性疾病，有吸毒等行为或对子女有暴力行为、骚扰子女的行为等。

关联法规

《预防未成年人犯罪法》第28、29条

第一千零八十七条　【离婚时夫妻共同财产的处理】离婚时，夫妻的共同财产由双方协议处理；协议不成的，由人民法院根据财产的具体情况，按照照顾子女、女方和无过错方权益的原则判决。

对夫或者妻在家庭土地承包经营中享有的权益等，应当依法予以保护。

条文注解

本条第1款规定，在分清个人财产、夫妻共同财产的前提下，人民法院应根据财产的具体情况，按照照顾子女、女方和无过错方权益的原则，公平公正地分割夫妻共同财产。在大多数情况下，夫妻离婚，家庭成员中未成年子女是不幸婚姻的最大受害者。因此，本条在规定分割夫妻共同财产时，特别强调了对子女权益的保障，将其作为分割夫妻共同财产时优先考虑的因素，将按照照顾子女权益的原则进行判决放在了首位。

本条第 2 款规定，在农村，夫妻共同财产的分割主要涉及房屋、承包的土地、果园等。妇女在农村土地承包经营、集体经济组织收益分配、土地征收或者征用补偿费使用以及宅基地使用等方面，享有与男子平等的权利。妇女结婚、离婚后，在农村土地承包经营及宅基地使用等方面，应当受到保障。农村地区，土地、果园大部分实行家庭联产承包责任制，每个家庭承包的面积是根据家庭人口按本村人均面积分配的，因此，女方在土地承包上同样享有承包经营权。但是，中国的婚姻习俗多数是女方落户到男方，承包土地多数以男方为户主名义承包，双方一旦离婚，女方的承包经营权难以保障。故本条第 2 款对此进行了规定。

关联法规

《妇女权益保障法》第 55、66、69 条，《最高人民法院关于适用〈中华人民共和国民法典〉婚姻家庭编的解释（一）》第 69、78 条，《最高人民法院关于适用〈中华人民共和国民法典〉婚姻家庭编的解释（二）》第 3~5、20 条

第一千零八十八条　【离婚经济补偿】夫妻一方因抚育子女、照料老年人、协助另一方工作等负担较多义务的，离婚时有权向另一方请求补偿，另一方应当给予补偿。具体办法由双方协议；协议不成的，由人民法院判决。

条文注解

本条规定是遵循权利和义务对等的原则作出的。只有在一方为婚姻共同体尽了较多义务，如抚养子女、照料老人、协助另一方工作的情况下才可向对方请求补偿。夫妻离婚时，一方对承担较多家务劳动的另一方给予经济补偿，首先应当由要求离婚的夫妻自行协商确定，这种协商既可以在协议离婚时确定，也可以在诉讼离婚中确定。如果在协议离婚时双方达成了一致的协议，则可以向婚姻登记部门提交。婚姻登记部门查明确属自愿，且不违反法律规定的，给予离婚登记，双方应自觉履行协议。在诉讼离婚中，双方对离婚补偿达成一致意见，交由法院以调解书或者判决书的形式予以确认。如果双方达不成协议，人民法院则依据本条的规定进行判决确定。

关联法规

《妇女权益保障法》第66条，《最高人民法院关于适用〈中华人民共和国民法典〉婚姻家庭编的解释（二）》第21条

第一千零八十九条　【离婚时夫妻共同债务清偿】离婚时，夫妻共同债务应当共同偿还。共同财产不足清偿或者财产归各自所有的，由双方协议清偿；协议不成的，由人民法院判决。

条文注解

根据本条规定，首先婚姻关系终结时，夫妻共同债务清偿应当遵循的原则是共同债务共同清偿。依法属于夫妻共同债务的，夫妻应当以共同财产共同偿还，这是一个基本原则。但是，夫妻共同财产不足清偿的，或者双方约定财产归各自所有而没有共同财产清偿的，夫妻双方对共同债务如何偿还以及清偿比例等，可以由双方当

事人协商确定，双方协商不能达成一致意见的，由人民法院考虑双方当事人的具体情况依法判决确定。需要注意的是，无论是双方当事人协商确定，还是人民法院判决确定的清偿方式、清偿比例等内容，仅在离婚的双方当事人之间有效，对债权人是没有法律效力的，债权人可以依照本法第178条“二人以上依法承担连带责任的，权利人有权请求部分或者全部连带责任人承担责任”的规定来要求双方履行其债务。

关联法规

《最高人民法院关于适用〈中华人民共和国民法典〉婚姻家庭编的解释(一)》第69条

第一千零九十条　【离婚经济帮助】离婚时，如果一方生活困难，有负担能力的另一方应当给予适当帮助。具体办法由双方协议；协议不成的，由人民法院判决。

条文注解

本条只是原则性规定，法院在判决时，还应考虑以下三个问题：(1)生活困难的界定。一般认为若一方离婚后分得的财产不足以维持其合理的生活需要，或者不能通过从事适当的工作维持其生活需要等，均可认为是生活困难的体现。(2)给予帮助的方式。人民法院应考虑双方的收入和财产、就业能力、子女抚养情况、婚姻期间的生活水平等因素，合理确定扶助的数额和方式。(3)需要说明一点，婚姻关系中的过错不应在考虑之列，意味着有过错的一方若存在生活困难的情形，也可要求无过错方给予适当经济帮助。

关联法规

《妇女权益保障法》第69条，《最高人民法院关于适用〈中华人民共和国民法典〉婚姻家庭编的解释（二）》第22条

第一千零九十一条　【离婚损害赔偿】有下列情形之一，导致离婚的，无过错方有权请求损害赔偿：

（一）重婚；

（二）与他人同居；

（三）实施家庭暴力；

（四）虐待、遗弃家庭成员；

（五）有其他重大过错。

条文注解

根据本条的规定，因夫妻一方的过错致使婚姻关系破裂的，无过错方可以提起离婚损害赔偿的五种情形：一是重婚；二是有配偶者与他人同居；三是实施家庭暴力；四是虐待、遗弃家庭成员；五是有其他重大过错。本条虽然规定了离婚损害赔偿制度，但并不是说人民法院在审理离婚案件时必须判决过错方对无过错方予以赔偿。在离婚案件中无过错方对确实有过错的另一方是否行使赔偿请求权，由受损害的无过错方自行决定，人民法院不能主动判决离婚损害赔偿。离婚损害赔偿既应当包括过错方给无过错方造成的财产损害的赔偿，也应当包括过错方给无过错方造成的人身损害、精神损害的赔偿。人民法院应当根据过错方对无过错方造成的损害程度以及婚姻当事人的经济状况等判定赔偿数额。

关联法规

《最高人民法院关于适用〈中华人民共和国民法典〉婚姻家庭编的解释(一)》第1、2、86~90条

第一千零九十二条　【一方侵害夫妻共同财产的法律后果】夫妻一方隐藏、转移、变卖、毁损、挥霍夫妻共同财产,或者伪造夫妻共同债务企图侵占另一方财产的,在离婚分割夫妻共同财产时,对该方可以少分或者不分。离婚后,另一方发现有上述行为的,可以向人民法院提起诉讼,请求再次分割夫妻共同财产。

条文注解

实践中,夫妻一方有的实施了侵害夫妻共同财产或者侵占另一方财产的违法行为,对于这些违法行为,法律严格加以禁止。为保护另一方的合法权益,本条对侵害方的法律后果作了明确规定。根据本条规定,夫妻一方实施的违法行为主要是两类:(1)侵害夫妻共同财产。夫妻共同财产主要指夫妻双方在婚姻关系存续期间归双方共同所有的财产。(2)侵占另一方财产。另一方财产,主要是指在婚姻关系存续期间,归夫妻一方个人所有的财产。对通过实施隐藏、转移、变卖、毁损、挥霍手段侵害夫妻共同财产的违法行为,对伪造夫妻共同债务企图侵占另一方财产的违法行为,本条规定,在离婚分割夫妻共同财产时,对侵害方可以少分或者不分。本条所讲的在离婚分割夫妻共同财产时,是指在离婚诉讼期间。

夫妻共同财产属于夫妻共同共有,依照民法共同共有的理论,原则上,在共同体解体时,对共同共有的财产应当均等分割。但是,由于夫妻中的一方存在以隐藏、转移、变卖、毁损、挥霍手段侵害夫妻共同财产的违法行为,或者存在伪造夫妻共同债务企图侵占另一方财产的

违法行为，所以本条规定对实施上述违法行为的一方，在分割夫妻共同财产时，可以少分或不分。对他们少分或不分夫妻共同财产，是违法行为实施者理应承担的法律责任。

关联法规

《最高人民法院关于适用〈中华人民共和国民法典〉婚姻家庭编的解释（一）》第84条，《最高人民法院关于适用〈中华人民共和国民法典〉婚姻家庭编的解释（二）》第6、7条

第五章　收　　养

第一节　收养关系的成立

第一千零九十三条　【被收养人的范围】下列未成年人，可以被收养：

（一）丧失父母的孤儿；

（二）查找不到生父母的未成年人；

（三）生父母有特殊困难无力抚养的子女。

条文注解

收养是自然人领养他人子女为自己子女的一种民事法律行为，能够起到依法变更亲子关系、转移亲子间权利义务关系的法律效力。在被收养人条件方面，与《收养法》相比，最大的变化是对其年龄的限制，即由原来的被收养人应当不满14周岁，修改为未满18周岁的未成年人，符合相应条件均可被收养。

第一，丧失父母的孤儿。此处的“丧失”应指被收养人的父母已经

死亡或者被宣告死亡。“父母”不仅包括生父母,还包括养父母以及有扶养关系的继父母,从而尽可能地扩大本项的适用范围。这里需要指出的是,该项不包括父母被宣告失踪的情形。如果父母因查找不到而被宣告失踪,可以考虑适用本条第2项,从而作为“查找不到生父母的未成年人”适用收养。

第二,查找不到生父母的未成年人。关于本项需要注意:(1)本项与《收养法》的规定相比,将《收养法》规定的“弃婴和儿童”修改为“未成年人”。(2)本项规定的“查找不到”是指通过各种方式均无法找到。虽然本条未对“查找不到”附加时间上的限制,但从维护收养关系稳定的角度,在操作方面应当有一个合理期间的限制,个人或者有关机关经过一定期间仍查找不到父母的未成年人,可以作为被收养人。此外,需要强调的是,对于暂时脱离生父母,但嗣后又被找回的未成年人,不属于此处的“查找不到”,不应当成为被收养的对象。

第三,生父母有特殊困难无力抚养的子女。与前两项相比,该项当中可作为被收养人的主体并非丧失父母或者父母查找不到,而是由于生父母自身不具备抚养子女的能力,从而产生被收养的需要。本项的“有特殊困难”属于一个包容性较强的表述,既包括生父母因经济困难无力抚养,也包括生父母因身体或者精神原因自身不具备抚养能力等。从实践的情况来看,因生父母无力抚养而需要被收养的情况复杂多样,采用“特殊困难”的表述可以不必列举具体情形,而由有关部门在确定是否可被收养时根据情况进行判断。

第一千零九十四条 【送养人的范围】下列个人、组织可以作送养人:

(一)孤儿的监护人;

(二)儿童福利机构;

(三)有特殊困难无力抚养子女的生父母。

条文注解

在收养法律关系中，何种主体可以作为送养人，是一个非常重要的问题。一般认为，送养人适格是收养法律关系成立的实质要件，即只有送养人符合相关条件，收养才能有效成立。

关于“孤儿的监护人”。所谓孤儿，是指其父母死亡或人民法院宣告其父母死亡的不满18周岁的未成年人。关于未成年人的监护人，本法第27条规定，“父母是未成年子女的监护人。未成年人的父母已经死亡或者没有监护能力的，由下列有监护能力的人按顺序担任监护人：（一）祖父母、外祖父母；（二）兄、姐；（三）其他愿意担任监护人的个人或者组织，但是须经未成年人住所地的居民委员会、村民委员会或者民政部门同意”。监护制度是对被监护人行为能力的一种补足，是民法上对于无行为能力人和限制行为能力人的人身、财产及其他合法权益进行监督、保护的一种制度。

关于“儿童福利机构”。所谓儿童福利机构，是指国家设立的对于孤儿、弃儿等进行监管看护的机构。从实践情况来看，我国的社会福利机构主要是指各地民政部门主管的收容、养育孤儿和查找不到生父母的未成年人的社会福利院。

关于“有特殊困难无力抚养子女的生父母”。本项是将特定情形下的生父母作为送养人的规定。生父母作为子女的法定监护人，在一般情况下都要履行作为父母的监护人职责，不得随意将应由自己承担的责任转由他人承担。但在特殊情况下，生父母因存在特殊困难无力承担这一责任时，从有利于未成年人健康成长的角度，可以由生父母将未成年人送养，从而为其创造更有利于成长的家庭环境，这也符合本次收养领域确立的最有利于被收养人的原则要求。

关联法规

《未成年人保护法》第96条

第一千零九十五条　【监护人送养未成年人的特殊规定】未成年人的父母均不具备完全民事行为能力且可能严重危害该未成年人的,该未成年人的监护人可以将其送养。

条文注解

未成年人在其父母均不具备完全民事行为能力时,即父母双方均为限制行为能力人或者无行为能力人时,原则上其监护人也不得将未成年人送养,除非父母对该未成年人存在严重危害可能。父母双方均不具备完全民事行为能力且可能严重危害该未成年人的,该未成年人的监护人可以将其送养。理解本条需要把握以下几点:第一,本条的规范重点放在了可以送养,即重点强调未成年人的监护人在何种情况下可以送养该未成年人。婚姻家庭编在一般规定中新增了"收养应当遵循最有利于被收养人"的原则,这实际上是收养法律关系中最为重要、最能体现收养制度价值与功能的原则。第二,在父母尚存的情况下,对于监护人送养未成年人的条件要求是非常严格的。首先,要求未成年人的父母双方均不具备完全民事行为能力。如果未成年人的父母任何一方属于完全民事行为能力人,一般情况下意味着其具有抚养、教育未成年人的能力,在这种情况下,监护人不得将未成年人送养;只有未成年人的父母双方均不具备完全民事行为能力,即其双方均为限制行为能力或者无行为能力人时,监护人才有可能被允许送养。其次,未成年人的父母必须存在可能严重危害该未成年人的情形时,监护人才可将未成年人送养。所谓可能严重危害该未成年人,主要是指其父母存在危害该未成年人的现实危险且达到严重程度的情形。在这种情况下,即使危害行为尚未实际发生,从保护未成年人利益的角度出发,也允许监护人将其送养。第三,此种情况下的送养主体,只能是该未成年人的监护人。在未成年人的父母均不具备完全民事行为能力且可能严重危害该未成年人时，第1094条规定的三类主体均无法成为适格的送养主体。此时，根据本条规定，能够成为送养主体的，是该未成年人的监护人。监护人作为实际承担监护职责的人，对该未成年人的情况最为熟悉，由其担任送养人与收养人成立收养法律关系，较为合适。

第一千零九十六条　【监护人送养孤儿的特殊规定】监护人送养孤儿的，应当征得有抚养义务的人同意。有抚养义务的人不同意送养、监护人不愿意继续履行监护职责的，应当依照本法第一编的规定另行确定监护人。

条文注解

根据本条规定，监护人送养孤儿的，应当征得有抚养义务的人同意。这里的“有抚养义务的人”，是指孤儿的有负担能力的祖父母、外祖父母、兄、姐。理解本条需要注意以下几点：一是孤儿的父母死亡后，有资格担任孤儿监护人的主体并不单一，有监护能力的祖父母、外祖父母、兄、姐都可以作为监护主体。但一般情况下，监护人不可能由多人担任，因此，在监护人确定后，为尊重其他有抚养义务的人意愿，实质上也是为了最大限度地遵循保护未成年人利益的原则，法律要求送养应当征得有抚养义务的人的同意。二是如果有抚养义务的人不同意送养，监护人又不愿意继续履行监护职责，则要通过变更监护人的方式确保未成年人的利益不受损害。有抚养义务的人不同意送养，原因可能是多方面的，有可能是因为想通过变更监护人的方式获得被监护人的监护权，也有可能仅是因为情感上无法接受被监护人被他人收养。无论何种原因，有抚养义务的人的不同意送养的意思表示应当明确作出。在这种情况下，如果监护人又表示不愿意继续履行监护职责，为了使未成年人不致处于无人监护的状态，就需要按照有关规定变更监护人。三是变更监护人应当依照本法总则编的有关规定进行。

关联法规

《中国公民收养子女登记办法》第 3 条,《收养登记工作规范》第 17 条

第一千零九十七条　【生父母送养】生父母送养子女,应当双方共同送养。生父母一方不明或者查找不到的,可以单方送养。

条文注解

生父母送养子女,原则上要求双方共同送养,只有在生父母一方不明或者查找不到的情形下,才可以由生父或者生母单方送养。理解本条需要明确以下两点:第一,生父母送养子女应当双方共同送养,这是原则要求。基于父母双方对于抚养子女的平等地位,送养应当双方共同进行。在实践操作层面,可以双方共同表示送养的意思,也可以由一方表达出送养意愿,另一方表示同意。在后一种情况下,这种同意的表示应是明确的、具体的。第二,生父母送养子女可以单方送养,这是例外规定,应当严格限于法律规定的两种情形,即生父母一方不明或者查找不到。所谓生父母一方不明,是指不能确认被收养人的生父或者生母为谁的情况。例如,生母曾因自身的特殊经历,不知其所生子女的生父是谁。在这种情况下,如果生母无力抚养所生子女,应当允许其送养该子女,给子女提供一个更好的成长环境。所谓查找不到,是指经过一定期间,无法查找到生父或者生母的情况。例如,未成年子女的生母无故离家出走,经过有关机关在一定期间查找仍查找不到,此时,为尽快使未成年子女获得稳定、良好的成长环境,应当允许

无力独自抚养子女的生父送养。

第一千零九十八条 【收养人的条件】收养人应当同时具备下列条件：

（一）无子女或者只有一名子女；

（二）有抚养、教育和保护被收养人的能力；

（三）未患有在医学上认为不应当收养子女的疾病；

（四）无不利于被收养人健康成长的违法犯罪记录；

（五）年满三十周岁。

条文注解

关于收养人无子女或者只有1名子女。此处的“无子女”包括多种情况，主要是指夫妻双方或者一方因不愿生育或不能生育而无子女，或者因所生子女死亡而失去子女，或者指收养人因无配偶而没有子女的情况，即主要是指收养人没有亲生子女，也没有养子女及形成抚养教育关系的继子女。需要强调的是，这里的“无子女”不能简单地理解为没有生育能力，如果此前生育过子女，但子女因故死亡，也属于“无子女”。

关于有抚养、教育和保护被收养人的能力。收养人具备抚养、教育和保护被收养人的能力，这是收养人必须有的基本条件。此处的“抚养、教育和保护被收养人的能力”，主要是指收养人应当具有完全民事行为能力，在身体、智力、经济、道德品行以及教育子女等各个方面均有能力实现对未成年子女的抚养、教育和保护，能够履行父母对子女应尽的义务。如果收养人自身经济困难或者患有重病等，就无力承担这一义务，从而损害未成年子女的利益，不利于其健康成长。

关于未患有在医学上认为不应当收养子女的疾病。收养人不应患有相关疾病，这是对收养人在身体方面的特别要求。如果收养人患有这些疾病，将对被收养人的健康成长产生重大影响，在适用“未患有在医学上认为不应当收养子女的疾病”这一规定处理具体问题时，要特别注意须有充分科学的依据，必要时通过专门的医学鉴定加以确定，切不可随意适用该项条件拒绝特定主体的收养要求。

关于无不利于被收养人健康成长的违法犯罪记录。并非有过任何违法犯罪记录的人都不能担任收养人，本项还是强调“无不利于被收养人健康成长的违法犯罪记录”，即收养人从事过与未成年人健康成长有关的违法犯罪的，才会因该违法犯罪记录而被限制收养。比如，收养人有过对未成年人的强奸、猥亵犯罪的。假如收养人的违法犯罪与未成年人无关，则不受该项条件的限制。

关于收养人年龄的规定。要求收养人须年满 30 周岁，收养人只有达到一定年龄，才可能在经济能力、心智完善程度方面满足一定标准，从而具备承担抚养被收养人的义务，更好地保障被收养人的利益。

第一千零九十九条　【收养三代以内旁系同辈血亲子女的特殊规定】收养三代以内旁系同辈血亲的子女，可以不受本法第一千零九十三条第三项、第一千零九十四条第三项和第一千一百零二条规定的限制。

华侨收养三代以内旁系同辈血亲的子女，还可以不受本法第一千零九十八条第一项规定的限制。

第一千一百条　【收养子女的人数】无子女的收养人可以收养两名子女；有子女的收养人只能收养一名子女。

收养孤儿、残疾未成年人或者儿童福利机构抚养的查找不到生父母的未成年人，可以不受前款和本法第一千零九十八条第一项规定的限制。

第一千一百零一条　【共同收养】有配偶者收养子女，应当夫妻共同收养。

第一千一百零二条　【无配偶者收养异性子女】无配偶者收养异性子女的，收养人与被收养人的年龄应当相差四十周岁以上。

第一千一百零三条　【继父母收养继子女的特殊规定】继父或者继母经继子女的生父母同意，可以收养继子女，并可以不受本法第一千零九十三条第三项、第一千零九十四条第三项、第一千零九十八条和第一千一百条第一款规定的限制。

第一千一百零四条　【收养、送养自愿】收养人收养与送养人送养，应当双方自愿。收养八周岁以上未成年人的，应当征得被收养人的同意。

条文注解

收养人收养意愿的作出必须是真实、自愿的，如果这种收养意思表示是受胁迫、欺诈等作出的，就不会产生有效的收养关系，也必将有损被收养人的合法权益。如果被收养人属于8周岁以上的未成年人，还必须征得被收养人的同意才可收养。即使送养人与收养人达成了收养合意，如果被收养人不同意被收养，则不得进行收养。之所以对限制行为能力的未成年人收养附加“同意”要件，主要是考虑这一年龄段的未成年人相较于无行为能力的未成年人而言，已经有了比较成熟的自我意识，尤其是在涉及人身关系的变动方面，能够表达自己的真实意愿，作出符合自己内心真实意思的判断，这也是收养应当最有利于被收养人利益原则的体现。

第一千一百零五条　【收养登记、收养公告、收养协议、收养公证、收养评估】收养应当向县级以上人民政府民政部门登记。收养关系自登记之日起成立。

收养查找不到生父母的未成年人的，办理登记的民政部门应当在登记前予以公告。

收养关系当事人愿意签订收养协议的，可以签订收养协议。

收养关系当事人各方或者一方要求办理收养公证的，应当办理收养公证。

县级以上人民政府民政部门应当依法进行收养评估。

条文注解

本法对于收养协议的签订并非强制性规定，而是可以由当事人根据具体情况自愿选择是否签订。鉴于收养是变更身份的民事法律行为，如果当事人选择签订，必须由收养人与送养人双方亲自进行，不得由他人代理。在收养协议中，无论是收养人、送养人还是被收养人，必须符合法律规定的条件要求，其内容也必须符合相关的规定。如果被收养人已年满 8 周岁，收养协议中还必须包含被收养人同意收养的意思表示。从形式上讲，收养协议应当采用书面形式，双方当事人各执一份，协议自双方当事人在协议上签字盖章之日起生效。

本条第 4 款是关于收养公证的规定，收养公证并非收养的必经程序，只有收养关系的各方当事人或者一方当事人提出办理收养公证的要求时，才依法予以办理。从办理顺序上看，公证一般应当在签订收养协议并且办理收养登记后进行；如果尚未办理收养登记，仅就收养协议进行公证，只能证明协议是真实合法的，并不能证明收养关系已经成立。

关联法规

《中国公民收养子女登记办法》第7条

第一千一百零六条 【被收养人户口登记】收养关系成立后，公安机关应当按照国家有关规定为被收养人办理户口登记。

条文注解

收养关系成立后，收养人与被收养人之间就成立了拟制的父母子女关系，适用一切同父母子女关系有关的规定。从户籍管理的角度来看，既然在法律上被收养人已经成为收养人的子女，理应将被收养人纳入收养人的户籍之中。理解本条，需要明确以下几点：第一，为被收养人办理户口登记的前提是必须成立收养关系。第二，办理登记的职能部门是公安机关。第三，根据被收养人的不同情况，需要办理的户口登记类型既包括原始的户口登记，又包括户口迁移。第四，为被收养人办理户口登记，需要依照国家有关规定进行。

关联法规

《中国公民收养子女登记办法》第8条

第一千一百零七条 【抚养】孤儿或者生父母无力抚养的子女，可以由生父母的亲属、朋友抚养；抚养人与被抚养人的关系不适用本章规定。

条文注解

根据本条规定，通过抚养的方式，可以实现对于孤儿以及生父母无力抚养的子女的照顾养育，只是抚养人与被抚养人之间的关系不适用本章关于收养的规定。所谓抚养，是指无民事行为能力或者限制民事行为能力的未成年人的亲属或者其他主体对未成年人所承担的供养、保护和教育的责任。一般来说，引起抚养权变更的原因大致包括以下三点：一是与未成年子女共同生活并负有抚养义务的一方患有严重疾病或因伤残等丧失继续抚养未成年子女的条件。二是与未成年子女共同生活的一方未尽到抚养义务或者在共同生活期间有虐待行为的发生，对于未成年子女的身心健康产生了不利的影响。三是共同生活的未成年子女在满8周岁以后，要求并愿意与另一方生活。

第一千一百零八条　【抚养优先权】配偶一方死亡，另一方送养未成年子女的，死亡一方的父母有优先抚养的权利。

条文注解

关于本条需要明确以下四个问题：第一，根据本条规定，优先抚养权产生于生存一方配偶送养未成年子女之时，即当生存一方配偶作出送养其未成年子女的意思表示之时，死亡一方配偶的父母的优先抚养权即产生。这既有助于保护优先权人的合法权利，也便于为未成年人创造良好的成长环境。同时，优先抚养权作为死亡一方配偶的父母享有的一项民事权利，其可以根据权利自由处分的原则对优先抚养权表示放弃。在放弃的具体方式上，可以分为“明示放弃”与“默示放弃”。前者是指优先抚养权人在送养人送养未成年子女时，明确地表示自己不抚养该子女；后者则是指优先抚养权人明知送养人要送养未成年子女，但其既不作出优先抚养的直接、明确的意思表示，也没有阻止他人收养该子女，据此可以推定优先抚养权人放弃了优先抚养权。第二，优先抚养权并不绝对，在有的情况下，从有利于未成年人利益最大化的角度出发，可以考虑限制甚至剥夺优先抚养权人的优先抚养权。比如，优先抚养权人存在严重危害未成年人身心健康的现实危险、优先抚养权人不具备实际的抚养能力等。此外，如果未成年人属于8周岁以上的限制行为能力人，在确定抚养权人时还要充分听取未成年人的意愿。第三，在有的情况下，如死亡一方配偶的父母离婚，但两人同时主张优先抚养权，需要首先审查他们是否同时具备优先抚养权。如果同时具备优先抚养权，就要综合考虑各种因素，并可以听取送养人的意见，确定由其中一人抚养未成年人。第四，优先抚养权的产生具有先决条件，即必须是在配偶一方死亡并且另一方送养子女时，死亡一方配偶的父母才可主张。换言之，如果配偶一方死亡，另一方并无送养子女的意思表示，该方作为子女的生父或者生母，仍然是未成年子女的监护人和法定代理人，由其继续承担对于子女的抚养、教育及保护义务，死亡一方配偶的父母无权主张优先抚养。

第一千一百零九条　【涉外收养】外国人依法可以在中华人民共和国收养子女。

外国人在中华人民共和国收养子女，应当经其所在国主管机关依照该国法律审查同意。收养人应当提供由其所在国有权机构出具的有关其年龄、婚姻、职业、财产、健康、有无受过刑事处罚等状况的证明材料，并与送养人签订书面协议，亲自向省、自治区、直辖市人民政府民政部门登记。

前款规定的证明材料应当经收养人所在国外交机关或者外交机关授权的机构认证，并经中华人民共和国驻该国使领馆认证，但是国家另有规定的除外。

条文注解

本条第1款规定，外国人依法可以在中华人民共和国收养子女。这里的“依法”是指依照我国有关收养的法律法规进行收养行为。从这一表述来看，外国人在我国的收养行为，在法律适用方面采取的是属地主义，即必须依照中国有关收养的法律法规进行。

根据该条第 2 款的规定，外国人在中华人民共和国收养子女，应当经其所在国主管机关依照该国法律审查同意。这说明，除了遵守我国的法律之外，外国人在中国收养子女的，还需要遵守所在国的法律规定。按照本章有关被收养人、送养人以及收养人条件的规定，外国人在我国收养子女的，必须符合这些实质性条件的要求：(1) 被收养人方面，丧失父母的孤儿、查找不到生父母的未成年人以及生父母有特殊困难无力抚养的子女这三类主体，均可以作为涉外收养的被收养人由外国人收养。当然，由于我国的收养仅限于未成年人收养，因此，成年人收养并不在涉外收养的范围之列。(2) 送养人方面，根据本法第 1094 条的规定，孤儿的监护人、儿童福利机构以及有特殊困难无力抚养子女的生父母，均可以作为送养人送养未成年人。(3) 收养人条件方面，本法第 1098 条规定了收养人应当同时具备的条件，包括无子女或者只有 1 名子女，有抚养、教育和保护被收养人的能力，未患有在医学上认为不应当收养子女的疾病，无不利于被收养人健康成长的违法犯罪记录，年满 30 周岁等。外国人原则上最多只能收养 2 名子女，但是如果收养的是孤儿、残疾未成年人或者儿童福利机构抚养的查找不到生父母的未成年人，可以不受收养人数及收养人子女数量的限制。

根据本条第 3 款的规定，上述证明材料应当经收养人所在国外交机关或者外交机关授权的机构认证，并经中华人民共和国驻该国使领馆认证，国家另有规定的除外。与《收养法》的规定相比，本条增加了“国家另有规定的除外”的规定。这主要是考虑到，目前我国正在认真考虑、积极推动加入《关于取消外国公文书认证的公约》，增加除外规定能够为将来加入该公约、履行条约义务留下空间。该公约的主要目的是“愿意取消外国公文书需经外交或领事的认证”。

关联法规

《外国人在中华人民共和国收养子女登记办法》第4条

第一千一百一十条 【收养保密义务】收养人、送养人要求保守收养秘密的，其他人应当尊重其意愿，不得泄露。

第二节 收养的效力

第一千一百一十一条 【收养效力】自收养关系成立之日起，养父母与养子女间的权利义务关系，适用本法关于父母子女关系的规定；养子女与养父母的近亲属间的权利义务关系，适用本法关于子女与父母的近亲属关系的规定。

养子女与生父母以及其他近亲属间的权利义务关系，因收养关系的成立而消除。

条文注解

首先，关于养父母与养子女间的权利义务关系。根据本条规定，自收养关系成立之日起，养父母与养子女间的权利义务关系，适用本法关于父母子女关系的规定。其次，关于养子女与养父母的近亲属间的权利义务关系。由于收养关系成立后，养父母子女之间同自然形成的父母子女关系并无二致，因此，在养子女与养父母近亲属关系方面，同样适用本法关于子女与父母的近亲属之间关系的规定。最后，本条第2款规定了收养关系成立后，养子女与生父母以及其他近亲属间的权利义务关系相应得以消除。收养关系成立后，养父母与养子女间形成了拟制的父母子女关系。此时，如果养子女与生父母的关系继续维持，则会出现双重的父母子女关系，这将使亲子关系变得较为复杂，也与人们的普遍认知不符。因此，本条作了上述规定。只要收养关系成立，养子女与生父母及其他近亲属间的权利义务关系就得以消除。

第一千一百一十二条　【养子女的姓氏】养子女可以随养父或者养母的姓氏，经当事人协商一致，也可以保留原姓氏。

条文注解

本条规定养子女可以随养父或者养母的姓氏，这与本法人格权编有关子女姓氏选取的规定也是一致的。一方面，收养关系成立后，养父母与养子女间成立了法律拟制的父母子女关系，允许养子女选取养父或者养母的姓氏，既有助于增强养子女与养父或者养母之间相互的情感认同，便于其更好更快地融入收养家庭，又有利于对他人保守收养秘密，维护当事人的隐私权。另一方面，送养人与收养人在收养关系成立时也可能早已约定好未成年子女的姓氏问题，如果双方协商一致，法律也并不禁止未成年被收养人保留原姓氏。

第一千一百一十三条　【无效收养行为】有本法第一编关于民事法律行为无效规定情形或者违反本编规定的收养行为无效。

无效的收养行为自始没有法律约束力。

条文注解

根据本条第 1 款的规定，在两种情形之下，收养行为将被认定为无效。第一，有本法总则编关于民事法律行为无效规定的情形。本法第 6 章民事法律行为专设第 3 节规定了民事法律行为的效力。第 143 条首先从正面规定了民事法律行为有效应当具备的条件，包括行为人具有相应的民事行为能力；意思表示真实；不违反法律、行政法规的强制性规定，不违背公序良俗。在此基础上，如果不具备或者不完全具备这些条件的民事法律行为，其效力将受到影响，具体可导致无效、可撤销、效力待定等多种效力形态。其中，属于无效民事法律行为的情形包括：(1)无民事行为能力人实施的民事法律行为无效。(2)行为人与相对人以虚假的意思表示实施的民事法律行为无效。(3)违反法律、行政法规的强制性规定的民事法律行为无效，但是该强制性规定不导致该民事法律行为无效的除外。(4)违背公序良俗的民事法律行为无效。(5)行为人与相对人恶意串通，损害他人合法权益的民事法律行为无效。从总则编的规定来看，这些无效情形涵盖了行为人行为能力欠缺、意思表示不真实，以及行为的违法性等各个方面，是总则编对于民事法律行为效力否定性评价的主要依据。收养作为具有人身性质的民事法律行为，自然应当受到总则编有关民事法律行为效力评价规定的约束。如果送养人与收养人之间的收养行为具有上述情形的，则行为应属无效。第二，违反本编规定的收养行为无效。除具有总则编无效情形的收养行为应属无效收养之外，如果收养行为违反了婚姻家庭编的规定，也应属于无效的收养行为。

本条第2款规定，无效的收养行为自始没有法律约束力。根据本法第155条的规定，无效的民事法律行为自始没有法律约束力。收养作为具有人身性质的民事法律行为，也应遵循法律行为制度的基本原理，一旦被认定无效，也应当是从行为一开始便没有法律约束力。

第三节　收养关系的解除

第一千一百一十四条　【当事人协议解除及因违法行为而解除】收养人在被收养人成年以前，不得解除收养关系，但是收养人、送养人双方协议解除的除外。养子女八周岁以上的，应当征得本人同意。

收养人不履行抚养义务，有虐待、遗弃等侵害未成年养子女合法权益行为的，送养人有权要求解除养父母与养子女间的收养关系。送养人、收养人不能达成解除收养关系协议的，可以向人民法院提起诉讼。

条文注解

本条第1款规定，协议解除收养关系存在以下特点，需要准确把握：一是原则上，在被收养人成年以前，收养人不得单方解除收养关系。这一规定主要是出于对未成年人利益的保护，防止因收养人推卸责任而致使未成年人无人抚养的状况出现。二是收养人与送养人经协商一致，可以解除收养关系。在收养人不得随意解除收养关系的原则要求之下，如果收养人与送养人能够协商一致，意味着对未成年人的抚养不会出现问题，从尊重双方当事人意思自治的角度出发，可以允许解除收养关系。三是养子女8周岁以上的，应当征得其同意。在送养人、收养人就解除收养关系达成一致的前提下，如果养子女属于8周岁以上的限制行为能力人，则还需要征得养子女的同意才可解除收养关系。这是因为收养关系的解除不能只考虑送养人、收养人的意愿。养子女8周岁以上的，能够基于被抚养经历及情感联系选择最有利于自己的成长环境，此时就需要征得其同意方可解除收养关系。四是收养人、送养人协商解除收养关系只能通过协议解除的方式，不能通过诉讼方式解除。

本条第2款是通过诉讼解除收养关系的规定。理解本款需要注意以下几点：一是适用本款规定的前提是被收养人尚未成年。二是本款适用的对象仅为送养人，不适用于收养人或者被收养人。其立法初衷在于保护被收养人的合法权益，赋予送养人在一定条件下提起解除收养关系之诉的权利。三是本款的适用情形有严格限制，即收养人不履行抚养义务，有虐待、遗弃等侵害未成年养子女合法权益的行为。如果收养人不存在这些行为，则送养人无权提起解除收养关系的诉讼。

第一千一百一十五条　【关系恶化而协议解除】养父母与成年养子女关系恶化、无法共同生活的，可以协议解除收养关系。不能达成协议的，可以向人民法院提起诉讼。

条文注解

正确理解和适用本条，需要注意以下三点：第一，本条解决的是养父母与成年养子女关系恶化、无法共同生活时收养关系的解除，不包括养子女为未成年人时的情形。第二，本条所规范的养父母与成年养子女之间收养关系的解除，既包括协议解除，又包括诉讼解除。当养父母与成年养子女双方关系恶化、无法共同生活时，可以由一方提出解除收养关系的意思表示，另一方如果同意，则双方就可以协议解除。如果一方提出解除，另一方不同意解除或者对解除收养关系的具体内容不认可，则可以通过向法院提起诉讼的方式解除收养关系。无论是养父母还是成年养子女，均享有诉权。第三，养父母与成年养子女解除收养关系的原因是双方关系恶化、无法共同生活，至于引起关系恶化的具体原因在所不问。实践中，成年养子女既可能因为生活方式、价值理念的不同而与养父母关系恶化，也可能存在成年后为逃避赡养义务而故意与养父母交恶，无论出于何种原因，此时勉强维持收养关系都于双方无益，都应允许解除收养关系。

第一千一百一十六条　【解除收养关系登记】当事人协议解除收养关系的，应当到民政部门办理解除收养关系登记。

条文注解

理解本条,需要注意以下三点:一是本条的规范对象是协议解除收养关系。在本法第1114、1115条规定的三种情形下,如果双方达成了解除收养关系的协议,应当到民政部门办理解除收养关系登记。二是按照有关程序要求,双方应携带必要的材料,共同到民政部门办理解除收养关系登记。同收养关系成立一样,收养关系的协议解除体现的也是双方的共同合意,只有双方同时到民政部门办理解除收养关系登记,才便于民政部门准确查明双方合意,正确办理登记。三是民政部门查明双方的协议解除符合有关规定,依法办理登记,收养关系自登记之日起解除。民政部门在办理解除收养关系登记时,应当按照收养的有关规定进行审核,只有符合规定的,才可以办理解除登记。同时,与收养关系自登记之日起成立一样,收养关系的解除效力也应自解除收养关系登记之日起算。

第一千一百一十七条　【解除收养关系后的身份效力】收养关系解除后,养子女与养父母以及其他近亲属间的权利义务关系即行消除,与生父母以及其他近亲属间的权利义务关系自行恢复。但是,成年养子女与生父母以及其他近亲属间的权利义务关系是否恢复,可以协商确定。

条文注解

本条规定了在收养关系解除后,养子女与养父母以及其他近亲属的权利义务关系即行消除,而与生父母以及其他近亲属的权利义务关系自行恢复,无须办理任何手续。同时,不区分协议解除还是诉讼解除,均产生此种法律后果。这样一来,对于未成年被收养人的抚养、教育就不会出现“真空”状态,能够自动得以接续,未成年人可以继续在良好的环境下健康成长。另外，如果收养关系解除后，养子女已经成年，意味着该子女已经具备完全行为能力，具有独立的思考和认知能力，可以自主决定未来的生活安排，能够依据自己的所思所想规划未来，包括与谁确立亲子关系等。

第一千一百一十八条　【解除收养关系后的财产效力】收养关系解除后，经养父母抚养的成年养子女，对缺乏劳动能力又缺乏生活来源的养父母，应当给付生活费。因养子女成年后虐待、遗弃养父母而解除收养关系的，养父母可以要求养子女补偿收养期间支出的抚养费。

生父母要求解除收养关系的，养父母可以要求生父母适当补偿收养期间支出的抚养费；但是，因养父母虐待、遗弃养子女而解除收养关系的除外。

条文注解

收养关系存续期间，收养人除付出时间和精力尽心照顾未成年养子女之外，还要为养子女的健康成长支出生活费、教育费、医疗费等各方面费用。在收养关系一直维持的情况下，收养人在精神和物质方面的付出可以通过将来养子女成年后履行赡养、扶助义务得到回报和补偿。但是，在收养关系解除后，收养人在收养关系存续期间所付出的各项费用便无法通过被收养人将来履行赡养义务的方式进行补偿。此时，从权利义务相对等的角度出发，立法需要对双方进行利益上的平衡。

正确理解和适用本条，需要注意以下三点：第一，收养关系解除后，成年养子女应对抚养过自己的、缺乏劳动能力又缺乏生活来源的养父母给付生活费。这里不区分协议解除还是诉讼解除。只要养父母尽了对于养子女的抚养义务，养子女成年后，对于缺乏劳动能力又缺乏生活来源的养父母,都应当给付生活费。这里需要满足以下几项条件:(1)收养关系已经解除。既包括协议解除,也包括诉讼解除。(2)养父母须实际抚养过养子女。如果收养关系成立后,养父母并未对养子女尽抚养义务,则其无权在养子女成年后要求支付生活费。这里体现的,仍然是权利义务相对等的原则。(3)养父母具有缺乏劳动能力又缺乏生活来源的情形。由于收养关系解除后,养父母与养子女间已经不再具有父母子女关系。此时,要求成年养子女向养父母给付生活费,更多的是基于养父母之前的抚养事实。因此,对这一情形应该加以限制,即只有在养父母既缺乏劳动能力又缺乏生活来源时,成年养子女才有给付生活费的义务。第二,养父母与成年养子女关系恶化、无法共同生活的,可以协议解除收养关系,不能达成协议的,可以通过诉讼方式解除收养关系。此种情况下收养关系的解除,既可能确因双方生活观念不符所致,也可能因成年养子女虐待、遗弃养父母而解除。在后一种情况下,尽管收养关系最终解除,但养父母可以要求养子女补偿收养期间支出的抚养费。这种补偿,一方面是考虑权利义务的对等;另一方面是对养子女虐待、遗弃养父母行为的一种惩戒,是合理的。第三,生父母提出解除收养关系要求的,养父母可以要求生父母适当补偿收养期间支出的抚养费。在生父母提出解除收养关系要求的情形下,考虑养父母对于养子女的成长付出了经济、时间等各方面的巨大成本,赋予养父母对于生父母抚养费的补偿请求权是合适的,但这种请求权有两个方面限制:(1)养父母可以要求适当补偿抚养费支出。在长期的收养关系存续期间,养父母的具体支出是难以准确计算的。因此,养父母可以结合自己抚养教育养子女的具体情况,提出一个适当、大致的补偿标准。(2)解除收养关系的请求虽由生父母提出,但原因在于养父母虐待、遗弃养子女的,由于养父母自身存在过错,其无权提出补偿抚养费的请求。

实用问题

第一章　一般规定

1. 父母能够干涉自己子女的婚姻吗？

不能。《民法典》第 1041 条第 2 款明确规定，实行婚姻自由的婚姻制度。第 1042 条第 1 款规定，禁止包办、买卖婚姻和其他干涉婚姻自由的行为。这里的婚姻自由，是指公民在婚姻关系中的自由，包括结婚自由、离婚自由、选择配偶的自由等。任何人都有自己的婚姻自由，我们的婚姻自由不受任何人干涉，即使是父母也不能干涉子女的婚姻自由。比如，老王一直信奉“父母之命、媒妁之言”，对自己女儿的婚姻指手画脚、说一不二，找什么样的结婚对象必须得经过他同意，这就是典型的干涉子女婚姻自由的违法行为，为我国法律所不许。

2. 独身老人有争取自己“黄昏恋”的婚姻自由吗？

我国《民法典》第 1041 条规定的婚姻自由制度，其适用对象包括所有人，即不仅年轻人有婚姻自由，老年人也有自己的婚姻自由。在现实生活中，很多老年人往往因为各种各样的原因，在晚年处于一种独身的状态。老而有伴往往是这些老年人内心的最大渴望。但老年人再婚往往面临着巨大压力，特别是来自子女的干预很容易让老年人丧失婚姻自由。比如，姜阿姨是一位 65 岁的退休女职工，其丈夫早年去世，一人含辛茹苦地将儿女养大成人。后其与赵大爷相识，两人一见如故，遂有了再婚相伴终老的打算。但姜阿姨的子女认为母亲再婚是对生父的背叛，以不对其赡养为要挟坚决反对姜阿姨再婚。殊不知，其子女的这一举动已经构成干涉老年人婚姻自由的一种违法行为。

3. 借女儿婚姻，向亲家索要“天价彩礼”是违法行为吗？

近日，齐齐哈尔市某村的村民小张陷入了深深的痛苦之中。原来小张与同村的小王青梅竹马、两小无猜，自幼感情就很好，现在已经到了谈婚论嫁的阶段。小王的父亲老王此时却打起了“歪主意”，向准亲家老张索要60万元的彩礼，还到处说闺女养了这么大，值这个价钱，而以务农为生的张家自然拿不出这么多的钱。作为当事人的小王、小张万般无奈，向村干部小战寻求法律上的帮助。小战跟老王说，我国《民法典》第1042条第1款明确规定，禁止借婚姻索取财物。你现在借着女儿结婚的机会，向亲家索要“天价彩礼”已经违反了《民法典》有关规定，是一种赤裸裸的违法行为。老王听后，为自己的行为自责不已，最后象征性地要了点彩礼，促成了小王、小张的美好姻缘。

4. 为法律所禁止的重婚行为具体如何界定？

《民法典》第1041条第2款规定，实行一夫一妻的婚姻制度；第1042条第2款规定，禁止重婚。重婚是指有配偶者再行结婚的行为，即已经有了一个婚姻关系，又与他人缔结第二个婚姻关系。具有两种形式：(1)法律上的重婚，即前一婚姻未解除，又与他人办理结婚登记手续而构成的重婚。只要双方办理结婚登记手续，无论双方同居与否，或是否举行婚礼，重婚即已形成。(2)事实上的重婚，即前一婚姻未解除，又与他人以夫妻名义(或关系)共同生活，虽未办理结婚登记手续，但事实上已构成重婚。我国《民法典》明确保护一夫一妻制，禁止重婚。

5. 什么是家庭暴力？

《民法典》第1042条第3款规定，禁止家庭暴力。《反家庭暴力法》第2条规定，本法所称家庭暴力，是指家庭成员之间以殴打、捆绑、残害、限制人身自由以及经常性谩骂、恐吓等方式实施的身体、精神等侵害行为。持续性、经常性的家庭暴力，构成虐待；并且家庭暴力必须是发生在家庭成员之间的，而家庭成员主要是指具有亲属关系的，包括夫妻、父母、子女、兄弟姐妹、祖孙、儿媳与公婆、女婿与岳父母等。

通常意义而言，家庭暴力行为分为两类：对身体的暴力行为和对精神的暴力行为。家庭暴力不同于日常生活中偶尔的打闹、争吵，其程度要轻于虐待行为，只有持续性、经常性的家庭暴力，才构成虐待。

家庭暴力对家庭成员的人身和精神有极大的侵害，严重影响子女的身心健康，破坏家庭的和睦，目前已经成为离婚的主要原因之一。严重的家庭暴力还会导致受害者以暴抗暴，以犯罪手段进行报复，成为社会不稳定因素。家庭暴力与社会文明、社会和谐、以人为本的思想都是背道而驰的，因此要坚决予以禁止。

6. 如何防范家庭暴力？

《民法典》为贯彻落实习近平总书记有关加强家庭文明建设的重要讲话精神，更好地弘扬家庭美德，在第 1043 条第 1 款中规定，家庭应当树立优良家风，弘扬家庭美德，重视家庭文明建设。这自然要求一个家风优良的家庭，要坚决避免和防范家庭暴力。而防范家庭暴力问题，不是哪一个部门的职责，而应该是一个系统工程，由各有关部门通力合作，国家机关与社会团体相互配合，形成全社会的合力。

根据《反家庭暴力法》第 2 章的规定，家庭暴力的预防主要体现在以下几点：

(1) 国家开展家庭美德宣传教育，普及反家庭暴力知识，增强公民反家庭暴力意识。工会、共产主义青年团、妇女联合会、残疾人联合会应当在各自工作范围内，组织开展家庭美德和反家庭暴力宣传教育。广播、电视、报刊、网络等应当开展家庭美德和反家庭暴力宣传教育。学校、幼儿园应当开展家庭美德和反家庭暴力宣传教育。

(2) 县级以上人民政府有关部门、司法机关、妇女联合会应当将预防和制止家庭暴力纳入业务培训和统计工作。医疗机构应当做好家庭暴力受害人的诊疗记录。

(3)乡镇人民政府、街道办事处应当组织开展家庭暴力预防工作，居民委员会、村民委员会、社会工作服务机构应当予以配合协助。

(4)各级人民政府应当支持社会工作服务机构等社会组织开展心理健康咨询、家庭关系指导、家庭暴力预防知识教育等服务。

(5)人民调解组织应当依法调解家庭纠纷，预防和减少家庭暴力的发生。

(6)用人单位发现本单位人员有家庭暴力情况的，应当给予批评教育，并做好家庭矛盾的调解、化解工作。

(7)未成年的监护人应当以文明的方式进行家庭教育，依法履行监护和教育职责，不得实施家庭暴力。

7. 家庭暴力实施者应负哪些法律责任？

实施家庭暴力是一种违法行为，家庭暴力的实施者要为自己的违法行为承担相应的法律后果。主要包括：(1)民事责任。根据《民法典》第1079条的规定，家庭暴力是法定离婚理由之一，而且受害者可以要求家庭暴力实施者承担损害赔偿的民事责任。(2)行政责任。《反家庭暴力法》第33条规定，加害人实施家庭暴力，构成违反治安管理行为的，依法给予治安管理处罚；构成犯罪的，依法追究刑事责任。(3)刑事责任。加害人实施家庭暴力或被申请人违反人身安全保护令，构成犯罪的，依法追究刑事责任。严重的家庭暴力会构成《刑法》中暴力干涉婚姻自由罪(第257条)、虐待罪(第260条)、故意伤害罪(第234条)、故意杀人罪(第232条)、侮辱罪(第246条)等。

8. 对家庭暴力的受害者有哪些救助措施？

依据《反家庭暴力法》第3章的规定，对家庭暴力的受害者的救助措施包括：

(1)家庭暴力受害人及其法定代理人、近亲属可以向加害人或者受害人所在单位、居民委员会、村民委员会、妇女联合会等单位投诉、反映或者求助。有关单位接到家庭暴力投诉、反映或者求助后，应当给予帮助、处理。家庭暴力受害人及其法定代理人、近亲属也可以向公安机关报案或者依法向人民法院起诉。单位、个人发现正在发生的家庭暴力行为，有权及时劝阻。

（2）公安机关接到家庭暴力报案后应当及时出警，制止家庭暴力，按照有关规定调查取证，协助受害人就医、鉴定伤情。无民事行为能力人、限制民事行为能力人因家庭暴力身体受到严重伤害、面临人身安全威胁或者处于无人照顾等危险状态的，公安机关应当通知并协助民政部门将其安置到临时庇护场所、救助管理机构或者福利机构。

（3）家庭暴力情节较轻，依法不给予治安管理处罚的，由公安机关对加害人给予批评教育或者出具告诫书。

（4）县级或者设区的市级人民政府可以单独或者依托救助管理机构设立临时庇护场所，为家庭暴力受害人提供临时生活帮助。

（5）法律援助机构应当依法为家庭暴力受害人提供法律援助。

（6）当事人因遭受家庭暴力或者面临家庭暴力的现实危险，向人民法院申请人身安全保护令的，人民法院应当受理。

9. 遭遇家庭暴力可以向哪些部门求助？

《反家庭暴力法》第 13 条第 1、2 款规定，家庭暴力受害人及其法定代理人、近亲属可以向加害人或者受害人所在单位、居民委员会、村民委员会、妇女联合会等单位投诉、反映或者求助。有关单位接到家庭暴力投诉、反映或者求助后，应当给予帮助、处理。家庭暴力受害人及其法定代理人、近亲属也可以向公安机关报案或者依法向人民法院起诉。第 15 条第 1 款规定，公安机关接到家庭暴力报案后应当及时出警，制止家庭暴力，按照有关规定调查取证，协助受害人就医、鉴定伤情。

居民委员会或者村民委员会应当利用熟悉当事人生活情况的优势，尽力化解矛盾，解决纠纷，保护受害人的权益，在职责和权限的范围内，充分履行法律规定的任务。对正在实施的家庭暴力，受害人有权提出请求，居民委员会、村民委员会应当予以劝阻。对正在实施的家庭暴力，公安机关应当履行职责，予以制止。

加害人实施家庭暴力，构成违反治安管理行为的，依法给予治安管理处罚。被申请人违反人身安全保护令，尚不构成犯罪的，人民法院应当予以训诫，可以根据情节轻重处以1000元罚款、15日以下拘留。

《反家庭暴力法》第18条规定，县级或者设区的市级人民政府可以单独或者依托救助管理机构设立临时庇护场所，为家庭暴力受害人提供临时生活帮助。第19条第1款规定，法律援助机构应当依法为家庭暴力受害人提供法律援助。第22条规定，工会、共产主义青年团、妇女联合会、残疾人联合会、居民委员会、村民委员会等应当对实施家庭暴力的加害人进行法治教育，必要时可以对加害人、受害人进行心理辅导。

10. 什么情况下可以申请人身安全保护令？

申请人因遭受家庭暴力或者面临家庭暴力的现实危险，可以向申请人或者被申请人居住地、家庭暴力发生地的基层人民法院申请人身安全保护令。人民法院作出人身安全保护令应当具备下列条件：(1)有明确的被申请人；(2)有具体的请求；(3)有遭受家庭暴力或者面临家庭暴力现实危险的情形。

申请人身安全保护令应当以书面方式提出；书面申请确有困难的，可以口头申请，由人民法院记入笔录。人民法院受理申请后，应当在72小时内作出人身安全保护令或者驳回申请；情况紧急的，应当在24小时内作出。

11. 人身安全保护令是否有期限限制？当事人不服的怎么办？

人身安全保护令的有效期不超过6个月，自作出之日起生效。人身安全保护令失效前，人民法院可以根据申请人的申请撤销、变更或者延长。

申请人对驳回申请不服或者被申请人对人身安全保护令不服的，可以自裁定生效之日起5日内向作出裁定的人民法院申请复议一次。人民法院依法作出人身安全保护令的，复议期间不停止人身安全保护令的执行。

12. 违反人身安全保护令会有什么样的后果？

《反家庭暴力法》第34条规定，被申请人违反人身安全保护令，构成犯罪的，依法追究刑事责任；尚不构成犯罪的，人民法院应当给予训诫，可以根据情节轻重处以1000元以下罚款、15日以下拘留。

《反家庭暴力法》第35条规定，学校、幼儿园、医疗机构、居民委员会、村民委员会、社会工作服务机构、救助管理机构、福利机构及其工作人员未依照本法第14条规定向公安机关报案，造成严重后果的，由上级主管部门或者本单位对直接负责的主管人员和其他直接责任人员依法给予处分。

《反家庭暴力法》第36条规定，负有反家庭暴力职责的国家工作人员玩忽职守、滥用职权、徇私舞弊的，依法给予处分；构成犯罪的，依法追究刑事责任。

13. 收养未成年人时约定巨额“营养费”“感谢费”违法吗？

《民法典》第1044条第2款规定，禁止借收养名义买卖未成年人。众所周知，贩卖儿童是重罪。但在现实生活中，如果约定在收养时由收养人支付送养人巨额的“营养费”“感谢费”，这实际上就是假借收养之名进行买卖未成年人的行为，是一种严重的违法犯罪行为。

例如，陈某与男友张某合意，将其生育的婴儿以收取 6 万元“感谢费”的条件交与田某“收养”，陈张二人原以为可以通过收养名义来达到获取非法利益的目的。殊不知，这种假借收养名义买卖未成年人的行为是违法行为，情节严重的甚至构成刑事犯罪。

14.《民法典》中亲属、近亲属、家庭成员的范围分别指什么？

《民法典》第 1045 条规定，亲属包括配偶、血亲和姻亲。其中，配偶、父母、子女、兄弟姐妹、祖父母、外祖父母、孙子女、外孙子女为近亲属。配偶、父母、子女和其他共同生活的近亲属为家庭成员。

第二章　结　　婚

15. 结婚需要符合哪些条件？

根据《民法典》第 1046、1047 条的相关规定，男女二人结婚必须符合以下几个条件：一是自愿，即双方结婚是完全自愿的；二是达到法定的结婚年龄，男不得早于 22 周岁，女不得早于 20 周岁；三是要符合一夫一妻制度。

16. 哪些情况下即使符合结婚的条件也不能结婚？

《民法典》第 1048 条规定，直系血亲或者三代以内的旁系血亲禁止结婚。其中，直系血亲是指彼此有直接血缘关系的亲属，如父母与子女。三代以内的旁系血亲是指在血缘上和自己同出于三代以内的亲属，包括亲兄弟姐妹、堂兄弟姐妹、表兄弟姐妹、叔父、伯父、舅父、姑母、姨母、侄子、侄女、外甥、外甥女。

17. 父母再婚已成年的异父异母的兄弟姐妹能否结婚？

父母再婚时已成年的异父异母的兄弟姐妹，是一般的继兄弟姐妹关系,是基于父母再婚而形成的姻亲关系。继兄弟姐妹既没有血缘关系,也没有法律上的拟制血亲关系,结婚既不违反法律的规定,也不违背优生学、遗传学的规律,应当准予结婚。

18. 被判处缓刑的罪犯有申请结婚的权利吗?

缓刑,全称是刑罚的暂缓执行,是指对触犯《刑法》,经法定程序确认已构成犯罪、应受刑罚处罚的行为人,先行宣告定罪,暂不执行所判处的刑罚。缓刑由特定的考察机构在一定的考验期限内对罪犯进行考察,并根据罪犯在考验期间内的表现,依法决定是否适用具体刑罚的一种制度。

对于判处缓刑的罪犯,在缓刑期内只要遵守缓刑的有关法律规定,不从事具有社会危害性的行为,从事如在原单位的工作、进行结婚等事宜是被允许的。

19. 举行婚礼就可以成为合法夫妻了吗?

不可以。我国《民法典》第 1049 条规定,要求结婚的男女双方应当亲自到婚姻登记机关申请结婚登记。符合本法规定的,予以登记,发给结婚证。完成结婚登记,即确立婚姻关系。未办理结婚登记的,应当补办登记。因此,结婚登记是取得结婚证书的唯一途径,而结婚证书,是确立夫妻关系的合法凭证,这些都不是婚礼可以取代的。无论何种结婚仪式都是一种外在表现形式,无法产生确立婚姻关系的法律效力,任何人无论其是否依照民俗举行婚礼,都须在婚姻登记机关依法登记后,才具有合法婚姻关系。

20. 结婚登记双方可以委托别人代办吗?

不可以。《民法典》第 1049 条规定,要求结婚的男女双方应当亲自到婚姻登记机关申请结婚登记。故其他任何人都不能代替当事人去办理结婚登记。

结婚登记，涉及夫妻间的权利、义务等一系列人身和财产关系，这种意思表示，必须由当事人亲自作出，其他任何人不得代替行使。唯有如此才能体现当事人愿意结为夫妻的真实意愿，避免发生包办婚姻、强迫婚姻、买卖婚姻和干涉婚姻自由等违法行为。

21. 如何办理结婚登记手续？

男女双方自愿结婚的，双方应当亲自到一方户口所在地的婚姻登记机关申请结婚登记。申请时，应当出具的证件和证明材料是：(1)本人的户口簿、身份证；(2)本人无配偶以及与对方当事人没有直系血亲和三代以内旁系血亲关系的签字声明。

结婚登记是男女结婚的必备法律手续，双方办理了结婚登记，领取了结婚证，他们的婚姻就得到了法律的承认，即确立了夫妻关系。

22. 要到哪里的婚姻登记机关办理结婚登记？

为公民办理结婚登记的婚姻登记机关有以下几类：

(1)县级、不设区的市、市辖区人民政府民政部门办理双方或者一方常住户口在本行政区域内的居民之间的婚姻登记。

省级人民政府可以根据实际情况，规定乡(镇)人民政府办理双方或者一方常住户口在本乡(镇)的居民之间的婚姻登记。

(2)省级人民政府民政部门或者其确定的民政部门，办理一方常住户口在辖区内的涉外和涉我国香港特别行政区、澳门特别行政区、台湾地区居民以及华侨、出国人员的婚姻登记。

办理经济技术开发区、高新技术开发区等特别区域内居民婚姻登记的机关由省级人民政府民政部门提出意见报同级人民政府确定。

23. 内地居民申请结婚登记需要提交哪些证明文件？

根据《婚姻登记条例》第5条第1款之规定，自愿结婚的男女双方在申请结婚登记时,应向婚姻登记机关提交能证明自己合法身份的证明文件及婚姻关系证明。双方户籍都在内地的居民申请结婚登记应提供下列文件:(1)居民身份证。(2)常住户口簿。居民身份证与常住户口簿上的姓名、性别、出生日期应当一致;不一致的,当事人应当先到公安户籍管理部门更正。居民身份证或者常住户口簿丢失,当事人应当先到公安户籍管理部门补办证件。(3)本人无配偶以及与对方当事人没有直系血亲和三代以内旁系血亲关系的签字声明。

24. 港澳台居民申请结婚登记需要提交哪些证明文件?

根据《婚姻登记条例》第 5 条第 2 款之规定,港澳台居民在内地申请结婚登记应提供:(1)本人的有效通行证、身份证。(2)经居住地公证机构公证的本人无配偶以及与对方当事人没有直系血亲和三代以内旁系血亲关系的声明。

25. 华侨在内地申请结婚登记需要提交哪些证明文件?

根据《婚姻登记条例》第 5 条第 3 款之规定,华侨在内地申请结婚登记的应当提供:(1)本人的有效护照。(2)居住国公证机构或者有权机关出具的、经中华人民共和国驻该国使(领)馆认证的本人无配偶的证明和本人与对方当事人无直系血亲及与对方当事人无三代以内旁系血亲关系的证明,或者直接由中华人民共和国驻该国使(领)馆出具的本人无配偶以及与对方当事人无直系血亲和无三代以内旁系血亲关系的证明。中华人民共和国缔结或者参加的国际条约另有规定的,按照国际条约规定的证明手续办理。

26. 外国人在中国内地申请结婚登记需要提交哪些证明文件?

根据《婚姻登记条例》第 5 条第 4 款之规定,外国人在中国内地申请结婚登记的应当提供:(1)本人有效护照或者其他有效的国际旅行证件。(2)所在国公证机构或者有权机关出具的、经中华人民共和国驻该国使(领)馆认证的或者该国驻华使(领)馆认证的本人无配偶的证明,或者所在国驻华使(领)馆出具的本人无配偶的证明。中华人民共和国缔结或者参加的国际条约另有规定的,按照国际条约规定的证明手续办理。

办理结婚登记的当事人对外国主管机关依据本条第3款、第4款提及的国际条约出具的证明文书的真实性负责、签署书面声明,并承担相应法律责任。

27. 婚姻无效的情形包括哪些?

婚姻无效,是指男女双方确立的婚姻关系,因违反了法律规定而不具有法律效力。《民法典》第1051条规定,有下列情形之一的,婚姻无效:(1)重婚;(2)有禁止结婚的亲属关系;(3)未到法定婚龄。

重婚,是指有配偶者再行结婚的行为;有禁止结婚的亲属关系,是指男女双方是直系血亲或者三代以内的旁系血亲;未到法定婚龄,是指男早于22周岁或者女早于20周岁。

28. 什么情况下可以向人民法院申请撤销婚姻?

根据《民法典》第1052、1053条的规定,可以向人民法院申请撤销婚姻的情形有以下两种:一是受胁迫结婚的情形;二是患有重大疾病但结婚登记前未如实告知的情形。

《民法典》不再将"患有医学上认为不应当结婚的疾病"作为禁止结婚的情形,而是规定一方不如实告知患有重大疾病的,另一方可以向人民法院请求撤销婚姻。实质上更好地保障了患有重大疾病一方的婚姻自主权。

受胁迫结婚,是指行为人以给另一方当事人或者其近亲属的生命、身体健康、名誉、财产等方面造成损害为要挟,迫使另一方当事人违背真实意愿而结婚的情况。患有重大疾病但结婚登记前未如实告知,是指一方隐瞒患有重大疾病的事实而与另一方登记结婚的情况。

29. 受胁迫结婚后,受胁迫的一方应该怎么办?

《民法典》第 1052 条规定,因胁迫结婚的,受胁迫的一方可以向人民法院请求撤销婚姻。请求撤销婚姻的,应当自胁迫行为终止之日起 1 年内提出。被非法限制人身自由的当事人请求撤销婚姻的,应当自恢复人身自由之日起 1 年内提出。

因胁迫结婚的,受胁迫的一方可以向人民法院请求撤销该婚姻。受胁迫的情况下办理结婚登记缔结的婚姻属于可撤销的婚姻关系,法律赋予受胁迫一方当事人撤销权,该当事人可以行使撤销婚姻的请求权。

出于对婚姻稳定性的考虑,法律对受胁迫一方的撤销权,从时间上给予了一定限制,即受胁迫的一方撤销婚姻的请求,应当自胁迫行为终止之日起 1 年内提出。同时基于特殊考虑,被非法限制人身自由的当事人请求撤销婚姻的,应当自恢复人身自由之日起 1 年内提出。

30. 婚姻被认定为无效或者被撤销会产生什么样的法律后果?

《民法典》第 1054 条规定,无效的或者被撤销的婚姻自始没有法律约束力,当事人不具有夫妻的权利和义务。同居期间所得的财产,由当事人协议处理;协议不成的,由人民法院根据照顾无过错方的原则判决。对重婚导致的无效婚姻的财产处理,不得侵害合法婚姻当事人的财产权益。当事人所生的子女,适用本法关于父母子女的规定。婚姻无效或者被撤销的,无过错方有权请求损害赔偿。

具体来说,婚姻被认定为无效或者被撤销,将产生以下法律后果:

(1)婚姻自始无效,双方当事人不具有夫妻的权利和义务。

(2)同居期间所得的财产,不同于合法夫妻之间的夫妻共同财产制。在分割共同财产时，先由当事人协商解决；协商不成时，由人民法院根据照顾无过错方的原则依法判决。

（3）同居期间生育的子女，均适用《民法典》有关婚生父母子女的权利义务之规定。

31. 婚姻被撤销或宣告无效时，子女的法律地位如何？

子女的法律地位不会因婚姻被撤销或者宣告无效而发生变化。换句话说，无效或者被撤销的婚姻当事人所生子女的权利义务，与合法婚姻当事人所生子女的权利义务一样。例如，父母对子女有抚养、教育和保护的义务；子女对父母有赡养的义务。父母不履行抚养义务时，未成年子女或者不能独立生活的成年子女，有要求父母给付抚养费的权利。成年子女不履行赡养义务时，缺乏劳动能力或者生活困难的父母，有要求子女给付赡养费的权利。父母有教育、保护未成年子女的权利和义务。未成年子女造成他人损害的，父母有承担民事责任的义务。婚姻关系被确认为无效或被撤销后，一方抚养子女，另一方应负担部分或者全部抚养费。不直接抚养子女的父或母，有探望子女的权利，另一方有协助的义务等。

第三章　家庭关系

第一节　夫妻关系

32. 夫妻双方在家庭中的地位平等吗？

在漫长的封建社会，男尊女卑是家庭中夫妻双方的地位写照。而在中华人民共和国成立后，男女平等被写进了《宪法》。夫妻在婚姻家庭中地位平等是男女平等宪法精神在《民法典》中的体现。《民法典》第1055~1058条，以4个条款的篇幅明确规定了夫妻双方在婚姻关系中具有平等地位，具体体现为：

(1)夫妻双方都有各自使用自己姓名的权利。

(2)夫妻双方都有参加生产、工作、学习和社会生活的自由,一方不得对另一方加以限制或者干涉。

(3)夫妻双方平等享有对未成年子女抚养、教育和保护的权利,共同承担对未成年子女抚养、教育和保护的义务。

33. 夫妻双方相互扶养的义务指的是什么?

《民法典》第1059条规定,夫妻有相互扶养的义务。需要扶养的一方,在另一方不履行扶养义务时,有要求其给付扶养费的权利。即夫妻之间在生活上有相互帮助、扶持的义务。具体来说,夫妻间扶养的情形主要包括以下几种:

(1)当一方失去劳动能力时,对方应当扶养和照顾其生活。

(2)当一方生病时,对方应当给予照顾或者送院治疗,承担相应的医疗和护理费用。

(3)当一方为无民事行为能力人或者限制民事行为能力人时,对方有担任法定监护人的权利和义务。

(4)当一方没有固定收入且没有其他生活来源,对方应当给予必要的生活费。

如果一方不履行扶养义务,另一方可以向人民法院提起诉讼,要求对方给予扶养费。若对没有劳动能力且没有生活来源的人不履行扶养义务,情节严重的,可能构成遗弃罪(《刑法》第261条),承担刑事责任。

34. 妻子失去劳动能力,而丈夫拒绝扶养,妻子该如何寻求救济?

《民法典》第1059条规定,夫妻有相互扶养的义务。需要扶养的一方,在另一方不履行扶养义务时,有要求其给付扶养费的权利。因此,当丈夫拒绝扶养失去劳动能力的妻子时,妻子可以采取以下几种措施维护自己的权益:(1)请求有关部门调解;(2)向人民法院提起民事诉讼;(3)情节恶劣,构成遗弃罪时,还可以请求人民法院追究其刑事责任。

35. 夫妻间的扶养义务可以约定取消吗?

目前,极个别人在结婚的时候会签订一个所谓相互之间"不尽扶养义务,互不干涉对方的私生活"的"两不"协议。那么,这样一个协议真的有效吗?可以规避法律规定的扶养义务吗?答案自然是否定的。我国法律虽然允许夫妻结婚时,对其婚前婚后财产、婚后家务负担等事宜作出约定,但约定的内容不得违反法律的强制性规定,不得违背公序良俗。《民法典》第1059条明确规定,夫妻有相互扶养的义务。因此,上述"两不"协议违反了夫妻间法定权利义务的规定,是没有法律效力的。

36. 夫妻一方因家庭日常生活需要而实施的民事法律行为对双方都有约束力吗?

在日常生活中,夫妻一方为了家庭生活需要,如购买一台洗衣机的行为,对夫妻双方是否都有约束力,这直接影响相对人的权益和整个社会经济秩序的稳定。《民法典》第1060条对此作了专门规定,夫妻一方因家庭日常生活需要而实施的民事法律行为,对夫妻双方发生效力,但是夫妻一方与相对人另有约定的除外。夫妻之间对一方可以实施的民事法律行为范围的限制,不得对抗善意相对人。此条款实际规定了夫妻的日常家事代理权,即夫妻一方因家庭日常生活需要而实施的民事法律行为对双方都有法律效力。也就是说,只要是家事上的开支,夫妻任何一方都有家事方面的单独处理权。夫妻一方在行使日常家事代理权时,无论对方对该代理行为知晓与否、追认与否,夫妻双方均应对该行为的法律后果承担连带责任，但夫妻一方在实施有关民事法律行为时与相对人另有约定的除外。比如，明确跟相对人说明其实施该行为只代表其个人意愿。同时，为了更好地保护相对人的权益，该条还明确规定了善意相对人制度，即夫妻之间对一方可以实施的民事法律行为范围的限制，不得对抗善意相对人。

37. 哪些财产属于夫妻共同财产？

夫妻在婚姻关系存续期间所得的财产，除约定外，均属于夫妻共同财产。根据《民法典》第 1062 条第 1 款的规定，夫妻共同财产包括以下内容：

(1)工资、奖金、劳务报酬。这里的工资是指工资总额而非基本工资。根据《国家统计局关于工资总额组成的规定》，工资总额包括：①计时工资；②计件工资；③奖金；④津贴和补贴；⑤加班加点工资；⑥特殊情况下支付的工资。

(2)生产、经营、投资的收益。这部分较易理解，夫妻双方生产、经营、投资活动所产生的收益均归为夫妻共同财产。例如，夫妻共同经营的小饭馆，其产生的收入均归为夫妻共同财产。

(3)知识产权的收益。知识产权在我国包括著作权、商标权、专利权等无形财产；知识产权的收益包括个人稿费、专利权的转让费用等。

(4)继承或者受赠的财产。但是这部分财产不包括遗嘱或者赠与合同中确定只归一方的财产。

(5)其他应当归共同所有的财产。

根据《民法典》第 1062 条第 2 款的规定，夫妻双方对共同财产，有平等的处理权。

38. 哪些财产属于夫妻个人财产？

首先是有约定的依照约定。夫妻可以就双方之间的财产归属进行约定，约定为个人一方财产的即为夫妻个人财产。

其次是没有约定的依照法定。《民法典》第 1063 条规定，下列财产为夫妻一方的个人财产：

（1）一方的婚前财产；

（2）一方因受到人身损害获得的赔偿和补偿；

（3）遗嘱或者赠与合同中确定只归一方的财产；

（4）一方专用的生活用品；

（5）其他应当归一方的财产。

39. 保单现金价值是否属于夫妻共同财产？

保单的现金价值，是指投保人退保或保险公司解除保险合同时，由保险公司向投保人退还的那部分金额。这部分钱是在退保和解除保险合同时，应当退还给投保人的钱。根据《最高人民法院第八次全国法院民事商事审判工作会议纪要》第 4 条之规定，婚姻关系存续期间以夫妻共同财产投保，投保人和被保险人同为夫妻一方，离婚时仍处于保险期内，且离婚时投保人选择继续投保的，该投保财产的现金价值按照夫妻共同财产处理。因此，保单现金价值是否属于夫妻共同财产主要看买保险时用的是谁的钱，如果是个人的，那么就是个人财产；如果是用夫妻共同财产购买的，无论受益人是谁，保单的现金价值均是夫妻共同财产。

40. 夫妻一方能否做主出售共同所有的房屋？

不能。夫妻双方对其共同所有的房屋来说是共同共有的关系。共同共有人对共有财产享有权利、承担义务，处分共有财产必须经全体共有人一致同意，否则视为无效。所以，在夫妻关系存续期间，任何一方都无权擅自处置其共同所有的房屋。但在个别情形下，夫妻一方会假冒另一方名义将房屋出售给他人，此时如果第三人善意且有偿取得该房屋的，应当维护第三人的合法权益；对其他共有人的损失，由擅自处分共有房屋的一方赔偿。

41. 婚前房产婚后被征收，补偿款是否属于夫妻共同财产？

在婚姻关系中，夫妻一方的婚前财产不因结婚而转化为共同财产。一方婚前的房产并没有进行投资也没有通过买卖去谋利，房屋被征收换来的补偿款，不是生产、经营、投资的结果，是房屋价值的变现，仍然属于个人财产。

42. 婚前个人房产，婚后出售的增值部分属于夫妻共同财产吗？

当事人婚前购买的房产，属于个人的婚前财产。夫妻双方可以对婚前财产进行约定，约定属于夫妻共同财产的，从其约定，增值部分属于夫妻共同财产。如果未作约定，则一般认为是婚前的个人财产。在婚姻关系存续期间，因市场行情变化抛售后产生的增值部分，由于这些财产本身仅是个人财产的形态变化，性质上仍为个人所有之财产，抛售后的增值是基于原物交换价值的上升所致，仍应依原物所有权归属为个人所有，而不应当认为是夫妻共同所有的财产。

43. 丈夫因车祸而获得的残疾人生活补助费是否属于夫妻共同财产？

不属于夫妻共同财产。(1)因受到人身损害获得的赔偿金与补偿金并非在夫妻关系存续期间因一方的劳动所得，而是为照顾解决受伤害的一方因生活上的特殊需要或健康状况而作出的赔偿或者补偿，具有特定的目的。(2)因受到人身损害获得的赔偿金或补偿金，与受到伤害一方的人身具有密切的联系，如果丧失了这笔赔偿或者补偿，会使其生活困难甚至可能致其产生生存危机。(3)因受到人身损害获得的赔偿，包括对受害者的安抚费用和治疗的专门费用，其赔偿的对象和条件是特定的。

44. 分居期间夫妻一方取得的财产是夫妻共同财产吗？

这里要分两步来判断。首先，夫妻分居是否属于夫妻关系存续期间。夫妻因感情不和或其他原因分居的，虽说不在一起过夫妻生活，但仍然是合法夫妻，分居的时间无论长短，依然是夫妻关系存续期间。其次，判断分居期间夫妻一方取得的财产是否属于《民法典》第1062条规定的共同财产。如果符合该条规定，则此时分居期间的夫妻一方所取得的财产是共同财产；如果不符合该条规定，则不属于共同财产。

45. 夫妻一方以自己的名义举债，一定为夫妻共同债务吗？

不一定。《民法典》第1064条规定，夫妻双方共同签字或者夫妻一方事后追认等共同意思表示所负的债务，以及夫妻一方在婚姻关系存续期间以个人名义为家庭日常生活需要所负的债务，属于夫妻共同债务。夫妻一方在婚姻关系存续期间以个人名义超出家庭日常生活需要所负的债务，不属于夫妻共同债务；但是，债权人能够证明该债务用于夫妻共同生活、共同生产经营或者基于夫妻双方共同意思表示的除外。也就是说，将一方的债务认定为夫妻共同债务有三种情形：一是事后得到另一方的追认，即承认是基于夫妻双方共同意思表示所负的债务；二是夫妻一方在婚姻关系存续期间以个人名义为家庭日常生活需要所负的债务；三是债权人能够证明该债务是用于夫妻共同生活、共同生产经营或者基于夫妻双方共同意思表示而产生的。

46. 约定夫妻财产“AA制”后，就不需要对对方的债务负责了吗？

不一定。《民法典》第1065条第3款规定，夫妻对婚姻关系存续期间所得的财产约定归各自所有，夫或者妻一方对外所负的债务，相对人知道该约定的,以夫或者妻一方的个人财产清偿。也就是说,相对人必须知道夫妻二人是约定夫妻财产“AA 制”的,夫或妻才不需要对对方债务负责,且发生诉讼后,夫或妻对此负有举证责任。

因此,为使约定产生预期的效果,当事人双方可向公证机关申请办理公证,以降低风险。在有需要的时候,要有意识地让相对人知晓夫妻之间存在这种协议,来突破协议仅对夫妻双方有效的限制,以解决法律因善意第三人的规定所引发的问题,使协议能够取得更好的效果。

若由于相对人不知情,而使一方偿还了应由另一方偿还的债务,那么代为偿还的一方可以向另一方追偿,因为“AA 制”协议不对相对人有效,但是在夫妻双方之间有效。

47. 分居后夫妻一方所负债务是否属于共同债务?

这里要分两步来判断。首先,夫妻分居是否属于夫妻关系存续期间。夫妻因感情不和或其他原因分居的,虽然不在一起过夫妻生活,但仍然是合法夫妻,分居的时间无论长短,依然是夫妻关系存续期间。其次,判断分居期间夫妻一方所负债务是否属于《民法典》第 1064 条规定的共同债务。如果符合该条规定,则此时分居期间的夫妻一方所负债务是共同债务;如果不符合该条规定,则不属于共同债务。

48. 夫妻双方如何对财产进行约定?约定的法律后果有哪些?

《民法典》第 1065 条规定,男女双方可以约定婚姻关系存续期间所得的财产以及婚前财产归各自所有、共同所有或者部分各自所有、部分共同所有。约定应当采用书面形式。没有约定或者约定不明确的,适用本法第 1062、1063 条的规定。夫妻对婚姻关系存续期间所得的财产以及婚前财产的约定,对双方具有法律约束力。夫妻对婚姻关系存续期间所得的财产约定归各自所有,夫或者妻一方对外所负的债务，相对人知道该约定的，以夫或者妻一方的个人财产清偿。

婚内财产归属约定，是指夫妻之间在婚内，就婚前财产和婚后所得财产的归属、管理、使用、收益、处分以及债务的清偿，对财产分割达成的协议。

婚内财产归属约定必须符合以下法定条件才能具备法律效力：

(1)协议双方必须具有完全民事行为能力。

(2)意思表示必须真实，也就是双方是在完全自愿的情况下签署的，而不能是在一方被欺诈、被胁迫的情况下签署。

(3)不得违反法律和公序良俗，是指约定的内容必须合法，不能规避法律或者损害国家、集体及第三人的利益；不能约定处理其他家庭成员或第三人的财产的归属；也不能约定生男就支付生活费，生女就离婚等。

(4)婚姻关系合法有效，若是无效婚姻、可撤销婚姻，则不适用此协议。

(5)必须采用书面形式，公证不是必然程序，但是公证后的协议法律效力更强，建议当事人在签订协议时做好公证。

有效的婚内财产归属约定对夫妻双方具有约束力，如果夫妻对婚姻关系存续期间所得的财产约定归各自所有，夫或者妻一方对外所负的债务，相对人知道该约定的，以夫或者妻一方的个人财产清偿。

49. 一方擅自将夫妻共同财产赠与第三者，夫妻另一方有权要求第三者返还吗？

可以。《民法典》第1060条第1款规定，夫妻一方因家庭日常生活需要而实施的民事法律行为，对夫妻双方发生效力，但是夫妻一方与相对人另有约定的除外。《民法典》第1062条第2款规定，夫妻对共同财产，有平等的处理权。根据上述规定，夫妻一方将共同财产赠与第三者，显然不是“因家庭日常生活需要”，另一方必然也是不知情，那么赠与方的行为就严重损害了夫妻另一方的合法财产权益。因此，在司法实践中，人民法院通常以此为由，认定赠与合同无效，判决第三者对受赠与的财产予以返还。

50. 婚姻关系存续期间，能要求分割共同财产吗？

通常不能，特殊情况才可以。《民法典》第1066条规定，婚姻关系存续期间，有下列情形之一的，夫妻一方可以向人民法院请求分割共同财产：(1)一方有隐藏、转移、变卖、毁损、挥霍夫妻共同财产或者伪造夫妻共同债务等严重损害夫妻共同财产利益的行为；(2)一方负有法定扶养义务的人患重大疾病需要医治，另一方不同意支付相关医疗费用。换句话说，一种情况是一方严重损害了夫妻共同财产利益的，另一种情况是一方负有法定扶养义务的人急需医疗费另一方拒绝的。

51. 夫妻一方私自赠与“第三者”财产另一方能否要求返还？

婚姻关系存续期间，夫妻一方为重婚、与他人同居以及其他违反夫妻忠实义务等目的，私自将婚内共同财产赠与他人，不仅侵害了夫妻共同财产平等处理权，更是一种严重违背公序良俗的行为。为此，《最高人民法院关于适用〈中华人民共和国民法典〉婚姻家庭编的解释(二)》第7条第1款明确规定，夫妻另一方主张赠与行为违反公序良俗无效的，人民法院应予支持，也就是说，另一方有权要求返还财产。

《最高人民法院关于适用〈中华人民共和国民法典〉婚姻家庭编的解释(二)》第7条第2款还明确：在夫妻关系内部，无过错的另一方可以在不离婚的情况下要求分割夫妻共同财产；如果因此导致离婚的，在分割夫妻共同财产时，可以对违反夫妻忠实义务的一方少分或不分。也就是说，财产返还给夫妻双方之后，在夫妻内部分割的时候，对于违反夫妻忠实义务的一方，可能完全分不到财产。如果存在重婚、与他人同居或者其他严重过错的，还要对无过错的一方承担离婚损害赔偿责任。

此外,在子女抚养方面,《最高人民法院关于适用〈中华人民共和国民法典〉婚姻家庭编的解释(二)》第14条第3项还规定,离婚时,双方均要求直接抚养未成年子女的,如果一方存在重婚、与他人同居或者其他严重违反夫妻忠实义务情形的,作为对其不利因素,优先考虑由另一方直接抚养。

第二节　父母子女关系和其他近亲属关系

52. 已成年的残疾女孩还能向自己的父母索要抚养费吗?

需要判断该残疾女孩是否能够独立生活,如果不能独立生活的,可以向父母索要抚养费。

《民法典》第1067条规定,父母不履行抚养义务的,未成年子女或者不能独立生活的成年子女,有要求父母给付抚养费的权利。成年子女不履行赡养义务的,缺乏劳动能力或者生活困难的父母,有要求成年子女给付赡养费的权利。

父母的抚养义务并不是无期限的,按照法律规定,到子女年满18周岁为止。但是现在的社会,年满18周岁的孩子大部分还没有独立的生活能力,绝大多数还在学校读书,根据本条第1款的规定,可以要求父母给付抚养费。

因此,如果残疾女孩能够独立生活的,其不能再向父母索要抚养费;如果残疾女孩不能独立生活的,则可以向父母索要抚养费。

53. 风烛残年的老人能向自己的成年子女索要赡养费吗?

《民法典》第1067条第2款规定,成年子女不履行赡养义务的,缺乏劳动能力或者生活困难的父母,有要求成年子女给付赡养费的权利。可见,如果父母缺乏劳动能力或者生活困难,有权向成年子女索要赡养费。同时,成年子女的赡养义务绝非出钱这么简单,还包括生活上的照顾、精神上的安慰和对困难的扶助，这些都是子女不能免除的义务。

54. 萱萱在公园玩耍时将小朋友打伤，其父母应该赔偿吗？

应该。《民法典》第1068条规定，父母有教育、保护未成年子女的权利和义务。未成年子女造成他人损害的，父母应当依法承担民事责任。

5岁的萱萱在公园玩耍时不小心将畅畅小朋友打伤，事情发生后，畅畅的父母与萱萱的父母多次沟通，但始终无法就赔偿事宜达成一致。无奈之下，畅畅的父母向人民法院提起诉讼，人民法院认为，萱萱是未成年人，萱萱造成他人损害的，理应由其父母负责赔偿。

55. 儿子可以因母亲改嫁而拒付赡养费吗？

不可以。《民法典》第1069条规定，子女应当尊重父母的婚姻权利，不得干涉父母离婚、再婚以及婚后的生活。子女对父母的赡养义务，不因父母的婚姻关系变化而终止。

老年人再婚的权利应得到充分保障，子女不得任意干涉。具体而言，子女对于老年人再婚权利的尊重体现在以下两个方面：

第一，老年人的婚姻自由受法律保护，子女应当尊重父母的婚姻权利，包括离婚和再婚的自主权利，尤其是不得因一己私利和世俗偏见阻挠、干涉父母再婚。父母是否再婚，与谁结婚应由其自主决定。父母再婚后，子女不得干涉父母婚后的生活。比如，子女不得干涉父母选择居所或者如何处分个人财产。

第二，子女对父母的赡养义务，不因父母的婚姻关系变化而终止，即父母婚姻关系的变化不导致子女赡养义务的解除，子女不能因父母再婚而对父母不闻不问，相互推诿，不尽赡养义务。在有赡养能力的子女不履行赡养义务时，缺乏劳动能力或者生活困难的父母，有要求子女给付赡养费的权利。父母可以直接向子女索要赡养费，也可以请求有关组织（如子女所在单位、居民委员会、村民委员会）调解，还可以直接向人民法院起诉要求给付赡养费。

值得注意的是，暴力干涉老年人婚姻自由或者对老年人负有赡养义务、扶养义务而拒绝赡养、扶养，情节严重构成犯罪的，依法追究刑事责任。

56. 父母离婚多年，子女对远在他乡的父亲还有义务赡养吗？

有。《民法典》第1069条规定，子女应当尊重父母的婚姻权利，不得干涉父母离婚、再婚以及婚后的生活。子女对父母的赡养义务，不因父母的婚姻关系变化而终止。因此，子女对父母的赡养义务，不因父母离婚而终止。即使父亲因为和母亲离婚而远走他乡多年，也不能免除子女的赡养义务。

57. 放弃继承权的子女，可以免除赡养父母的义务吗？

不可以。根据《民法典》的相关规定，只要父母缺乏劳动能力或者生活困难的，成年子女都应该给付赡养费，没有例外条件。因此，赡养父母的义务，并不因为放弃继承权而得以免除。

58. 父母和子女可以相互继承遗产吗？

可以。《民法典》第1070条规定，父母和子女有相互继承遗产的权利。

例如，张阿姨与李叔叔离婚后独自抚养女儿小李，后李叔叔与刘阿姨组建了新的家庭。李叔叔因病去世后，小李要求继承李叔叔的遗产，但刘阿姨坚持认为张阿姨与李叔叔离婚多年，小李已不具备继承遗产的资格。显然，刘阿姨的想法是错误的，无论父母婚姻状态如何，子女都是有权继承父母遗产的。

59. 代位继承人成年后从未履行赡养义务，应否均分遗产？

从现行法律规定来看，法定继承以均等继承为原则，对于尽到较多赡养义务的，也只是规定“可以”多分而非“应当”多分。但是就代位继承而言，代位继承人仅是承继了其父或母作为被继承人的第一顺位继承人的继承权，并不涉及赡养义务问题。这样的制度安排体现了对赡养的正向鼓励，但仍然强调维护以身份为基础的继承权利义务关系。因此，就代位继承人而言，决定其能否均等继承的根本在于其身份是否符合代位继承的构成要件。当然，此种情况下，如果其他继承人尽到较多赡养义务，也只是应当让有关继承人多分，而不是让该代位继承人少分。

60. 非婚生子女和婚生子女地位平等吗？

平等。《民法典》第1071条规定，非婚生子女享有与婚生子女同等的权利，任何组织或者个人不得加以危害和歧视。不直接抚养非婚生子女的生父或者生母，应当负担未成年子女或者不能独立生活的成年子女的抚养费。因此，非婚生子女和婚生子女法律地位平等。

61. 继父继母与受其抚养教育的继子女之间的权利义务有哪些？

《民法典》第1072条规定，继父母与继子女间，不得虐待或者歧视。继父或者继母和受其抚养教育的继子女间的权利义务关系，适用本法关于父母子女关系的规定。

因此，继父或者继母和受其抚养教育的继子女间的权利义务关系与亲生父母子女间的关系是相同的。具体而言包括：(1)父母的抚养义务和子女的赡养义务；(2)父母教育、保护未成年子女的权利义务；(3)子女尊重父母婚姻权利的义务；(4)父母子女相互继承权。

62. 父亲或者母亲可以向人民法院起诉要求确认或者否认亲子关系吗？

《民法典》第1073条规定，对亲子关系有异议且有正当理由的，父或者母可以向人民法院提起诉讼，请求确认或者否认亲子关系。对亲子关系有异议且有正当理由的，成年子女可以向人民法院提起诉讼，请求确认亲子关系。

因此，如果父亲或者母亲对亲子关系有异议且有正当理由的，可以向人民法院提起诉讼。

63. 子女可以向人民法院起诉要求确认亲子关系吗？

《民法典》第1073条第2款规定，对亲子关系有异议且有正当理由的，成年子女可以向人民法院提起诉讼，请求确认亲子关系。

例如，刘某成年后在家中找到一封落款为蔡某的信，信中蔡某说自己是刘某的生父并附带了刘某儿时与他的合照，刘某拿着信向父亲老刘提出确认亲子关系的请求，老刘不同意，此时刘某可以向人民法院提起诉讼，请求确认亲子关系。

64. 祖父母、外祖父母和孙子女、外孙子女之间有抚养和赡养的义务吗？

祖父母、外祖父母与孙子女、外孙子女之间的抚养和赡养义务是特定情形下的法定义务。《民法典》第1074条规定，有负担能力的祖父母、外祖父母，对于父母已经死亡或者父母无力抚养的未成年孙子女、外孙子女，有抚养的义务。有负担能力的孙子女、外孙子女，对于子女已经死亡或者子女无力赡养的祖父母、外祖父母，有赡养的义务。

具体而言，祖父母、外祖父母与孙子女、外孙子女之间抚养和赡养义务的形成是有条件的：一是要求一方具备负担能力，二是要求另一方父母(或子女)已经死亡或者无力负担。

65. 兄弟姐妹之间有互相扶养的义务吗?

《民法典》第1075条规定,有负担能力的兄、姐,对于父母已经死亡或者父母无力抚养的未成年弟、妹,有扶养的义务。由兄、姐扶养长大的有负担能力的弟、妹,对于缺乏劳动能力又缺乏生活来源的兄、姐,有扶养的义务。

具体而言,兄、姐与弟、妹之间扶养义务的形成是有条件的。简言之,就是应尽抚养义务的父母不能尽其抚养义务时,由有能力的兄弟姐妹来承担扶养义务。兄弟姐妹间的扶养义务是第二顺序的,具有递补性质。但兄弟姐妹间一旦形成扶养义务,那么该义务又是不可推卸的法定义务,义务人应当自觉履行。

66. 同居期间生下的非婚生子女在分手后归谁抚养?

《民法典》第1071条第1款规定,非婚生子女享有与婚生子女同等的权利,任何组织或者个人不得加以危害和歧视。故应给婚生与非婚生子女同样的对待。同居关系虽然不受法律保护,但是孩子是无辜的,其合法权益应当受到法律保护。分手后孩子的抚养应以最有利于子女的身心健康为首要原则。通常要考虑的因素包括孩子的年龄,如不满2周岁的孩子由母亲抚养,双方的经济状况,生活环境等。

67. 被遗弃的老人应该怎么保护自己的权利?

被遗弃的老人可以通过以下方式保护自己的权利:(1)受害老年人有权请求居民委员会、村民委员会以及所在单位予以劝阻、调解,通过教育让子女认识到对父母赡养是法律规定的义务,如果违反要承担法律责任。(2)通过诉讼途径来维护自己的权益。(3)可以依照《刑事诉讼法》的有关规定,向人民法院提起自诉。《刑法》第261条规定,对于年老、年幼、患病或者其他没有独立生活能力的人，负有扶养义务而拒绝扶养，情节恶劣的，处5年以下有期徒刑、拘役或者管制。“情节恶劣”主要是指遗弃行为造成了被害人重伤、死亡等严重后果，行为人有遗弃行为屡教不改，遗弃行为的手段、具体情节特别恶劣等。

遗弃，是指有扶养义务的人对年老、年幼、患病或者其他没有独立生活能力的人，拒绝扶养的行为。子女对父母有赡养扶助的义务，如果子女拒绝赡养老年父母将可能构成遗弃罪。

第四章　离　　婚

68. 夫妻自愿离婚如何办理手续？

《民法典》第1076条规定，夫妻双方自愿离婚的，应当签订书面离婚协议，并亲自到婚姻登记机关申请离婚登记。离婚协议应当载明双方自愿离婚的意思表示和对子女抚养、财产以及债务处理等事项协商一致的意见。

《民法典》第1078条规定，婚姻登记机关查明双方确实是自愿离婚，并已经对子女抚养、财产以及债务处理等事项协商一致的，予以登记，发给离婚证。

根据上述规定，夫妻双方自愿离婚的，应当签订书面离婚协议，共同到有管辖权的婚姻登记机关提出申请，并提供以下证件和证明材料：(1)婚姻登记机关或者中国驻外使(领)馆颁发的结婚证；(2)符合《婚姻登记工作规范》第29~35条规定的有效身份证件；(3)在婚姻登记机关现场填写的《离婚登记申请书》。

婚姻登记员按照《婚姻登记工作规范》有关规定对当事人提交的上述材料进行初审。

申请办理离婚登记的当事人有一本结婚证丢失的，当事人应当书面声明遗失，婚姻登记员可以根据另一本结婚证受理离婚登记申请；

申请办理离婚登记的当事人两本结婚证都丢失的，当事人应当书面声明结婚证遗失并提供加盖查档专用章的结婚登记档案复印件，婚姻登记员可根据当事人提供的，上述材料受理离婚登记申请。

婚姻登记员对当事人提交的证件和证明材料初审无误后，发给《离婚登记申请受理回执单》。不符合离婚登记申请条件的，不予受理。当事人要求出具《不予受理离婚登记申请告知书》的，应当出具。

69. 离婚协议书应该怎么写?

离婚协议书中应当写明如下事项:

(1)当事人及其婚姻的基本情况。包括当事人的姓名、性别、出生年月日、民族、籍贯、工作单位或职业、住址、身份证号码、结婚时间、生育子女时间和数量、离婚原因等。

(2)双方同意离婚。

(3)未成年子女或者还需要抚养的不能独立生活的成年子女将来生活的安排，如随父母哪一方一起生活、抚养费如何负担。

(4)夫妻共同财产的分割及债务处理。

(5)有住房或者居住问题的，写明住房如何分割或解决。

(6)一方生活有困难的，另一方有能力给予帮助的，应写明经济帮助的时间及内容。

(7)其他事项。

70.《民法典》新设立的“离婚冷静期制度”是怎么回事?

婚姻是人生大事，离婚更需谨慎。为此，《民法典》第 1077 条规定，自婚姻登记机关收到离婚登记申请之日起 30 日内，任何一方不愿意离婚的，可以向婚姻登记机关撤回离婚登记申请。前款规定期限届满后 30 日内，双方应当亲自到婚姻登记机关申请发给离婚证；未申请的，视为撤回离婚登记申请。这就是我们所说的“离婚冷静期制度”。

《民法典》婚姻家庭编中新设立的“离婚冷静期制度”，受到社会各界的广泛关注。现在社会上有一种观点认为，“离婚冷静期制度”限制了离婚自由，但这是片面的理解。一方面，我国存在诉讼离婚和登记离婚两种法定的离婚途径，而“离婚冷静期制度”仅适用于登记离婚；另一方面，在登记离婚中设立一定期间的冷静期是为夫妻双方预留考虑的时间，而非剥夺或者限制离婚自由。

理解“离婚冷静期制度”，经最高人民法院法官总结需要把握“三个两”：第一个“两”是两人亲为，夫妻双方决定离婚的，必须亲自前往婚姻登记机关，不能委托他人办理。第二个“两”是两次申请，第一次申请是提出离婚登记，第二次申请是请求发给离婚证，仅提出离婚登记，而未在法律规定期限内申领离婚证，将被推定为撤回离婚申请。第三个“两”是两个 30 日，婚姻登记机关自收到离婚申请之日起 30 日内，夫妻一方可以主动申请撤回离婚申请。上述期限届满后的 30 日内，夫妻一方如未申请发给离婚证，离婚申请自动失效。

71. 当事人可以向人民法院提起离婚诉讼吗？

可以。我国存在诉讼离婚和登记离婚两种法定的离婚途径。《民法典》第 1079 条第 1 款规定，夫妻一方要求离婚的，可以由有关组织进行调解或者直接向人民法院提起离婚诉讼。

需要注意的是，有以下情形之一的，当事人仅能通过提起诉讼的方式请求离婚：

（1）一方要求离婚的，另一方不同意的；

（2）双方要求离婚，但是对子女抚养、夫妻一方生活困难的经济帮助、财产及债务处理等事项未达成协议的；

（3）一方或者双方当事人为限制民事行为能力或者无民事行为能力的；

（4）其他情形。

72. 起诉离婚应该提交哪些材料?

当事人起诉离婚,须向人民法院提交以下材料:

(1)离婚起诉状及副本各一份(起诉书中要有明确的诉讼请求、事实与理由、财产的分割及子女的抚养要求、相关的证据);

(2)能证明其与被告是合法夫妻关系的结婚证或夫妻关系证明书;

(3)夫妻共有财产的清单(含现金、存款、房产、股票、债券等夫妻约定或法律规定为夫妻共同财产的内容);

(4)夫妻感情破裂的相关证据;

(5)一方有过错的相关证据;

(6)身份证或其他有效身份证明的复印件。

73. 离婚诉讼应该向哪个人民法院提起?

根据《最高人民法院关于适用〈中华人民共和国民事诉讼法〉的解释》(以下简称《民事诉讼法解释》)第3~8、11~17条之规定,当事人提起离婚诉讼,应该区分不同情况选择不同的管辖法院:

(1)夫妻双方同在住所地生活,一方向人民法院起诉,由共同居住的县或区的基层人民法院管辖。

(2)夫妻一方离开住所地超过1年,另一方起诉离婚的案件,可以由原告住所地人民法院管辖。

(3)夫妻双方离开住所地超过1年,一方起诉离婚的案件,由被告经常居住地的人民法院管辖;没有经常居住地的,由原告起诉时被告居住地人民法院管辖。

(4)被告被注销户籍的,由原告住所地人民法院管辖。

(5)原告、被告均被注销户籍的,由被告居住地人民法院管辖。

(6)当事人的户籍迁出后尚未落户,有经常居住地的,由该地人民法院管辖；没有经常居住地的，由其原户籍所在地人民法院管辖。

（7）双方当事人均为军人，由军事法院管辖。

（8）双方当事人都被监禁或者被采取强制性教育措施的，由被告原住所地人民法院管辖。

（9）被告被监禁或者被采取强制性教育措施1年以上的，由被告被监禁地或者被采取强制性教育措施地人民法院管辖。

（10）在国内结婚并定居国外的华侨，如定居国法院以离婚诉讼须由婚姻缔结地法院管辖为由不予受理，当事人向人民法院提出离婚诉讼的，由婚姻缔结地或者一方在国内的最后居住地人民法院管辖。

（11）在国外结婚并定居国外的华侨，如定居国法院以离婚诉讼须由国籍所属国法院管辖为由不予受理，当事人向人民法院提出离婚诉讼的，由一方原住所地或者在国内的最后居住地人民法院管辖。

（12）中国公民一方居住在国外，一方居住在国内，不论哪一方向人民法院提起离婚诉讼，国内一方住所地人民法院都有权管辖。国外一方在居住国法院起诉，国内一方向人民法院起诉的，受诉人民法院有权管辖。

（13）中国公民双方在国外但未定居，一方向人民法院起诉离婚的，应由原告或者被告原住所地人民法院管辖。

（14）已经离婚的中国公民，双方均定居国外，仅就国内财产分割提起诉讼的，由主要财产所在地人民法院管辖。

74. 委托代理人后，是否意味着离婚诉讼的当事人可以不出庭？

不是。《民事诉讼法》第65条规定，离婚案件有诉讼代理人的，除本人不能表达意思的外，仍应出庭；确因特殊情况无法出庭的，必须向人民法院提交书面意见。据此，离婚案件中，当事人在没有特殊情况下必须出庭，确有特殊情况无法出庭的，也必须向人民法院提交书面意见。

75. 哪些情形人民法院应当准予离婚？

根据《民法典》第1079条第2~5款之规定，人民法院审理离婚案件，应当进行调解；如果感情确已破裂，调解无效的，应当准予离婚。

有下列情形之一，调解无效的，应当准予离婚：

(1)重婚或者与他人同居；

(2)实施家庭暴力或者虐待、遗弃家庭成员；

(3)有赌博、吸毒等恶习屡教不改；

(4)因感情不和分居满2年；

(5)其他导致夫妻感情破裂的情形。

此外，一方被宣告失踪，另一方提起离婚诉讼的，应当准予离婚。经人民法院判决不准离婚后，双方又分居满1年，一方再次提起离婚诉讼的，应当准予离婚。

例如，小丽与小庄在结婚初期感情很好，但之后小庄染上了赌博的恶习，对家庭不管不顾，将家里值钱的东西输了个精光，还欠下了高额债务，小丽苦苦相劝，但小庄屡教不改。小丽无奈下向人民法院提起离婚诉讼，法官经调解认为二人感情确已破裂，无再和好的可能，遂判决二人离婚。这就是典型的人民法院应当准予离婚的案例。

76. 如何确定感情确已破裂？

人民法院审理离婚案件，准予或不准离婚应以夫妻感情是否破裂作为区分的界限。判断夫妻感情是否确已破裂，应当从婚姻基础、婚后感情、离婚原因、夫妻关系的现状和有无和好的可能等方面综合分析。

根据《民法典》和相关司法解释，凡属下列情形之一的，可视为夫妻感情确已破裂，一方坚决要求离婚，经调解无效，可依法判决准予离婚：

（1）一方患有重大疾病，或一方有生理缺陷及其他原因不能发生性行为，且难以治愈的。

（2）婚前缺乏了解，草率结婚，婚后未建立起夫妻感情，难以共同生活的。

（3）婚前隐瞒了精神病，婚后久治不愈，或者婚前知道对方患有精神病而与其结婚，或一方在夫妻共同生活期间患精神病，久治不愈的。

（4）一方欺骗对方，或者在结婚登记时弄虚作假，骗取结婚证的。

（5）双方办理结婚登记后，未同居生活，无和好可能的。

（6）包办、买卖婚姻，婚后一方随即提出离婚，或者虽共同生活多年，但确未建立起夫妻感情的。

（7）因感情不和分居已满 3 年，确无和好可能的，或者经人民法院判决不准离婚后又分居满 1 年，互不履行夫妻义务的。

（8）一方与他人通奸、非法同居，经教育仍无悔改表现，无过错一方起诉离婚，或者过错方起诉离婚，对方不同意离婚，经批评教育、处分，或在人民法院判决不准离婚后，过错方又起诉离婚，确无和好可能的。

（9）一方重婚，对方提出离婚的。

（10）一方好逸恶劳、有赌博等恶性，不履行家庭义务，屡教不改，夫妻难以共同生活的。

（11）一方被依法判处长期徒刑，或其违法、犯罪行为严重伤害夫妻感情的。

（12）一方下落不明满 2 年，对方起诉离婚，经公告查找确无下落的。

（13）受对方的虐待、遗弃，或者受对方亲属虐待，或虐待对方亲属，经教育不改，另一方不谅解的。

（14）因其他原因导致夫妻感情确已破裂的。

77. 离婚时,哪些家庭暴力的证据会被人民法院认可?

受害者在离婚诉讼中提供如下证明家庭暴力的证据可能会被人民法院认可:

(1)报警记录。这个报警行为可以是受害人自己作出的,也可以是听到或是见到家庭暴力的邻居作出的。派出所接到报警电话后,一般会在第一时间赶到现场。如果暴力正在进行,他们会出手阻止暴力,如果暴力已经结束,警察会将双方当事人带回派出所,详细询问事发的具体情况,并将双方陈述的记录下来,这就是报警记录。这份报警记录是反映存在家庭暴力最好的证据,由于是公权力机关作出的,证据效力比较高。如果施暴时,受害者无法报警,可以在施暴结束后的最短时间内,拨打"110"或者自己到派出所去报警,制作相关的记录。

(2)验伤报告。家庭暴力一般要求造成轻微伤以上结果,因此家庭暴力的验伤报告也是非常重要的证据。遭受家庭暴力报警后,警方一般会给受害方开具专门的验伤申请单,到指定的司法鉴定医院进行伤情鉴定。如果没有报警,受害方也可以自己去医院验伤,将伤情报告作为遭受家庭暴力的证据。另外,当事人也可以把自己受伤情况拍成照片保存。值得提醒的是,受害方自己去验伤的报告和照片没有专门司法鉴定机关出具的验伤报告效力高,而且对于受害方自己的验伤报告和照片,对方在法庭上一般也会予以否认,会说成是受害方自己不小心受伤所致。

(3)证人证言。居住在经常发生暴力的家庭旁边的邻居,一般对暴力情况都会有几分知情。可以请知情且愿意作证的邻居,到法庭上作证,该证人证言会成为指认家庭暴力很好的证据。经历家庭暴力的受害方一般还会寻求居民委员会等调解组织的帮助,该调解组织的人员可以出庭证明家庭暴力的存在。

(4)认错书。家庭暴力一般会经历一个紧张期、爆发期、蜜月期的循环。施暴者施暴后，在蜜月期通常会有一个悔过的表现。这时，他们会写下悔过书，保证不再动手，来乞求受害方的原谅。但是，只要开始了第一次施暴，其后绝对不会就此罢休，家庭暴力会成为这个家庭的家常便饭。施暴者写的认错书会成为证明家庭暴力存在的证据，受害方一定要妥善保存，在认错书中，最好让施暴方写清楚家庭暴力的次数和时间，这样更加方便人民法院认定家庭暴力的存在。

(5)告诫书。家庭暴力情节较轻，依法不给予治安管理处罚的，由公安机关对加害人给予批评教育或者出具告诫书。告诫书应当包括加害人的身份信息、家庭暴力的事实陈述、禁止加害人实施家庭暴力等内容。所以，公安机关出具的告诫书也可以证明家庭暴力的存在。

78. 夫妻分居 2 年以上就一定可以离婚吗？

不一定。长久以来，社会上都流传着一种观点，就是夫妻二人分居 2 年以上就一定可以离婚了。事实上，这种观点是不正确的。首先，分居 2 年以上不能自然解除婚姻关系，必须要经过协议离婚或者诉讼离婚才能解除婚姻关系。其次，要明确分居的原因，只有因感情不和分居满 2 年，经调解无效，才能判决准予离婚。如因工作、学习等原因导致两地分居，或因住房问题造成夫妻不能同室而居，是不能作为准予离婚的条件的。最后，夫妻分居已满 2 年，但未造成夫妻感情确已破裂或经调解尚有和好可能的，仍不能认为已具备准予离婚的条件。

因此，分居 2 年以上就一定可以离婚的观点是不正确的。

79. 如何计算“分居”2 年的时间？

“因感情不和分居满 2 年”的“2 年”时间的计算方式为从提出离婚的夫妻二人共同认可的最后一次同居的第 2 天起计算，到提出离婚诉讼(向人民法院递交诉讼状)的当天止。这里的分居时间应连续计算。如果分居后又同居,应从同居后又分居的时间重新计算,前面的分居时间终止。也就是说,分居的时间应当连续计算,不应把前后几次分居的时间累计计算。

80. 配偶下落不明满 2 年以上的,当事人如何解除婚姻关系?

配偶下落不明满 2 年或 2 年以上的,当事人有两种方法达到解除婚姻关系的目的:

(1)配偶下落不明满 2 年或 2 年以上,当事人可提出离婚。由于被告下落不明,当事人可在被告最后居住地的人民法院提出离婚诉讼。《民事诉讼法解释》第 217 条规定,夫妻一方下落不明,另一方诉至人民法院,只要求离婚,不申请宣告下落不明人失踪或者死亡的案件,人民法院应当受理,对下落不明人公告送达诉讼文书。

(2)配偶下落不明满 2 年或 2 年以上,当事人可以依法向人民法院宣告申请下落不明人失踪或死亡。若达到了宣告失踪的条件,下落不明的配偶被宣告失踪,则根据《民法典》第 1079 条第 4 款的规定,一方被宣告失踪,另一方提起离婚诉讼的,人民法院应当准予离婚。若达到了宣告死亡的条件,当事人申请宣告死亡后,婚姻关系终止。

81. 丈夫长期酗酒能作为确认夫妻感情破裂的事由吗?

对于丈夫不同程度的酗酒,应当作出不同的区分和判断。在具体案件中,关键是要看由于一方或双方的酗酒行为,对于夫妻感情的影响如何,对于家庭关系的影响如何,夫妻感情是否到了无法挽回的地步。如果丈夫长期酗酒,已经给夫妻生活和家庭生活带来了极大的障碍和问题,影响了夫妻感情,导致夫妻感情确已破裂,妻子可以向人民法院提起离婚诉讼请求,人民法院应当准予其离婚。

82. 第二次起诉离婚6个月期限的起算点怎么计算?

《民事诉讼法》第127条第7项规定,判决不准离婚和调解和好的离婚案件,判决、调解维持收养关系的案件,没有新情况、新理由,原告在6个月内又起诉的,不予受理。由此可见,第二次起诉离婚的时间应该自判决不准离婚或调解和好后6个月以上。从法院作出不准离婚的判决书生效后次日开始计算。但是有新情况、新理由的不受6个月限制。

83. 重婚导致的无效婚姻,是否因离婚或原配偶死亡转为有效?

不因。我国《民法典》和《刑法》均对重婚行为作出了明确的禁止和惩处规定。然而在司法实践中,关于重婚的无效婚姻是否可以因合法婚姻当事人已经离婚或者配偶已经死亡转为有效,仍存在争议。《最高人民法院关于适用〈中华人民共和国民法典〉婚姻家庭编的解释(二)》第1条明确规定,即便提起诉讼时合法婚姻当事人已经离婚或者配偶已经死亡,重婚的婚姻也不能从上述情形发生时转为有效。如果重婚中存在善意的一方,他(她)可以根据《民法典》规定,请求有过错的一方赔偿损害。

84. 离婚诉讼费用如何计算?

《民事诉讼法》第121条第1款规定,当事人进行民事诉讼,应当按照规定交纳案件受理费。财产案件除交纳案件受理费外,并按照规定交纳其他诉讼费用。根据这一规定,诉讼费有两类:一是案件受理费,就是人民法院受理案件时征收当事人应当交纳的费用;二是其他诉讼费用,就是在诉讼中应当由当事人支付的费用。

根据《诉讼费用交纳办法》第13条的规定,离婚案件每件交纳50~300元。涉及财产分割,财产总额不超过20万元的,不另行交纳;

超过 20 万元的部分，按照 0.5%交纳。

85. 一审判决离婚后尚在上诉期内的，当事人可以再结婚吗？

不能。离婚诉讼实行两审终审制。一审离婚判决是否生效，应看原、被告是否在上诉期内提起上诉。一审离婚判决在上诉期间内不发生法律效力，在上诉期届满后，没有提起上诉的，才发生法律效力。

因此，在一审判决离婚后尚在上诉期内时，由于一审的离婚判决尚未生效，双方当事人之间的夫妻关系仍存在，双方当事人均不能与他人登记结婚。

86. 什么时候婚姻关系才算真正解除？

《民法典》第 1080 条规定，完成离婚登记，或者离婚判决书、调解书生效，即解除婚姻关系。需要注意的是，人民法院作出的离婚判决书、调解书与离婚证具有同等的法律效力，双方不需要再去婚姻登记机关办理离婚手续。此外，人民法院宣告死亡的判决书作出之日，被宣告死亡的人的婚姻关系消除。

87. 现役军人的配偶要求离婚有什么特殊规定？

社会上一直流传着一种说法，“嫁给军人后是不能提出离婚的”。也正是因为这样的传言，让很多人不敢和军人结婚，可事实上这种说法是不正确的。《民法典》第 1081 条规定，现役军人的配偶要求离婚，应当征得军人同意，但是军人一方有重大过错的除外。这一规定是为了确保军人婚姻家庭的稳定，免除军人的后顾之忧，但并未完全限制现役军人的配偶提出离婚，如果军人一方有重大过错，是可以请求离婚的。

军人一方有重大过错包括以下几种情形下：(1) 现役军人重婚或者与他人同居；(2) 现役军人实施家庭暴力或者虐待、遗弃家庭成员；

(3)现役军人有赌博、吸毒等恶习屡教不改;(4)其他严重违背社会公德,并对夫妻感情造成严重伤害的行为,如强奸、嫖娼等违法、犯罪行为。

88. 现役军人的配偶提出离婚,军人方不同意又无重大过错,怎么处理?

现役军人的配偶提出离婚,现役军人不同意又没有重大过错的,如果婚姻基础和婚后感情都比较好,人民法院应配合现役军人所在单位对军人的配偶进行说服教育,劝其珍惜与军人的婚姻关系,正确对待婚姻问题,尽量调解和好或判决不予离婚。但是,如果感情确已破裂,确实无法继续维持夫妻关系,经调解无效,人民法院应当通过军人所在单位的政治机关,向军人做好工作,经其同意后,才能准予离婚。

89. 破坏军婚的第三者该怎么处理?

现役军人的配偶提出离婚应当征得军人同意的规定,只是保护军人婚姻的民事法律措施。如果此类纠纷是由于第三者破坏军婚造成并且构成犯罪的,应依法追究第三者的刑事责任。《刑法》第259条规定,“明知是现役军人的配偶而与之同居或者结婚的,处三年以下有期徒刑或者拘役。利用职权、从属关系,以胁迫手段奸淫现役军人的妻子的,依照本法第二百三十六条的规定定罪处罚”。

90. 丈夫在任何时间都可以提出离婚吗?

不可以。《民法典》第1082条规定,女方在怀孕期间、分娩后1年内或者终止妊娠后6个月内,男方不得提出离婚;但是,女方提出离婚或者人民法院认为确有必要受理男方离婚请求的除外。

这是为了照顾女方的特殊情况,保护胎儿、婴儿的健康,维护妇女的身心健康。需要注意的是,这里限制的主体是男方,而不是女方,如果在此期间，女方提出离婚的，不受此规定的限制。女方自愿放弃法律对其的特殊保护，说明其本人对离婚已有思想准备，此时，不应加以限制，人民法院应根据实际情况判予离婚。

另外，此时限制的是男方在一定期限内的起诉权，而不是否定和剥夺男方的起诉权，只是推迟了男方提出离婚的时间，并不涉及准予离婚与不准予离婚的实体性问题。而且男方在此期间并不是绝对的没有离婚请求权，法律还有例外规定，即人民法院认为“确有必要”的，也可以根据具体情况受理男方的离婚请求。所谓“确有必要”，一般是指比该条特别保护利益更为重要的利益需要关注的情形。

91. 妻子所怀孩子身份不明，丈夫在此期间可否请求离婚？

不一定。《民法典》第 1082 条规定，女方在怀孕期间、分娩后 1 年内或者终止妊娠后 6 个月内，男方不得提出离婚；但是，女方提出离婚或者人民法院认为确有必要受理男方离婚请求的除外。所以，如果仅是猜测孩子身份，男方是不能提出离婚的，除非有明确证据或者女方承认孩子身份问题，具体情况还是由人民法院根据实际作出裁决。

需要注意的是，如果女方在此期间提出离婚，或是因女方通奸所致怀孕而男方在此期间提出离婚的，人民法院是可以受理的，并可以根据实际情况作出是否准予离婚的判决。

92. 复婚不领证会有什么风险？

《民法典》第 1083 条规定，离婚后，男女双方自愿恢复婚姻关系的，应当到婚姻登记机关重新进行结婚登记。由此可见，复婚也是需要男女双方亲自到婚姻登记机关进行结婚登记的。若双方未重新进行结婚登记手续而又同居的，其风险主要包括：一是法律上不承认他们之间的关系是合法的婚姻关系，也就不享有法律所赋予的合法婚姻关系的权利。二是由于未重新进行结婚登记，他们相互之间没有继承对方遗产的权利和相互扶养的义务。比如，成都某区的王某和曲某离婚后，各自反思自己在婚姻中的过错，发现都离不开对方，后两人感情复燃，重新开始共同生活，但未到婚姻登记机关办理婚姻登记手续。王某因病突然去世，曲某在王某的遗产分割问题上与王某的父母产生了分歧，最终曲某因未与王某形成合法的婚姻关系而无权继承王某的遗产。

93. 离婚是不是意味着与子女断绝关系？

不是。《民法典》第1084条第1、2款规定，父母与子女间的关系，不因父母离婚而消除。离婚后，子女无论由父或者母直接抚养，仍是父母双方的子女。离婚后，父母对于子女仍有抚养、教育、保护的权利和义务。

因此，父母离婚后，子女无论由父或者母直接抚养，仍是父母双方的子女，父母与子女间的关系不受婚姻状态影响。离婚后，父母对于子女仍有抚养、教育、保护的权利和义务，子女仍有赡养父母的义务，父母和子女之间仍有相互继承遗产的权利。

94. 同居生活期间取得的财产双方如何分割？

根据我国法律规定，只有办理结婚登记，双方具有婚姻关系，才享有夫妻之间的权利义务。同居不同于婚姻，同居双方不享有夫妻之间的权利义务，不适用法定夫妻共同财产制。同居生活期间取得的财产根据适用如下分配规则：

首先尊重当事人意思自治，当事人有约定的，按约定处理；在没有约定的情况下，是按照“自己的财产归自己所有”的原则，比如，双方都有工资，各自的工资归各自所有。

其次在财产无法清晰区分的情况下，《最高人民法院关于适用〈中华人民共和国民法典〉婚姻家庭编的解释(二)》第4条规定,出资比例为首要考虑因素,在此基础上,综合考虑共同生活情况、有无共同子女、对财产的贡献大小等事实进行分割,具体来说:一是双方共同生活情况,如共同生活时间的长短和双方对生活的付出情况;二是要考虑是否有子女,涉及子女的抚养和以后抚养费用的负担;三是要考虑对共同出资期间获得的财产的贡献大小,如双方共同出资、投资经营,但主要是由另一方实际经营,那么在分割财产的时候也要考虑双方的贡献大小。

95. 离婚后子女应该归谁抚养?

离婚虽然不能消除父母与子女之间的关系,但抚养方式却会因离婚而发生变化。最大限度保护未成年人的合法权益,是贯穿《民法典》婚姻家庭编的基本原则,也是处理离婚后子女抚养归属问题的出发点。只有在此前提下,再结合父母双方的抚养能力和抚养条件等具体情况才能妥善解决该问题。对离婚后的子女抚养问题要考虑以下几个方面的情况:(1)父母双方的个人素质、对子女的责任感、家庭环境、父母与子女的感情等因素。(2)不能生育和再婚有困难的父或母的合理要求。(3)在双方的各种条件都基本相同的情况下,原则上由经济能力较强的一方抚养。(4)8周岁以上有识别能力的子女,无论随父还是随母,都应征求子女本人的意见。

《民法典》第1084条第3款规定,离婚后,不满2周岁的子女,以由母亲直接抚养为原则。已满2周岁的子女,父母双方对抚养问题协议不成的,由人民法院根据双方的具体情况,按照最有利于未成年子女的原则判决。子女已满8周岁的,应当尊重其真实意愿。

此规定将离婚后子女的抚养分为两种情况:一是不满2周岁的子女,以由母亲直接抚养为原则。这是因为用母乳哺养对婴儿的生长发育最为有利。从婴儿的生长发育的利益考虑,夫妻离婚后,不满2周岁的子女,应依法由母亲抚养。二是已满 2 周岁的子女,父母双方对抚养问题协议不成的,由人民法院根据双方的具体情况,按照最有利于未成年子女的原则判决。夫妻离婚后,对 2 周岁以上的未成年子女,随父或随母生活,首先应由父母双方协议决定。当事人双方因子女抚养问题达不成协议的,人民法院应结合父母双方的抚养能力和抚养条件等具体情况,根据有利于子女健康成长的原则妥善地作出裁决。需要注意的是,夫妻离婚后,对 8 周岁以上的未成年子女的抚养问题,应考虑该子女的意见。

96. 离婚案件中,孩子选择跟随生活的一方条件比另一方差很多,应如何处理?

《民法典》第 1084 条第 3 款规定:“离婚后,不满两周岁的子女,以由母亲直接抚养为原则。已满两周岁的子女,父母双方对抚养问题协议不成的,由人民法院根据双方的具体情况,按照最有利于未成年子女的原则判决。子女已满八周岁的,应当尊重其真实意愿。”可见,最有利于未成年子女原则是解决未成年子女抚养问题的基本原则,应以此作为处理相关问题的基本出发点和落脚点。

离婚纠纷中确定未成年子女由哪一方直接抚养更合适,要根据其年龄情况作区分处理:(1)对于不满 2 周岁的子女,应以母亲直接抚养为原则,除非存在《最高人民法院关于适用〈中华人民共和国民法典〉婚姻家庭编的解释(一)》第 44 条规定的确实不宜随母亲共同生活的特殊情况。(2)对于已满 8 周岁的子女,应当尊重其真实意愿。首先,应当尽量保证未成年子女在不受干扰的情况下发表意见,确保其意愿客观、真实。在征求未成年子女意见时,要根据未成年人的年龄和智力发育情况,选择其能够理解的方式。比如,可以采取入户调查、走访亲友、征求未成年子女住所地村(居)民委员会意见等家事调查方式,探寻其真实意愿。其次,在确定系未成年子女真实意愿的前提下,原则上应当尊重其真实意愿。这不仅是法律的明确规定,也是最有利于未成年子女原则的应有之义,是尊重未成年子女人格尊严的必然要求。需要注意的是,对于未成年子女来讲,物质条件只是确定一方抚养条件优劣的因素之一,而不是全部。未成年子女受哪一方生活上照顾较多,哪一方更能够提供情感需求、陪伴需求,更尊重其人格尊严,更有利于其身心健康发展等,均应当作为"条件"的考量要素。而物质需求还可以通过另一方支付抚养费等方式予以解决。(3)对于已满2周岁不满8周岁子女的直接抚养问题,应按照《最高人民法院关于适用〈中华人民共和国民法典〉婚姻家庭编的解释(一)》第46条、第47条规定的具体考虑因素来判断,同时也要尽量尊重其真实意愿,根据最有利于未成年子女原则作出判决。

97. 离婚后不直接抚养子女一方应当如何承担抚养费?

《民法典》第1085条规定,离婚后,子女由一方直接抚养的,另一方应当负担部分或者全部抚养费。负担费用的多少和期限的长短,由双方协议;协议不成的,由人民法院判决。前款规定的协议或者判决,不妨碍子女在必要时向父母任何一方提出超过协议或者判决原定数额的合理要求。

夫妻离婚后,父母与子女间的关系,不因父母离婚而消除,父母对于子女仍有抚养、教育、保护的权利和义务。离婚后,不直接抚养子女的父母一方往往通过给付抚养费的形式履行这一义务,抚养费应当包括生活费、教育费和医疗费等。子女无论由母亲还是由父亲抚养,另一方都应负担必要的抚养费。

至于实际需要的数额,可根据子女的实际需要、父母双方的经济能力和当地的实际生活水平确定。分两种情况:一是对于有固定收入的,抚养费一般可按其月总收入的一定比例给付。负担两个以上子女抚养费的,比例可适当提高。对工资总额的计算,应当包括工资、较固定的奖金、岗位补贴等。二是对于无固定收入的，抚养费的数额可依据其当年总收入或其所处同行业的平均收入确定。如农民给付抚养费的标准一般不低于当地平均水平。个体工商户、专业承包户、私营企业主的子女抚养费，应根据其经营状况和实际利润给付。对一方无经济收入或者下落不明的，可用其财物折抵子女抚养费。

98. 离婚时子女抚养费的支付方式有哪些？

离婚后不直接抚养子女一方应向直接抚养子女一方支付抚养费。抚养费的给付方式一般有两种：按月给付和一次性给付。

按月给付是考虑父母的收入一般是按月结算的，所以按月给付抚养费比较方便，而且按照生活周期给付有利于保障子女正常的生活。

一次性给付是在非抚养方的收入不稳定或居住地不固定，可能长期拖欠抚养费的情况下，使用的一种支付方法。

离婚双方可以根据实际情况协商决定抚养费给付方法，可以选择除上述两种方法以外的其他方法给付抚养费，如按年给付或按收入情况给付。

99. 子女抚养费的给付期限是多久？

一般情况下，抚养费的给付期限是从离婚之日起到子女成年之日止。例外情况可以延长或缩短给付期限。

延长抚养费给付期限的情况，是指子女虽然已经成年但仍不能独立生活。例如，子女尚在校就读、子女丧失全部或部分劳动能力。

缩短抚养费给付期限的情况，是指子女虽然尚未成年但已满 16 周岁且有独立的经济收入，可以满足自己的生活需求。

100. 子女抚养费在什么条件下可要求变更？

《民法典》第 1085 条规定，离婚后，子女由一方直接抚养的，另一方应当负担部分或者全部抚养费。负担费用的多少和期限的长短,由双方协议;协议不成的,由人民法院判决。前款规定的协议或者判决,不妨碍子女在必要时向父母任何一方提出超过协议或者判决原定数额的合理要求。

基于父母对子女的法定抚养义务,以及抚养费的数额以有利于子女的健康成长为原则,在原定的离婚协议或离婚判决确定的数额明显不够时,子女当然有权要求父母增加抚养费。

(1)子女要求增加抚养费的情形:①随着物价的上涨,经济生活水平的提高,原定的抚养数额已难以满足几年后的实际需要,无法维持当地实际生活水平;②子女因上学、患病等原因,所需要的费用已超过原定的数额;③有其他正当理由应当增加的。

(2)父母要求减免抚养费的情形:①由于长期患病或丧失劳动能力,失去经济来源,确实无力按原协议或判决确定的数额给付,而抚养子女的一方又能够负担,有抚养能力的;②因犯罪被收监改造,无力给付的;③直接抚养子女的一方再婚后,继父或继母愿意负担子女所需抚养费的部分或全部的。

无论是增加还是减少抚养费,在增加或减少抚养费的特殊情形消失时,对于增加抚养费的,可以要求恢复按原定数额支付;对于减少或免除抚养费的,应当恢复给付。

101. 在什么情况下可以变更子女的抚养权?

夫妻离婚后的任何时间内,一方或双方的情况或抚养能力发生较大变化,均可提出变更子女抚养权的要求。变更子女抚养权一般先由双方协商确定,如协议不成,可通过诉讼请求人民法院判决变更。有下列情形之一的,人民法院应予支持:

(1)与子女共同生活的一方因患严重疾病或因伤残无力继续抚养子女的;

(2)与子女共同生活的一方不尽抚养义务或有虐待子女行为，或其与子女共同生活对子女身心健康确有不利影响的；

(3)10周岁以上未成年子女，愿随另一方生活，该方又有抚养能力的；

(4)有其他正当理由需要变更的。

离婚后，孩子由谁抚育，应从有利于孩子健康成长的角度考虑，在这个前提下，夫妻离婚时可以协商确定；协商不成，可由人民法院判决。

102. 离婚后不直接抚养子女的一方有权探望吗？

《民法典》第1086条规定，离婚后，不直接抚养子女的父或者母，有探望子女的权利，另一方有协助的义务。行使探望权利的方式、时间由当事人协议；协议不成的，由人民法院判决。父或者母探望子女，不利于子女身心健康的，由人民法院依法中止探望；中止的事由消失后，应当恢复探望。

如果发生探望权纠纷，首要的救济方式是双方当事人协商。双方不应囿于夫妻离异后的冲突纷争，应从有利于子女健康成长的角度出发，对探望的时间、探望的方式，探望期间双方对子女的安排等作出协商。当双方无法就诸上事宜达成一致时，尤其在享有监护权的一方无故拒绝不直接抚养子女的一方探望子女时，享有探望权的一方可依《民事诉讼法》的有关规定提起诉讼，请求人民法院作出判决。如果取得监护权的一方拒不执行有关探望子女等判决或裁定的，由人民法院依法强制执行。此时要特别注意强制执行的方式和方法，比如，可在征求子女意见的基础上由人民法院工作人员陪同一方探望。同时若诉讼参与人或者其他人拒不履行人民法院已经发生法律效力的判决或裁定的，人民法院可以根据情节轻重予以罚款、拘留；构成犯罪的，依法追究刑事责任。因此，对无故拒绝一方探望子女的当事人，情节严重的，可以依照《民事诉讼法》以及其他法律的规定处罚。

103. 双方分居或离婚诉讼期间以及离婚后，如何制止藏匿未成年子女行为？

抢夺、藏匿未成年子女，不仅侵害了父母另一方对子女依法享有的抚养、教育、保护的权利，更重要的是，会严重损害未成年子女身心健康。制止藏匿行为的方法如下：

第一是快速制止不法行为，通过签发人身安全保护令或者行为禁令的方式，让孩子快速恢复到原来的生活状态。

第二是在一方还不愿意离婚的情况下，法官在监护权纠纷案件中，明确法院可以判决暂时确定未成年子女的抚养事宜。

第三是在离婚诉讼中确定未成年子女由哪一方直接抚养时，根据《最高人民法院关于适用〈中华人民共和国民法典〉婚姻家庭编的解释(二)》第 14 条第 4 项法官将存在抢夺藏匿未成年子女这种情形作为对其不利的因素，优先考虑由另外一方抚养。

司法审判中，法官一般会通过家事调查、心理评估、走访等方式全面了解各种情况，根据最有利于未成年子女原则，综合各种因素判断未成年子女由哪一方直接抚养更为适宜。

104. 离婚时夫妻财产如何处理？

离婚时对财产如何进行分割，是事关当事人利益的重要问题。虽然每例离婚案件中涉及的具体财产和具体情况都有不同，但一些总的原则和指导意见是需要整体把握的，了解这些原则和指导意见对于我们会有很好的帮助。

《民法典》第 1087 条规定，离婚时，夫妻的共同财产由双方协议处理；协议不成的，由人民法院根据财产的具体情况，按照照顾子女、女方和无过错方权益的原则判决。对夫或者妻在家庭土地承包经营中享有的权益等，应当依法予以保护。

因此，在离婚分割夫妻共同财产时，首先，需要尊重当事人的意愿，当然前提是不损害第三人的利益。其次，如果协商不成，在分清个人财产、夫妻共同财产的前提下，人民法院应根据财产的具体情况，按照照顾子女、女方和无过错方权益的原则，公平公正地分割共同财产。在大多数情况下，夫妻离婚，家庭成员中未成年子女恐怕是不幸婚姻的最大受害者，因此，法律把照顾子女的权益放在优先的位置。此外，还需要注意，有利生产与方便生活原则，不损害国家、集体和他人利益原则等在分割夫妻共同财产中的运用。

105. 婚后一直与家庭其他成员共同生活的，离婚时如何确定夫妻共同财产？

婚后一直与家庭其他成员共同生活，是我国社会很普遍的现象，尤其是小夫妻与一方父母一起生活的情形更是比比皆是。对此情形，离婚时，应将夫妻共同财产先从家庭共同财产中析出。具体的程序要求是：可先就离婚和已查清的财产问题进行处理，对一时确实难以查清的财产的分割问题可告知当事人另案处理；或者中止离婚诉讼，待析产案件审结后再恢复离婚诉讼。对夫妻共同财产与家庭共同财产的区分确定，可根据夫妻结婚的时间、财产取得的时间、范围、出资、使用情况等因素综合判定。

106. 离婚时嫁妆如何分配？

按照习俗，有些地方嫁女儿会给一定的嫁妆。“陪嫁妆”的行为是一种赠与行为，确定分配的关键是看赠与的对象。若是在登记结婚之前赠与的，则属于女方个人所有，毫无疑问；若是登记结婚之后赠与的，如果没有特别的约定，则属于夫妻共同的财产。在离婚的时候，按照夫妻共同财产分配。

107. 离婚时双方都要房子怎么办?

离婚时,如果夫妻双方都想得到房子,人民法院一般会考虑以下因素:

(1)孩子归谁抚养。一般情况下,孩子归谁抚养,房子判归谁的可能性会较大。

(2)照顾无过错一方。比如,另一方有《民法典》第 1091 条规定的有过错的情形(包括重婚,与他人同居,实施家庭暴力,虐待、遗弃家庭成员或其他重大过错),为考虑无过错方的利益,人民法院会酌情考虑将房子判给无过错方。

(3)如果双方条件相同,又没有孩子,人民法院还可能采用竞价方式解决房屋归属,即把房屋判给出价最高的一方,另一方拿折价款。

108. 离婚时夫妻一方的房改房是否应当分割?

首先,可以由双方自行协商解决;如果协商不成,应当进行调解;调解不成的,在判决中,对于以成本价或标准价购买的房改房,应按市场价分割。其次,对于谁应当获得房产的问题,应当本着照顾妇女、未成年人合法权益原则,一般归抚养子女的一方所有,但是分得住房的一方应按等价原则给予另一方相当于该住房市场价值一半的补偿。当然,对于无过错的一方,应适当照顾。

109. 夫妻间给予房产行为,离婚时房产归属如何判定?

实践中,男女双方在婚前或者婚姻关系存续期间,约定将一方所有的房产给予另一方,或者为另一方“加名”的情况比较普遍。然而离婚时,房产的分割往往成为双方争议的焦点。《最高人民法院关于适用〈中华人民共和国民法典〉婚姻家庭编的解释(二)》就夫妻间给予房产行为在离婚时如何分割,明确了不同情形下的处理规则。

《最高人民法院关于适用〈中华人民共和国民法典〉婚姻家庭编的解释(二)》对离婚时的财产分割,区分尚未办理转移登记和已经办理转移登记两种情况,分别予以规定。

第一种情况:尚未办理转移登记的。《最高人民法院关于适用〈中华人民共和国民法典〉婚姻家庭编的解释(二)》规定:夫妻间约定给予房产的,离婚诉讼时双方对房屋归属或者分割有争议且协商不成的,人民法院可以根据婚姻家庭实际情况,判决房屋归其中一方所有,并确定是否由获得房屋一方对另一方予以补偿以及补偿的具体数额。也就是说,给予方不能随意撤销该约定。

比如,婚姻关系存续时间很长,如10年、20年,虽然没有办理转移登记,但是对接受一方来讲,他对家庭的付出是很多的,在离婚分割夫妻共同财产时,接受一方基于给予方的约定,也可以主张房产归他,法官也可以判决房产归接受一方。但是如果说婚姻关系存续时间比较短,这个时候法官可以不再判决房屋归接受一方,而是判决房屋归给予一方所有,但可以考虑给接受一方一些补偿,这样能够达到双方利益的平衡。

第二种情况:已经办理转移登记的。《最高人民法院关于适用〈中华人民共和国民法典〉婚姻家庭编的解释(二)》规定,如果婚姻关系存续时间较短且给予方无重大过错,可以判决该房屋归给予方所有,并根据婚姻家庭实际情况,确定是否由获得房屋一方对另一方予以补偿以及补偿的具体数额。

已经办理转移登记的,原则上要维护财产的既有的秩序和保护接受方的合理预期和弘扬诚信价值,只要办了过户登记,可以认为房屋是归接受一方的所有。但是也要调整一些特别不平衡的情况,如果婚姻关系存续时间很短,比如说一年或者甚至有的案件中,房屋转移登记之后,不到一周就提起了离婚,这个时候如果给予方也没有什么重大过错,虽然办理了转移登记,但法官还是可以判决房屋归给予一方所有的，以明确对于因短暂婚姻获取大额财物行为的否定态度。

110. 父母为子女购房出资子女离婚时财产如何分割？

根据《民法典》的规定，婚姻关系存续期间受赠的财产，除赠与合同确定只归一方的外，属于夫妻共同财产。离婚时双方可以通过协议分割共同财产，协议不成的由人民法院根据财产情况作出判决。

《最高人民法院关于适用〈中华人民共和国民法典〉婚姻家庭编的解释（二）》区分一方父母全额出资和双方父母出资或一方父母部分出资两种情况，分别予以规定。

第一种情况：一方父母全额出资。《最高人民法院关于适用〈中华人民共和国民法典〉婚姻家庭编的解释（二）》第8条规定，如果赠与合同约定只给予自己的子女，应当按照约定处理；如果没有约定或者约定不明确的，房屋不论是否登记在自己子女名下，都可以判决该房屋归出资人子女一方所有，以保障出资父母一方的利益。但是，同时也要综合考虑共同生活及孕育共同子女情况、离婚过错等事实，来确定是否需要对另一方予以补偿以及补偿的具体数额。

第二种情况：双方父母对房屋均有出资或一方父母部分出资。因不同案件出资来源和各方出资比例不同，难以明确房屋归哪一方所有，需要根据个案情况分别处理。比如，一方父母出资20%，另一方父母出资80%，原则上会判定房屋归出资80%那一方父母所有，但是给予另一方的补偿，那不一定就是20%，要根据双方婚姻的情况、共同生活的情况、孕育（共同）子女的情况，以及对婚姻的过错情况等因素来判断。按照《民法典》的规定，从照顾子女、女方和无过错方的原则，来确定给对方的补偿数额，这个数额可能会低于20%，也可能会高于20%。

原则上，如果一方父母出全资的，保护出资人的利益，但是我们要根据婚姻家庭的特殊情况，要保护对于婚姻家庭付出的一方，尊重他付出的价值。

111. 离婚前夫妻双方共同出资购买的彩票，离婚后中奖的，奖金如何分割？

彩民购买彩票是与彩票发行中心签订的一个射幸合同，形成了一种附条件的债权债务关系，彩民获得的是一种期待利益。在夫妻关系存续期间，以夫妻共同财产购买的彩票，应当认为夫妻双方都是该射幸合同的当事人，故彩票中奖后，应当由双方共同享有该财产。

112. 离婚时如何处理知识产权收益？

对于婚前取得的知识产权，应当认定为知识产权收益的所有权是在婚前就已经取得，即使婚后取得该收益，也应当认定为夫妻一方的个人财产，除非夫妻二人另有约定。对于婚姻关系存续期间取得的知识产权，应当认定为该知识产权的收益权在夫妻关系存续期间就已经取得，该知识产权应当认定为夫妻双方共同的财产，即使离婚后，该知识产权的收益仍应当作为夫妻双方共同的财产处理，除非夫妻二人另有约定。

113. 夫妻一方的受赠财产和人身伤害赔偿金在离婚时应如何处理？

对于婚姻关系存续期间一方受赠财产，如果赠与人明确赠与夫妻中的一方，则该财产应当为个人财产；如果赠与人未明确表示赠与夫妻中的一方，则该财产为夫妻共同财产。对于夫妻一方的人身损害赔偿金和补偿金，应当明确即使该损害赔偿发生在夫妻关系存续期间，该赔偿金和补偿金仍然为夫妻一方的个人财产，由受损害方享有而并不转化为夫妻共同财产，在离婚时不应当对其进行分割。

114. 男女双方解除同居关系后，如何处理同居期间的财产和债务？

虽然当事人之间的同居关系并不受我国法律的保护，但是，同居毕竟是男女双方在一起共同生活，免不了会在财产、子女等问题上有所交叉，即使实行所谓的“AA 制”，也无法保证财产关系上的绝对清晰。

解除同居关系时，同居生活期间双方共同所得的收入和购置的财产，按一般共有财产处理。在共有关系终止时，对共有财产的分割，有协议的，按协议处理；没有协议的，应当根据等分原则处理，并且考虑共有人对共有财产的贡献大小，适当照顾共有人生产、生活的实际需要等情况。

同时，解除同居关系时，同居期间为共同生产、生活而形成的债务，可按共同债务处理，具体而言，就是解除同居关系时，对于一方个人所欠下的债务，由该方个人负责偿还；对于同居期间为共同生产、生活而形成的债务，双方可以协商负担的比例和方法，协商不成的，可按共同债务处理，由双方共同偿还。

115. 离婚时夫妻在有限公司的出资怎么分割？

《公司法》第 53 条规定，公司成立后，股东不得抽逃出资。如果遇到夫妻一方或双方在公司拥有股份的，离婚时对财产进行分割通常的做法是，夫妻共同约定一方持股，给予另一方对价补偿。如果这样约定，只需双方签订协议并书面明确价款及支付方式即可。如果夫妻双方约定，将一方拥有的公司股权部分或全部给付另一方的，还必须符合《公司法》的相关规定。实践中存在两种情况：其一，夫妻双方均是股东的情况，此时可由双方在商议股东权益数额或委托评估后，直接由人民法院判决持股比例或者折价数额。其二，夫妻一方是股东而另一方不是的情况：(1)夫妻双方协商一致将出资额部分或全部转让给该股东的配偶，过半数股东同意、其他股东又不行使优先购买权的，该股东的配偶可以成为公司股东；(2)夫妻双方就出资额份额和价格等事项协商一致后，过半数股东不同意转让，且愿意以同等价格购买该出资额的，人民法院可以对转让出资所得财产进行分割。过半数股东既不同意转让，也不愿意以同等价格购买该出资额的，视为同意转让，该股东的配偶可以成为该公司股东。

用于证明过半数股东同意的证据，可以是股东会决议，也可以是当事人通过其他合法途径取得的股东书面声明材料。

116. 离婚时夫妻在合伙企业中的出资如何分割？

合伙企业，是指自然人、法人和其他组织依照《合伙企业法》在中国境内设立的普通合伙企业和有限合伙企业。因为合伙企业是由两个以上合伙人组成的，所以一方在处理自己的权利时要征得其他人的同意。夫妻离婚时，要处理合伙企业中的出资，应按照共同财产分割的若干原则进行分配，只是在具体操作时有些特殊。

如果夫妻双方都是合伙企业的合伙人，可以通过协商或人民法院判决的结果来分割两人的财产，需要注意的是，离婚时要分割这部分财产的，须通知其他合伙人，因为合伙人之间转让在合伙企业中的全部或者部分财产份额时，应当通知其他合伙人。

如果一方是合伙企业的合伙人，另一方不是该企业合伙人的，当夫妻双方协商一致，将其合伙企业中的财产份额全部或者部分转让给对方时，按以下情形分别处理：

(1)其他合伙人一致同意的，该配偶依法取得合伙人地位。因为除合伙协议另有约定外，合伙人向合伙人以外的人转让其在合伙企业中的全部或者部分财产份额时，须经其他合伙人一致同意。

(2)其他合伙人不同意转让，在同等条件下行使优先受让权的，可以对转让所得的财产进行分割。所谓优先受让权，是指合伙人向合伙人以外的人转让其在合伙企业中的财产份额的，在同等条件下，其他合伙人有优先购买权。但是，合伙协议另有约定的除外。

(3)其他合伙人不同意转让，也不行使优先受让权，但同意该合伙人退伙或者退还部分财产份额的，可以对退还的财产进行分割。这是合伙企业与公司的一个较大差别，即经全体合伙人一致同意。在合伙企业存续期间，合伙人也可以退伙。

(4)其他合伙人既不同意转让，也不行使优先受让权，又不同意该合伙人退伙或者退还部分财产份额的，视为全体合伙人同意转让，该配偶依法取得合伙人地位。这一规定是为了防止由于其他合伙人的不作为而导致离婚时财产分割无法继续。

117. 离婚时以夫妻一方名义投资的个人独资企业财产如何分割？

个人独资企业，是指依照《个人独资企业法》在中国境内设立，由一个自然人投资，财产为投资人个人所有，投资人以其个人财产对企业债务承担无限责任的经营实体。因此，夫妻投资个人独资企业只能以一人名义，离婚主张财产分割时首先也要确定该企业财产的性质，确定其是夫妻共同财产、个人财产还是家庭共同财产。如果确定夫妻一方名义投资的个人独资企业为夫妻共同财产，在分割时需要注意：

(1)一方主张经营该企业的，对企业资产进行评估后，由取得企业的一方给予另一方相应的补偿。

(2)双方均主张经营该企业的，在双方竞价基础上，由取得企业的一方给予另一方相应的补偿。

(3)双方均不愿意经营该企业的，按照《个人独资企业法》等有关规定办理。一般情况下，此时会中止离婚案件的审理，告知双方清算注销该企业，如果尚有财产，按共同共有分割。

118. 是否可以随意撤销离婚协议中约定将财产给子女的约定?

离婚纠纷中,夫妻双方对大额共同财产尤其是唯一房产的分割难以达成一致时,折中的办法经常是将该财产给予共同子女。也有的当事人之所以同意离婚,正是因为对方同意将共同财产给予子女。但是离婚后,一方拒绝履行协议的现象也时有发生。对此,《最高人民法院关于适用〈中华人民共和国民法典〉婚姻家庭编的解释(二)》第20条第1款明确规定,离婚协议约定将部分或者全部夫妻共同财产给予子女,离婚后,一方在财产权利转移之前请求撤销该约定的,人民法院不予支持。这意味着,双方在离婚协议中明确给子女的财产,一旦离婚协议生效,双方必须履行。

虽然按照赠与合同的规则,财产权利转移之前,赠与人是有任意撤销权的,但该种赠与并不是单纯的赠与,它实际上是夫妻双方对共同财产分割的具体形式,所以不能任意撤销。

《最高人民法院关于适用〈中华人民共和国民法典〉婚姻家庭编的解释(二)》第20条第2、3款还规定,如果一方违约,另一方可以请求其承担继续履行或者因无法履行而赔偿损失等民事责任。

此外,实践中,存在当事人将财产给予子女后,发现子女非自己亲生的情况,对此,《最高人民法院关于适用〈中华人民共和国民法典〉婚姻家庭编的解释(二)》第20条第4款明确,一方有证据证明签订离婚协议时存在欺诈、胁迫等情形的,可以请求撤销该约定并重新分割相关的夫妻共同财产。

119. 以子女名义购买的房屋在离婚时该房产如何分割?

首先,该房屋产权属于子女,夫妻双方均无权处分该房屋。根据《城市房地产管理法》第60条的规定,国家实行土地使用权和房屋所有权登记发证制度。依法登记的房屋权利受国家法律保护。以未成年人名义购房且房产证上的名字是未成年人的，产权人只能是该未成年人。

其次，父母将所购房屋，无偿登记给未成年子女，实际上属于父母对子女的财产赠与，且不动产经过办理登记即为实际交付履行，赠与关系成立。《民法典》第659条规定，赠与的财产依法需要办理登记或者其他手续的，应当办理有关手续。因此，赠与房屋已经办理了过户登记手续的，应当认定赠与关系成立。

因此，以子女名义购买的房屋属于子女个人所有的财产，不属于夫妻双方的财产，夫妻双方均无权要求分割。

120．“净身出户”的协议具有法律效力吗？

“净身出户”一般指在夫妻双方决定离婚时，夫妻的一方要求另一方退出婚姻时得不到任何共同财产。至于这种协议的效力如何，应区分以下情形区别对待：

（1）约定一方提出离婚，则“净身出户”，所有家庭财产归另一方所有。这一约定违反了《民法典》规定的婚姻自由原则，属于无效的约定。

（2）约定一方有婚外情，则“净身出户”，所有家庭财产归另一方所有。根据《民法典》第1062、1065、1087条的规定，夫妻对共同财产，有平等的处理权，男女双方可以约定婚姻关系存续期间所得的财产以及婚前财产归各自所有、共同所有或者部分各自所有、部分共同所有。夫妻对婚姻关系存续期间所得的财产以及婚前财产的约定，对双方具有法律约束力。离婚时，夫妻的共同财产由双方协议处理；协议不成时，由人民法院根据财产的具体情况，按照照顾子女、女方和无过错方权益的原则判决。该情形中，“净身出户”约定应属有效。

（3）因婚外情等原因与配偶签订协议，约定再次婚外情，必须离婚，丧失子女抚养权，“净身出户”，所有家庭财产归配偶所有。此类协议部分有效，部分无效。再次婚外情“净身出户”的协议有效。该部分可以认为双方签订的是附条件合同，或者是夫妻在婚姻关系存续期间对将来离婚时财产分配的安排。在约定条件达成时，即发生相应的法律效果。必须离婚或丧失子女抚养权的约定无效。婚姻关系的解除、对未成年子女的抚养权等有明确的法律规定，当事人不得通过约定对此进行限制。特别是抚养权归属问题，人民法院应以有利于孩子成长为原则进行处理。

121. 何为“假离婚”？“假离婚”后受害一方该怎么办？

通常意义上，“假离婚”是指夫妻一方或双方本无离婚的真实意思，因双方通谋或受对方欺诈而作出的离婚的意思表示。一般而言，假离婚包括两种情形：一是通谋离婚；二是欺诈离婚。

无论是通谋离婚还是欺诈离婚，最终产生的法律后果都是离婚，即经过离婚登记机关的离婚程序后完成的离婚行为，在法律上，离婚的结果是合法的，符合法律规定的。

在欺诈离婚中，如果认为财产分割不适当，自己作为受害方应该索要赔偿，受害方在有证据证明办理离婚登记时受到胁迫和威胁，可向人民法院申请撤销该离婚，但申请期不能超过 1 年，否则丧失请求权。虽然婚姻关系即离婚的事实不能改变，但对于子女的抚养和财产的分割，可向人民法院申请重新分割和处理。

122. 公婆婚后赠与购房款离婚时应否偿还？

不用。根据《民法典》第 1062 条之规定，夫妻在婚姻关系存续期间受赠的财产，归夫妻共同所有。

公婆在婚后赠与的购房款，除明确表示仅赠与夫妻一方外，是对夫妻双方的赠与，应作为夫妻共同财产，离婚时无须向公婆偿还。

123. 婚姻中付出较多的一方在离婚时有权向另一方请求补偿吗?

《民法典》第1088条规定,夫妻一方因抚育子女、照料老年人、协助另一方工作等负担较多义务的,离婚时有权向另一方请求补偿,另一方应当给予补偿。具体办法由双方协议;协议不成的,由人民法院判决。

因此,在离婚时一方要求另一方给予补偿需要符合以下两个条件:

(1)一方因抚育子女、照料老年人、协助另一方工作等负担较多义务是基础。同时经济补偿系一方的权利,法律不予强制要求,但必须是离婚时由多负担义务的一方向另一方提出补偿请求。即赋予对家庭负担较多义务而在经济上处于劣势的一方以独立的诉讼请求权,使其在婚姻关系终结时可向另一方提出经济上的补偿,但只有当其要求补偿的时候,人民法院才会审查并判决是否支持。

(2)离婚经济补偿数额的确定,应当在查明夫妻财产状况以及一方多负担义务情况的基础上,按照权利与义务对等的原则确定。一般来说,负担的义务越多,所获得的补偿就越多,但同时也要根据双方的财产状况、经济能力加以修正。

124. 离婚时夫妻的共同债务应该如何偿还?

《民法典》第1089条规定,离婚时,夫妻共同债务应当共同偿还。共同财产不足清偿或者财产归各自所有的,由双方协议清偿;协议不成的,由人民法院判决。

具体地说,有以下三种情况:(1)双方的共同财产足以清偿债务的,以共同财产来清偿共同债务,剩余财产在双方之间平等分配。(2)共同财产不足以清偿共同债务的或者财产已归各自所有的,由双方协议清偿。(3)如协议不成的，由人民法院进行判决。

现在出现很普遍的一种现象，是为了避债而进行“假离婚”，即一方净身出户并承担所有债务，因为其已经没有财产，似乎债权人也无计可施。但实际上法律已经充分考虑这一情形：当事人的离婚协议或者人民法院的判决书、裁定书、调解书已经对夫妻财产分割问题作出处理的，债权人仍有权就夫妻共同债务向夫妻双方主张权利。离婚时的财产分割仅是为了解决夫妻双方内部之间的债务分担问题，而不涉及夫妻与债权人之间的关系，对夫妻共同债务分担所作出的判决或协议，不改变原有的夫妻承担责任的性质，故此类行为并不意味着免除了双方的连带清偿责任。如此一来，这种逃避夫妻共同债务的财产分割是不可以对抗债权人的。

125. 离婚时一方生活有困难能够要求另一方帮助吗？

《民法典》第1090条规定，离婚时，如果一方生活困难，有负担能力的另一方应当给予适当帮助。具体办法由双方协议；协议不成的，由人民法院判决。

离婚时，一方因生活困难需要另一方帮助的，应当具备以下几个条件：

(1)一方生活困难的情形在离婚时已实际存在，而不是离婚后的任何时间一方发生生活困难，另一方都必须给予帮助。

(2)一方生活困难包括没有住房、失去劳动能力、无生活来源等情况。

(3)提供帮助的一方有负担能力。

(4)生活困难的一方没有再结婚组成新的家庭。

经济帮助的方式包括：没有住房的，可以住房的使用权或产权帮助解决住房问题；有其他生活困难的，可给予一次性的经济帮助，其数额可按提供帮助的一方的实际负担能力决定。但同时，生活困难一方提出的经济帮助也要从另一方的实际负担能力出发，而不能是过高的、随意的要求。

人民法院在判决时，应考虑以下三个问题：(1)生活困难的界定。一般认为若一方离婚后分得的财产不足以维持其合理的生活需要，或者不能通过从事适当的工作维持其生活需要等，均可认为是生活困难的体现，一方无房居住可以认定为生活困难。(2)给予帮助的方式。人民法院应考虑双方的收入和财产、双方就业能力、子女抚养状况、婚姻期间的生活水平等因素，合理确定扶助的数额和方式。(3)需要说明的一点是，婚姻关系中的过错不应在考虑之列。这意味着有过错的一方若存在生活困难的情形，也可要求无过错方给予适当经济帮助。

126. 离婚时无过错方要求损害赔偿的情形有哪些？

《民法典》第1091条规定，有下列情形之一，导致离婚的，无过错方有权请求损害赔偿：(1)重婚；(2)与他人同居；(3)实施家庭暴力；(4)虐待、遗弃家庭成员；(5)有其他重大过错。如果有以上这些情形的，离婚时无过错方都可以要求对方赔偿。比如，江西省某人民法院审结了这样一起离婚纠纷，妻子十月怀胎生下男孩，全家人都满怀欣喜，但丈夫却极度恼怒。原来妻子告诉他，孩子不是他的。人民法院最终判决出轨的妻子给付丈夫5万元的损害赔偿金。

127. 离婚损害赔偿可以在离婚后提出吗？

离婚损害赔偿的权利主体应该在什么时候提出损害赔偿请求呢？需要区分不同的情形来确定：

(1)离婚损害赔偿只能由无过错的一方提起，而且只能在离婚诉讼时或离婚后1年内提起，在婚姻关系存续期间，当事人单独提起损害赔偿请求的，人民法院不予受理。也就是说，我国现行法律不支持婚内赔偿。

(2)无过错方作为原告的离婚案件,提起损害赔偿请求,必须在离婚诉讼的同时提出,如离婚时未提起,离婚后不能再单独就损害赔偿提出请求。

(3)无过错方作为被告的离婚案件,被告可在同意离婚的同时提出损害赔偿请求。如果被告不同意离婚也不提起损害赔偿请求的,可以在离婚后1年内就此单独提起诉讼。无过错方作为被告的离婚案件,一审时被告未提出损害赔偿请求,二审期间提出的,人民法院应当进行调解,调解不成的,当事人可以在离婚后1年内另行起诉。

(4)当事人在婚姻登记机关办理离婚登记手续后,以《民法典》第1091条规定为由向人民法院提出损害赔偿请求的,人民法院应当受理。但当事人在协议离婚时已经明确表示放弃该项请求,或者在办理离婚登记手续1年后提出的,不予支持。

128. 离婚损害赔偿的证据有哪些？

在离婚诉讼中,如要求过错方承担损害赔偿的责任,就需要主张方即无过错方提交充足的证据来支持其主张,损害赔偿的证据主要包括:

(1)过错行为人承认错误的文字记录或口头陈述;

(2)由过错方所在居(村)民委员会或其所在单位出具的其与他人以夫妻名义相称共同生活的证明;

(3)由婚姻登记机关出具的其与他人结婚的证明;

(4)有关机构如医院出具的证明遭受家庭暴力的诊断或有关机关出具的伤情鉴定书;

(5)由人民法院作出的构成虐待罪、遗弃罪或其他关于家庭暴力犯罪的刑事判决书;

(6)左邻右舍的证词;

(7)能证明一方有过错事实或行为的照片;

(8)司法、行政、执法机关的相关记录等;

(9)其他符合法律规定的证据材料。

收集证据时应采取法律允许的方法、手段和途径来了解真相,可能的话,也可以请有关证人出庭作证。

129. 离婚双方都有过错时,过错小的一方可以要求损害赔偿吗?

不可以。离婚损害赔偿请求权的主体是无过错配偶一方,即在离婚损害赔偿诉讼中,行使离婚损害赔偿请求权的主体只能是无过错的配偶一方,且对方存在过错。与此同时,这里的"过错"不能作宽泛理解,应该是指法定的过错,即具有《民法典》第 1091 条规定的几种情形之一的行为。在婚姻家庭中,难免会发生一方侵犯他方合法权益或违背婚姻家庭法定义务的情形,夫妻双方总会存有或大或小的过错,而法律不是万能的,不可能规范得面面俱到,也不可能对婚姻当事人所有的过错都进行追究,它只能追究危害较大的过错行为。

130. 离婚时夫妻一方有隐藏、转移、变卖、毁损、挥霍夫妻共同财产情形的另一方应该怎么办?

《民法典》第 1092 条规定,夫妻一方隐藏、转移、变卖、毁损、挥霍夫妻共同财产,或者伪造夫妻共同债务企图侵占另一方财产的,在离婚分割夫妻共同财产时,对该方可以少分或者不分。离婚后,另一方发现有上述行为的,可以向人民法院提起诉讼,请求再次分割夫妻共同财产。

离婚后,即离婚案件已审理终结,人民法院作出有关财产分割的调解书、判决书已发生法律效力后,一方发现另一方有隐藏、转移、变卖、毁损、挥霍或者伪造夫妻共同债务侵占财产行为的,可以依据法律规定,向人民法院起诉,请求对这一部分财产进行再次分割。在分割时，关于对隐藏、转移、变卖、毁损、挥霍夫妻共同财产或者伪造债务的一方可以少分或者不分的原则仍应适用。当事人依据这一规定向人民法院提起诉讼，请求再次分割夫妻共同财产的诉讼时效为 3 年，从当事人发现之日起计算。夫妻共同财产是共同共有财产，任何一方未经另一方同意而擅自予以隐藏、转移、变卖、毁损、挥霍，或者通过伪造债务等非法手段据为己有的，都是对另一方财产所有权的侵害，是一种民事侵权行为。

同时，因为一方隐藏、转移、变卖、毁损、挥霍夫妻共同财产，或者伪造债务企图侵占另一方财产等行为干扰或者破坏了诉讼秩序，使诉讼不能顺利进行，可以按照《民事诉讼法》对此类妨害民事诉讼的行为予以制裁，对隐藏、转移、变卖、毁损、挥霍财产等妨害民事诉讼的行为，人民法院可以根据情节轻重予以罚款、拘留；构成犯罪的，依法追究刑事责任。

131. 如何规制"离婚逃债"行为？

实践中，有些夫妻以一方名义对外负债，为了逃避债务，便采取离婚的方式转移财产，给债权人带来了很大困扰。为了有效规制这种行为，保护债权人合法权益，《最高人民法院关于适用〈中华人民共和国民法典〉婚姻家庭编的解释（二）》明确债权人可以请求撤销离婚协议中的相关财产处分条款。

在夫妻一方对外负有债务的情况下，有的夫妻通过协商将财产转移给不负有债务的一方，就是通过金蝉脱壳的方式逃避债务。债权人如果有证据证明存在这种通过离婚协议逃债的情形，那么可以参照《民法典》的规定行使撤销权，要求撤销离婚协议中有关财产处分的条款，以保护自己的合法权益。

要特别说明的是，离婚协议中夫妻双方的财产分割往往会考虑未成年子女由哪一方直接抚养、一方是否存在过错等因素，并非必须均等分割。因此，不能简单以财产分割不均等就损害债权人利益为由撤销离婚协议。需要考虑婚姻家庭的特殊性，严格把握撤销标准。

在判断债权人的撤销权应否支持的时候，也要考虑双方离婚的过错、共同财产分割、协议履行的情况，还有子女抚养的负担等情况。在保护债权人利益的同时，也不能损害离婚夫妻的另一方的还有子女的合法权益。

第五章　收　　养

第一节　收养关系的成立

132. 哪些未成年人可以被收养？

《民法典》第 1093 条规定，下列未成年人，可以被收养：

(1) 丧失父母的孤儿；

(2) 查找不到生父母的未成年人；

(3) 生父母有特殊困难无力抚养的子女。

《民法典》此条款扩大了被收养人的范围，删除被收养的未成年人应不满 14 周岁的限制，修改为符合条件的未成年人均可被收养，体现了“最有利于被收养人的原则”。

133. 哪些个人和组织可以成为送养人？

《民法典》第 1094 条规定，下列个人、组织可以作为送养人：

(1) 孤儿的监护人；

(2) 儿童福利机构；

(3) 有特殊困难无力抚养子女的生父母。

只有上述规定中的个人、组织可以作为送养人。如果送养人不符合规定，收养行为将被确认无效，行为从开始就没有法律效力。

134. 未成年人的监护人在什么情况下可以将该未成年人送养？

《民法典》第1095条规定，未成年人的父母均不具备完全民事行为能力且可能严重危害该未成年人的，该未成年人的监护人可以将其送养。

未成年人的监护人送养未成年人有两个条件：一是未成年人的父母均不具备完全民事行为能力。例如，父母均为不能辨认自己行为的成年人。二是未成年人的父母可能严重危害未成年人。例如，父母对未成年人实施虐待、殴打等不利于未成年人身心健康的行为。

135. 监护人送养孤儿应当征得有抚养义务的人的同意吗？

应当。《民法典》第1096条规定，监护人送养孤儿的，应当征得有抚养义务的人同意。有抚养义务的人不同意送养、监护人不愿意继续履行监护职责的，应当依照本法第一编的规定另行确定监护人。

出于保护孤儿合法权益的目的，监护人送养孤儿应当征得有抚养义务的人同意。如果有抚养义务的人不同意送养、监护人不愿意继续履行监护职责的，应当请求孤儿住所地居民委员会、村民委员会、民政部门或人民法院另行确定监护人。

136. 生父母送养子女可以由一方单独送养吗？

特殊情况下可以。《民法典》第1097条规定，生父母送养子女，应当双方共同送养。生父母一方不明或者查找不到的，可以单方送养。

根据上述规定，生父母送养子女应当双方共同送养。只有在生父母一方不明或者查找不到的情况下，才可以由一方单独送养。

137. 通常情况下收养人应具备哪些条件？

《民法典》第1098条规定，收养人应当同时具备下列条件：

(1)无子女或者只有一名子女;

(2)有抚养、教育和保护被收养人的能力;

(3)未患有在医学上认为不应当收养子女的疾病;

(4)无不利于被收养人健康成长的违法犯罪记录;

(5)年满30周岁。

《民法典》结合我国的二胎政策,将收养人的条件从"无子女"扩大到"无子女或者只有一名子女",拓宽了收养人的范围,与现行人口政策一致,有利于促进更多的孤儿被收养,回归到正常的家庭生活中。同时,增加了无不利于被收养人健康成长的违法犯罪记录的要求。如果收养人有违法犯罪的前科,可能存在对被收养人不利的情况,根据该条的规定其无法成为收养人。

138. 收养三代以内旁系同辈血亲的子女可以享有哪些宽松条件?

《民法典》第1099条规定,收养三代以内旁系同辈血亲的子女,可以不受本法第1093条第3项、第1094条第3项和第1102条规定的限制。华侨收养三代以内旁系同辈血亲的子女,还可以不受本法第1098条第1项规定的限制。

具体而言,收养三代以内旁系同辈血亲的子女可不受如下限制:(1)被收养的未成年人是生父母有特殊困难无力抚养的子女;(2)送养人是有特殊困难无力抚养子女的生父母;(3)无配偶者收养异性子女的,收养人与被收养人的年龄应当相差40周岁以上。

例如,刘甲与女孩童童的父亲刘乙系亲兄弟关系。刘甲因多种原因一直未娶妻生子,刘甲与刘乙通过民政部门办理了刘甲收养童童的登记手续。后童童因一档儿童选秀节目大火,刘乙十分后悔将童童交予刘甲收养,故以刘甲与童童年龄差未达到40周岁为由,请求人民法院判决收养关系无效。显然,刘乙的诉讼请求不能得到支持。

139. 华侨收养三代以内旁系同辈血亲的子女可以享有哪些宽松条件？

《民法典》第1099条第2款规定，华侨收养三代以内旁系同辈血亲的子女，还可以不受本法第1098条第1项规定的限制。

具体而言，华侨收养三代以内旁系同辈血亲的子女可不受以下限制：(1)被收养的未成年人是生父母有特殊困难无力抚养的子女；(2)送养人是有特殊困难无力抚养子女的生父母；(3)无配偶者收养异性子女的，收养人与被收养人的年龄应当相差40周岁以上；(4)无子女或者只有一名子女。

140. 收养人一般可以收养几名子女？

《民法典》第1100条规定，无子女的收养人可以收养两名子女；有子女的收养人只能收养一名子女。收养孤儿、残疾未成年人或者儿童福利机构抚养的查找不到生父母的未成年人，可以不受前款和本法第1098条第1项规定的限制。

收养是一种慈善行为，是一种善举，但收养并非不受限制。我国法律对收养子女的人数作出了规定，以保障被收养人享有优良的生活环境。但考虑到收养孤儿、残疾未成年人或者儿童福利机构抚养的查找不到生父母的未成年人的特殊情形，特别规定了收养上述未成年人可以不受收养人无子女或者只有一名子女，无子女的收养人可以收养两名子女和有子女的收养人只能收养一名子女的限制。

141. 夫妻俩收养子女应当共同收养吗？

应当。《民法典》第1101条规定，有配偶者收养子女，应当夫妻共同收养。

家庭教育对一个孩子的成长来说是极其重要的，特别是对于被收养的子女,他们比一般孩子更需要温暖和爱护。因此,作为收养人的夫妇应当对收养子女达成一致意见,共同收养共同履行收养义务。

142. 无配偶者收养异性子女的有什么限制条件?

《民法典》第 1102 条规定,无配偶者收养异性子女的,收养人与被收养人的年龄应当相差 40 周岁以上。

提到受侵害,首先想到的就是女孩。在人们普遍意识里,男孩似乎是不会遭遇侵害的。因此,对预防男孩受侵害的重视程度远低于女孩,甚至被忽略。但从近几年儿童受侵害案件看,男孩被侵害的并不是少数。《民法典》将收养人与被收养人的 40 周岁的年龄限制,从"男性收养女性"扩大到"收养异性子女",即增加了"女性收养男性"的限制,其本质上增加了对男性未成年人的保护。

143. 继父母收养继子女的有什么特殊规定?

《民法典》第 1103 条规定,继父或者继母经继子女的生父母同意,可以收养继子女,并可以不受本法第 1093 条第 3 项、第 1094 条第 3 项、第 1098 条和第 1100 条第 1 款规定的限制。

具体而言,继父或者继母经继子女的生父母同意收养继子女可以不受以下限制:(1)被收养的未成年人是生父母有特殊困难无力抚养的子女。(2)送养人是有特殊困难无力抚养子女的生父母。(3)收养人应当同时具备:①无子女或者只有一名子女;②有抚养、教育和保护被收养人的能力;③未患有在医学上认为不应当收养子女的疾病;④无不利于被收养人健康成长的违法犯罪记录;⑤年满 30 周岁。(4)无子女的收养人可以收养两名子女;有子女的收养人只能收养一名子女。

144. 在收养过程中是否应得到被收养人的同意?

《民法典》第 1104 条规定,收养人收养与送养人送养,应当双方自愿。收养8周岁以上未成年人的,应当征得被收养人的同意。

8周岁以上的未成年人已经有初步的判断能力和相应感情考虑,其能够对自己是否被收养作出选择。因此,如果被收养人是8周岁以上未成年人的,应当征得其同意。

145. 收养关系应由哪个部门登记？收养评估应当由哪个部门作出？

《民法典》第1105条规定,收养应当向县级以上人民政府民政部门登记。收养关系自登记之日起成立。收养查找不到生父母的未成年人的,办理登记的民政部门应当在登记前予以公告。收养关系当事人愿意签订收养协议的,可以签订收养协议。收养关系当事人各方或者一方要求办理收养公证的,应当办理收养公证。县级以上人民政府民政部门应当依法进行收养评估。

根据上述规定,收养由县级以上人民政府民政部门负责登记。县级以上人民政府民政部门应当依法进行收养评估。

我国有不少收养并未办理收养登记手续,属于事实收养关系,根据《民法典》的规定,未进行登记的收养关系不受法律保护。

146. 收养查找不到生父母的未成年人应当在登记前公告吗？

《民法典》第1105条第2款规定,收养查找不到生父母的未成年人的,办理登记的民政部门应当在登记前予以公告。

在实践中,查找未成年人生父母的公告,一般刊登在收养登记民政部门所在地的县级以上地方报纸上。发布公告的目的是进一步确定未成年人的身份,查找他们的生父母,防止被拐卖或走失的未成年人被误送养,同时也便于社会监督。

147. 收养过程中必须签订收养协议和办理收养公证吗？

并非强制性规定。《民法典》第1105条第3、4款规定,收养关系当事人愿意签订收养协议的,可以签订收养协议。收养关系当事人各方或者一方要求办理收养公证的,应当办理收养公证。

收养关系当事人办理收养公证,应当向公证处提供以下证明材料:(1)当事人的身份证明;(2)收养人的职业、经济收入的证明;(3)收养人和送养人家庭成员的状况证明;(4)收养人身体状况证明;(5)收养协议;(6)其他公证机关要求提供的证明。

148. 收养关系自何时成立?收养关系成立后被收养人可以办理户口吗?

根据《民法典》第1105条第1款第2句的规定,收养关系自登记之日起成立。《民法典》第1106条规定,收养关系成立后,公安机关应当按照国家有关规定为被收养人办理户口登记。

在我国"私自收养"孩子的现象较为普遍,因未办理落户手续,已经形成事实抚养的未成年人在入学、结婚、继承等方面的合法权益无法得到有效保障。因此,收养关系成立后,收养人应及时办理户口登记。收养人向公安机关申请办理户口登记需提供户口簿、婚姻情况证明、收养登记等相关材料。

149. 生父母的亲属、朋友抚养孤儿的适用本章有关规定吗?

不适用。《民法典》第1107条规定,孤儿或者生父母无力抚养的子女,可以由生父母的亲属、朋友抚养;抚养人与被抚养人的关系不适用本章规定。

收养关系与抚养关系是不同的法律关系。收养关系反映的是收养人与被收养人之间的父母子女关系。而抚养关系反映的是抚养人与被抚养人之间的不以建立父母子女关系为目的的供养关系。因此,生父母的亲属、朋友抚养孤儿或者生父母无力抚养的子女不适用收养的相关规定。

150. 什么情况下祖父母或者外祖父母有优先抚养的权利？

根据《民法典》第1108条的规定，配偶一方死亡，另一方送养未成年子女的，死亡一方的父母有优先抚养的权利。

比如，大王与自幼身患残疾的妻子芳芳育有一子小王。大王因病去世后，芳芳无力抚养小王，于是她决定把小王交予邻居收养。但小王的奶奶强烈反对，认为应当由自己抚养小王。在遭到芳芳拒绝后，小王的奶奶向人民法院起诉。此案应如何处理？按照上述规定，大王死亡后，芳芳决定将小王送养，小王的奶奶作为死亡大王的母亲有优先抚养小王的权利，因此，此案中小王应由奶奶抚养。

151. 外国人在中国收养子女需要遵守哪些规定？

《民法典》第1109条规定，外国人依法可以在中华人民共和国收养子女。外国人在中华人民共和国收养子女，应当经其所在国主管机关依照该国法律审查同意。收养人应当提供由其所在国有权机构出具的有关其年龄、婚姻、职业、财产、健康、有无受过刑事处罚等状况的证明材料，并与送养人签订书面协议，亲自向省、自治区、直辖市人民政府民政部门登记。前款规定的证明材料应当经收养人所在国外交机关或者外交机关授权的机构认证，并经中华人民共和国驻该国使领馆认证，但是国家另有规定的除外。

152. 收养秘密的保守受法律保护吗？

受法律保护。《民法典》第1110条规定，收养人、送养人要求保守收养秘密的，其他人应当尊重其意愿，不得泄露。

例如，赵某（男）与顾某（女）结婚多年顾某一直没有生育。后他们收养了王某无力抚养的男孩并办理了收养登记。为了能让孩子无忧无虑地成长，赵某与王某签订了收养保密协议。王某因家境困难向赵某借钱遭拒绝，便在赵某居住的小区散布赵某收养小孩的情况。赵某无奈下向人民法院提起诉讼。人民法院经审查认为，王某违反了保守收养秘密的义务，应承担相应的法律责任。

第二节　收养的效力

153. 收养关系成立后养子女与养父母、生父母及其他近亲属的权利义务将发生什么变化？

《民法典》第 1111 条规定，自收养关系成立之日起，养父母与养子女间的权利义务关系，适用本法关于父母子女关系的规定；养子女与养父母的近亲属间的权利义务关系，适用本法关于子女与父母的近亲属关系的规定。养子女与生父母以及其他近亲属间的权利义务关系，因收养关系的成立而消除。

根据上述规定，收养关系一经确立，养子女取得与亲生子女同等的法律地位，养子女与养父母及其近亲属的权利义务关系等同于亲生子女。同时养子女与生父母以及其他近亲属的权利义务关系消除。

154. 养子女可以保留原姓氏吗？

可以。《民法典》第 1112 条规定，养子女可以随养父或者养母的姓氏，经当事人协商一致，也可以保留原姓氏。

在中国的传统观念里，姓氏代表着传承、宗亲、血缘，将收养的孩子改成收养人的姓氏意味着接纳他成为家庭的一员，对家庭和睦具有重要的意义。但考虑到当事人的需要，经协商一致，养子女也可以保留原姓氏。

155. 什么样的收养行为是无效的？

《民法典》第 1113 条第 1 款规定，有本法第一编关于民事法律行为无效规定情形或者违反本编规定的收养行为无效。

根据《民法典》第一编及第五编的有关规定，收养无效主要有以下几种情形：

(1)行为人不具有相应的民事行为能力；

(2)行为人意思表示不真实；

(3)违反法律、行政法规的强制性规定；

(4)违背公序良俗；

(5)收养人不符合条件；

(6)被收养人不符合条件；

(7)送养人不符合条件；

(8)收养程序不合法；

(9)其他导致收养无效的情形。

需要注意的是，无效的收养行为自始没有法律约束力。

第三节　收养关系的解除

156. 被收养人尚未成年可以解除收养关系吗？

《民法典》第1114条规定，收养人在被收养人成年以前，不得解除收养关系，但是收养人、送养人双方协议解除的除外。养子女8周岁以上的，应当征得本人同意。收养人不履行抚养义务，有虐待、遗弃等侵害未成年养子女合法权益行为的，送养人有权要求解除养父母与养子女间的收养关系。送养人、收养人不能达成解除收养关系协议的，可以向人民法院提起诉讼。

原则上，被收养人尚未成年是不得解除收养关系的。但如果收养人、送养人双方达成解除协议，收养关系可以解除。如果被收养人8周岁以上的，是否解除收养关系还应当征得其本人同意。

157. 收养人有虐待未成年养子女的行为，送养人可以要求解除收养关系吗？

可以。《民法典》第 1114 条第 2 款规定，收养人不履行抚养义务，有虐待、遗弃等侵害未成年养子女合法权益行为的，送养人有权要求解除养父母与养子女间的收养关系。送养人、收养人不能达成解除收养关系协议的，可以向人民法院提起诉讼。

近几年，虐待、性侵养子女的事件令人触目惊心，有些收养人利用养父母身份对未成年子女进行强迫或诱导，令其陷入孤立无援的状态，并对其实施侵害，这是突破了道德底线、完全不可接受的行为。出于保护未成年养子女合法权益的目的，《民法典》规定，收养人不履行抚养义务，有虐待、遗弃等侵害未成年养子女合法权益行为的，送养人有权要求解除养父母与养子女间的收养关系。

158. 养子女成年后与养父母关系恶化可以解除收养关系吗？

《民法典》第 1115 条规定，养父母与成年养子女关系恶化、无法共同生活的，可以协议解除收养关系。不能达成协议的，可以向人民法院提起诉讼。

例如，童某自小由张某、李某夫妇收养，精心照顾长大，张某、李某夫妇为其张罗了婚事。但童某不念养育之恩，不但没有报答张某、李某夫妇，反而经常对其辱骂，甚至殴打，使两位老人终日惶恐不安。张某、李某夫妇现在已经不能忍受童某的百般刁难，两位老人是否有权要求解除与童某的收养关系呢？答案是肯定的。基于上述规定，张某、李某夫妇可以与童某协议解除收养关系。不能达成协议的，可以向人民法院提起诉讼。

159. 当事人协议解除收养关系的还需要办理登记手续吗？

《民法典》第 1116 条规定，当事人协议解除收养关系的，应当到民政部门办理解除收养关系登记。

《中国公民收养子女登记办法》第9条规定，“收养关系当事人协议解除收养关系的，应当持居民户口簿、居民身份证、收养登记证和解除收养关系的书面协议，共同到被收养人常住户口所在地的收养登记机关办理解除收养关系登记”。

《中国公民收养子女登记办法》第10条规定，“收养登记机关收到解除收养关系登记申请书及有关材料后，应当自次日起30日内进行审查；对符合收养法规定的，为当事人办理解除收养关系的登记，收回收养登记证，发给解除收养关系证明”。

160. 收养关系解除后养子女与养父母、生父母及其他近亲属的权利义务关系会有什么变化？

《民法典》第1117条规定，收养关系解除后，养子女与养父母以及其他近亲属间的权利义务关系即行消除，与生父母以及其他近亲属间的权利义务关系自行恢复。但是，成年养子女与生父母以及其他近亲属间的权利义务关系是否恢复，可以协商确定。

比如，李叔叔系玲玲的亲生父亲，李叔叔因无力抚养将玲玲交予王阿姨收养。后玲玲与王阿姨自愿解除收养关系。那么，玲玲与李叔叔的关系是什么呢？玲玲在与王阿姨解除收养关系后，自行恢复与李叔叔的父女关系，但如果玲玲已经成年，其是否恢复与李叔叔的关系，可以由二人协商确定。

161. 收养关系解除后养父母还可以向成年养子女要求生活费吗？

《民法典》第1118条第1款第1句规定，收养关系解除后，经养父母抚养的成年养子女，对缺乏劳动能力又缺乏生活来源的养父母，应当给付生活费。

养子女和养父母之间的权利和义务,因收养关系的解除而终止。收养关系解除时,养子女已由养父母抚养长大成人并已独立生活,而养父母却年老丧失劳动能力又无生活来源的,养子女应承担养父母晚年的生活费用。

162. 养父母在什么情况下可以要求养子女或者生父母补偿抚养费?

《民法典》第 1118 条第 1 款第 2 句和第 2 款规定,因养子女成年后虐待、遗弃养父母而解除收养关系的,养父母可以要求养子女补偿收养期间支出的抚养费。生父母要求解除收养关系的,养父母可以要求生父母适当补偿收养期间支出的抚养费;但是,因养父母虐待、遗弃养子女而解除收养关系的除外。

养父母有权要求补偿收养期间支出的抚养费有以下两种情况:

(1)如果解除收养关系是因为成年养子女虐待、遗弃养父母的,养父母可以要求养子女补偿收养期间支出的抚养费。

(2)生父母要求解除收养关系的,养父母可要求补偿收养期间养子女的生活费和教育费等抚养费,但是,如果解除收养关系是因为养父母虐待、遗弃养子女,则不能要求补偿。

关联法规

1. 最高人民法院关于适用《中华人民共和国民法典》婚姻家庭编的解释（一）

（2020 年 12 月 25 日最高人民法院审判委员会第 1825 次会议通过
自 2021 年 1 月 1 日起施行）

为正确审理婚姻家庭纠纷案件，根据《中华人民共和国民法典》《中华人民共和国民事诉讼法》等相关法律规定，结合审判实践，制定本解释。

一、一般规定

第一条 持续性、经常性的家庭暴力，可以认定为民法典第一千零四十二条、第一千零七十九条、第一千零九十一条所称的“虐待”。

第二条 民法典第一千零四十二条、第一千零七十九条、第一千零九十一条规定的“与他人同居”的情形，是指有配偶者与婚外异性，不以夫妻名义，持续、稳定地共同居住。

第三条 当事人提起诉讼仅请求解除同居关系的，人民法院不予受理；已经受理的，裁定驳回起诉。

当事人因同居期间财产分割或者子女抚养纠纷提起诉讼的，人民法院应当受理。

第四条 当事人仅以民法典第一千零四十三条为依据提起诉讼的，人民法院不予受理；已经受理的，裁定驳回起诉。

第五条 当事人请求返还按照习俗给付的彩礼的，如果查明属于以下情形，人民法院应当予以支持：

（一）双方未办理结婚登记手续；

（二）双方办理结婚登记手续但确未共同生活；

（三）婚前给付并导致给付人生活困难。

适用前款第二项、第三项的规定，应当以双方离婚为条件。

二、结　婚

第六条　男女双方依据民法典第一千零四十九条规定补办结婚登记的，婚姻关系的效力从双方均符合民法典所规定的结婚的实质要件时起算。

第七条　未依据民法典第一千零四十九条规定办理结婚登记而以夫妻名义共同生活的男女，提起诉讼要求离婚的，应当区别对待：

（一）1994 年 2 月 1 日民政部《婚姻登记管理条例》公布实施以前，男女双方已经符合结婚实质要件的，按事实婚姻处理。

（二）1994 年 2 月 1 日民政部《婚姻登记管理条例》公布实施以后，男女双方符合结婚实质要件的，人民法院应当告知其补办结婚登记。未补办结婚登记的，依据本解释第三条规定处理。

第八条　未依据民法典第一千零四十九条规定办理结婚登记而以夫妻名义共同生活的男女，一方死亡，另一方以配偶身份主张享有继承权的，依据本解释第七条的原则处理。

第九条　有权依据民法典第一千零五十一条规定向人民法院就已办理结婚登记的婚姻请求确认婚姻无效的主体，包括婚姻当事人及利害关系人。其中，利害关系人包括：

（一）以重婚为由的，为当事人的近亲属及基层组织；

（二）以未到法定婚龄为由的，为未到法定婚龄者的近亲属；

（三）以有禁止结婚的亲属关系为由的，为当事人的近亲属。

第十条　当事人依据民法典第一千零五十一条规定向人民法院请求确认婚姻无效，法定的无效婚姻情形在提起诉讼时已经消失的，人民法院不予支持。

第十一条　人民法院受理请求确认婚姻无效案件后，原告申请撤诉的，不予准许。

对婚姻效力的审理不适用调解，应当依法作出判决。

涉及财产分割和子女抚养的，可以调解。调解达成协议的，另行制作调解书；未达成调解协议的，应当一并作出判决。

第十二条　人民法院受理离婚案件后，经审理确属无效婚姻的，应当将婚姻无效的情形告知当事人，并依法作出确认婚姻无效的判决。

第十三条 人民法院就同一婚姻关系分别受理了离婚和请求确认婚姻无效案件的,对于离婚案件的审理,应当待请求确认婚姻无效案件作出判决后进行。

第十四条 夫妻一方或者双方死亡后,生存一方或者利害关系人依据民法典第一千零五十一条的规定请求确认婚姻无效的,人民法院应当受理。

第十五条 利害关系人依据民法典第一千零五十一条的规定,请求人民法院确认婚姻无效的,利害关系人为原告,婚姻关系当事人双方为被告。

夫妻一方死亡的,生存一方为被告。

第十六条 人民法院审理重婚导致的无效婚姻案件时,涉及财产处理的,应当准许合法婚姻当事人作为有独立请求权的第三人参加诉讼。

第十七条 当事人以民法典第一千零五十一条规定的三种无效婚姻以外的情形请求确认婚姻无效的,人民法院应当判决驳回当事人的诉讼请求。

当事人以结婚登记程序存在瑕疵为由提起民事诉讼,主张撤销结婚登记的,告知其可以依法申请行政复议或者提起行政诉讼。

第十八条 行为人以给另一方当事人或者其近亲属的生命、身体、健康、名誉、财产等方面造成损害为要挟,迫使另一方当事人违背真实意愿结婚的,可以认定为民法典第一千零五十二条所称的“胁迫”。

因受胁迫而请求撤销婚姻的,只能是受胁迫一方的婚姻关系当事人本人。

第十九条 民法典第一千零五十二条规定的“一年”,不适用诉讼时效中止、中断或者延长的规定。

受胁迫或者被非法限制人身自由的当事人请求撤销婚姻的,不适用民法典第一百五十二条第二款的规定。

第二十条 民法典第一千零五十四条所规定的“自始没有法律约束力”,是指无效婚姻或者可撤销婚姻在依法被确认无效或者被撤销时,才确定该婚姻自始不受法律保护。

第二十一条 人民法院根据当事人的请求,依法确认婚姻无效或者撤销婚姻的,应当收缴双方的结婚证书并将生效的判决书寄送当地婚姻登记管理机关。

第二十二条 被确认无效或者被撤销的婚姻,当事人同居期间所得的财产,除有证据证明为当事人一方所有的以外,按共同共有处理。

三、夫妻关系

第二十三条 夫以妻擅自中止妊娠侵犯其生育权为由请求损害赔偿的,人民法院不予支持；夫妻双方因是否生育发生纠纷，致使感情确已破裂，一方请求离婚的，人民法院经调解无效，应依照民法典第一千零七十九条第三款第五项的规定处理。

第二十四条 民法典第一千零六十二条第一款第三项规定的“知识产权的收益”，是指婚姻关系存续期间，实际取得或者已经明确可以取得的财产性收益。

第二十五条 婚姻关系存续期间，下列财产属于民法典第一千零六十二条规定的“其他应当归共同所有的财产”：

（一）一方以个人财产投资取得的收益；

（二）男女双方实际取得或者应当取得的住房补贴、住房公积金；

（三）男女双方实际取得或者应当取得的基本养老金、破产安置补偿费。

第二十六条 夫妻一方个人财产在婚后产生的收益，除孳息和自然增值外，应认定为夫妻共同财产。

第二十七条 由一方婚前承租、婚后用共同财产购买的房屋，登记在一方名下的，应当认定为夫妻共同财产。

第二十八条 一方未经另一方同意出售夫妻共同所有的房屋，第三人善意购买、支付合理对价并已办理不动产登记，另一方主张追回该房屋的，人民法院不予支持。

夫妻一方擅自处分共同所有的房屋造成另一方损失，离婚时另一方请求赔偿损失的，人民法院应予支持。

第二十九条 当事人结婚前，父母为双方购置房屋出资的，该出资应当认定为对自己子女个人的赠与，但父母明确表示赠与双方的除外。

当事人结婚后，父母为双方购置房屋出资的，依照约定处理；没有约定或者约定不明确的，按照民法典第一千零六十二条第一款第四项规定的原则处理。

第三十条 军人的伤亡保险金、伤残补助金、医药生活补助费属于个人财产。

第三十一条 民法典第一千零六十三条规定为夫妻一方的个人财产，不因婚姻关系的延续而转化为夫妻共同财产。但当事人另有约定的除外。

第三十二条 婚前或者婚姻关系存续期间，当事人约定将一方所有的房产赠与另一方或者共有，赠与方在赠与房产变更登记之前撤销赠与，另一方请求判令继续履行的，人民法院可以按照民法典第六百五十八条的规定处理。

第三十三条 债权人就一方婚前所负个人债务向债务人的配偶主张权利的，

人民法院不予支持。但债权人能够证明所负债务用于婚后家庭共同生活的除外。

第三十四条 夫妻一方与第三人串通，虚构债务，第三人主张该债务为夫妻共同债务的，人民法院不予支持。

夫妻一方在从事赌博、吸毒等违法犯罪活动中所负债务，第三人主张该债务为夫妻共同债务的，人民法院不予支持。

第三十五条 当事人的离婚协议或者人民法院生效判决、裁定、调解书已经对夫妻财产分割问题作出处理的，债权人仍有权就夫妻共同债务向男女双方主张权利。

一方就夫妻共同债务承担清偿责任后，主张由另一方按照离婚协议或者人民法院的法律文书承担相应债务的，人民法院应予支持。

第三十六条 夫或者妻一方死亡的，生存一方应当对婚姻关系存续期间的夫妻共同债务承担清偿责任。

第三十七条 民法典第一千零六十五条第三款所称“相对人知道该约定的”，夫妻一方对此负有举证责任。

第三十八条 婚姻关系存续期间，除民法典第一千零六十六条规定情形以外，夫妻一方请求分割共同财产的，人民法院不予支持。

四、父母子女关系

第三十九条 父或者母向人民法院起诉请求否认亲子关系，并已提供必要证据予以证明，另一方没有相反证据又拒绝做亲子鉴定的，人民法院可以认定否认亲子关系一方的主张成立。

父或者母以及成年子女起诉请求确认亲子关系，并提供必要证据予以证明，另一方没有相反证据又拒绝做亲子鉴定的，人民法院可以认定确认亲子关系一方的主张成立。

第四十条 婚姻关系存续期间，夫妻双方一致同意进行人工授精，所生子女应视为婚生子女，父母子女间的权利义务关系适用民法典的有关规定。

第四十一条 尚在校接受高中及其以下学历教育，或者丧失、部分丧失劳动能力等非因主观原因而无法维持正常生活的成年子女，可以认定为民法典第一千零六十七条规定的“不能独立生活的成年子女”。

第四十二条 民法典第一千零六十七条所称“抚养费”，包括子女生活费、教育费、医疗费等费用。

第四十三条 婚姻关系存续期间，父母双方或者一方拒不履行抚养子女义务，未成年子女或者不能独立生活的成年子女请求支付抚养费的，人民法院应予支持。

第四十四条 离婚案件涉及未成年子女抚养的，对不满两周岁的子女，按照民法典第一千零八十四条第三款规定的原则处理。母亲有下列情形之一，父亲请求直接抚养的，人民法院应予支持：

（一）患有久治不愈的传染性疾病或者其他严重疾病，子女不宜与其共同生活；

（二）有抚养条件不尽抚养义务，而父亲要求子女随其生活；

（三）因其他原因，子女确不宜随母亲生活。

第四十五条 父母双方协议不满两周岁子女由父亲直接抚养，并对子女健康成长无不利影响的，人民法院应予支持。

第四十六条 对已满两周岁的未成年子女，父母均要求直接抚养，一方有下列情形之一的，可予优先考虑：

（一）已做绝育手术或者因其他原因丧失生育能力；

（二）子女随其生活时间较长，改变生活环境对子女健康成长明显不利；

（三）无其他子女，而另一方有其他子女；

（四）子女随其生活，对子女成长有利，而另一方患有久治不愈的传染性疾病或者其他严重疾病，或者有其他不利于子女身心健康的情形，不宜与子女共同生活。

第四十七条 父母抚养子女的条件基本相同，双方均要求直接抚养子女，但子女单独随祖父母或者外祖父母共同生活多年，且祖父母或者外祖父母要求并且有能力帮助子女照顾孙子女或者外孙子女的，可以作为父或者母直接抚养子女的优先条件予以考虑。

第四十八条 在有利于保护子女利益的前提下，父母双方协议轮流直接抚养子女的，人民法院应予支持。

第四十九条 抚养费的数额，可以根据子女的实际需要、父母双方的负担能力和当地的实际生活水平确定。

有固定收入的，抚养费一般可以按其月总收入的百分之二十至三十的比例给付。负担两个以上子女抚养费的，比例可以适当提高，但一般不得超过月总收入的百分之五十。

无固定收入的，抚养费的数额可以依据当年总收入或者同行业平均收入，参照上述比例确定。

有特殊情况的，可以适当提高或者降低上述比例。

第五十条 抚养费应当定期给付，有条件的可以一次性给付。

第五十一条 父母一方无经济收入或者下落不明的，可以用其财物折抵抚养费。

第五十二条 父母双方可以协议由一方直接抚养子女并由直接抚养方负担子女全部抚养费。但是，直接抚养方的抚养能力明显不能保障子女所需费用，影响子女健康成长的，人民法院不予支持。

第五十三条 抚养费的给付期限，一般至子女十八周岁为止。

十六周岁以上不满十八周岁，以其劳动收入为主要生活来源，并能维持当地一般生活水平的，父母可以停止给付抚养费。

第五十四条 生父与继母离婚或者生母与继父离婚时，对曾受其抚养教育的继子女，继父或者继母不同意继续抚养的，仍应由生父或者生母抚养。

第五十五条 离婚后，父母一方要求变更子女抚养关系的，或者子女要求增加抚养费的，应当另行提起诉讼。

第五十六条 具有下列情形之一，父母一方要求变更子女抚养关系的，人民法院应予支持：

（一）与子女共同生活的一方因患严重疾病或者因伤残无力继续抚养子女；

（二）与子女共同生活的一方不尽抚养义务或有虐待子女行为，或者其与子女共同生活对子女身心健康确有不利影响；

（三）已满八周岁的子女，愿随另一方生活，该方又有抚养能力；

（四）有其他正当理由需要变更。

第五十七条 父母双方协议变更子女抚养关系的，人民法院应予支持。

第五十八条 具有下列情形之一，子女要求有负担能力的父或者母增加抚养费的，人民法院应予支持：

（一）原定抚养费数额不足以维持当地实际生活水平；

（二）因子女患病、上学，实际需要已超过原定数额；

（三）有其他正当理由应当增加。

第五十九条 父母不得因子女变更姓氏而拒付子女抚养费。父或者母擅自将子女姓氏改为继母或继父姓氏而引起纠纷的，应当责令恢复原姓氏。

第六十条 在离婚诉讼期间，双方均拒绝抚养子女的，可以先行裁定暂由一方抚养。

第六十一条 对拒不履行或者妨害他人履行生效判决、裁定、调解书中有关子女抚养义务的当事人或者其他人，人民法院可依照民事诉讼法第一百一十一条的规定采取强制措施。

五、离 婚

第六十二条 无民事行为能力人的配偶有民法典第三十六条第一款规定行为，其他有监护资格的人可以要求撤销其监护资格，并依法指定新的监护人；变更后的监护人代理无民事行为能力一方提起离婚诉讼的，人民法院应予受理。

第六十三条 人民法院审理离婚案件，符合民法典第一千零七十九条第三款规定"应当准予离婚"情形的，不应当因当事人有过错而判决不准离婚。

第六十四条 民法典第一千零八十一条所称的"军人一方有重大过错"，可以依据民法典第一千零七十九条第三款前三项规定及军人有其他重大过错导致夫妻感情破裂的情形予以判断。

第六十五条 人民法院作出的生效的离婚判决中未涉及探望权，当事人就探望权问题单独提起诉讼的，人民法院应予受理。

第六十六条 当事人在履行生效判决、裁定或者调解书的过程中，一方请求中止探望的，人民法院在征询双方当事人意见后，认为需要中止探望的，依法作出裁定；中止探望的情形消失后，人民法院应当根据当事人的请求书面通知其恢复探望。

第六十七条 未成年子女、直接抚养子女的父或者母以及其他对未成年子女负担抚养、教育、保护义务的法定监护人，有权向人民法院提出中止探望的请求。

第六十八条 对于拒不协助另一方行使探望权的有关个人或者组织，可以由人民法院依法采取拘留、罚款等强制措施，但是不能对子女的人身、探望行为进行强制执行。

第六十九条 当事人达成的以协议离婚或者到人民法院调解离婚为条件的财产以及债务处理协议，如果双方离婚未成，一方在离婚诉讼中反悔的，人民法院应当认定该财产以及债务处理协议没有生效，并根据实际情况依照民法典第一千零八十七条和第一千零八十九条的规定判决。

当事人依照民法典第一千零七十六条签订的离婚协议中关于财产以及债务处理的条款,对男女双方具有法律约束力。登记离婚后当事人因履行上述协议发生纠纷提起诉讼的,人民法院应当受理。

第七十条 夫妻双方协议离婚后就财产分割问题反悔,请求撤销财产分割协议的,人民法院应当受理。

人民法院审理后,未发现订立财产分割协议时存在欺诈、胁迫等情形的,应当依法驳回当事人的诉讼请求。

第七十一条 人民法院审理离婚案件,涉及分割发放到军人名下的复员费、自主择业费等一次性费用的,以夫妻婚姻关系存续年限乘以年平均值,所得数额为夫妻共同财产。

前款所称年平均值,是指将发放到军人名下的上述费用总额按具体年限均分得出的数额。其具体年限为人均寿命七十岁与军人入伍时实际年龄的差额。

第七十二条 夫妻双方分割共同财产中的股票、债券、投资基金份额等有价证券以及未上市股份有限公司股份时,协商不成或者按市价分配有困难的,人民法院可以根据数量按比例分配。

第七十三条 人民法院审理离婚案件,涉及分割夫妻共同财产中以一方名义在有限责任公司的出资额,另一方不是该公司股东的,按以下情形分别处理:

(一)夫妻双方协商一致将出资额部分或者全部转让给该股东的配偶,其他股东过半数同意,并且其他股东均明确表示放弃优先购买权的,该股东的配偶可以成为该公司股东;

(二)夫妻双方就出资额转让份额和转让价格等事项协商一致后,其他股东半数以上不同意转让,但愿意以同等条件购买该出资额的,人民法院可以对转让出资所得财产进行分割。其他股东半数以上不同意转让,也不愿意以同等条件购买该出资额的,视为其同意转让,该股东的配偶可以成为该公司股东。

用于证明前款规定的股东同意的证据,可以是股东会议材料,也可以是当事人通过其他合法途径取得的股东的书面声明材料。

第七十四条 人民法院审理离婚案件,涉及分割夫妻共同财产中以一方名义在合伙企业中的出资,另一方不是该企业合伙人的,当夫妻双方协商一致,将其合伙企业中的财产份额全部或者部分转让给对方时,按以下情形分别处理:

（一）其他合伙人一致同意的，该配偶依法取得合伙人地位；

（二）其他合伙人不同意转让，在同等条件下行使优先购买权的，可以对转让所得的财产进行分割；

（三）其他合伙人不同意转让，也不行使优先购买权，但同意该合伙人退伙或者削减部分财产份额的，可以对结算后的财产进行分割；

（四）其他合伙人既不同意转让，也不行使优先购买权，又不同意该合伙人退伙或者削减部分财产份额的，视为全体合伙人同意转让，该配偶依法取得合伙人地位。

第七十五条　夫妻以一方名义投资设立个人独资企业的，人民法院分割夫妻在该个人独资企业中的共同财产时，应当按照以下情形分别处理：

（一）一方主张经营该企业的，对企业资产进行评估后，由取得企业资产所有权一方给予另一方相应的补偿；

（二）双方均主张经营该企业的，在双方竞价基础上，由取得企业资产所有权的一方给予另一方相应的补偿；

（三）双方均不愿意经营该企业的，按照《中华人民共和国个人独资企业法》等有关规定办理。

第七十六条　双方对夫妻共同财产中的房屋价值及归属无法达成协议时，人民法院按以下情形分别处理：

（一）双方均主张房屋所有权并且同意竞价取得的，应当准许；

（二）一方主张房屋所有权的，由评估机构按市场价格对房屋作出评估，取得房屋所有权的一方应当给予另一方相应的补偿；

（三）双方均不主张房屋所有权的，根据当事人的申请拍卖、变卖房屋，就所得价款进行分割。

第七十七条　离婚时双方对尚未取得所有权或者尚未取得完全所有权的房屋有争议且协商不成的，人民法院不宜判决房屋所有权的归属，应当根据实际情况判决由当事人使用。

当事人就前款规定的房屋取得完全所有权后，有争议的，可以另行向人民法院提起诉讼。

第七十八条　夫妻一方婚前签订不动产买卖合同，以个人财产支付首付款并在银行贷款，婚后用夫妻共同财产还贷，不动产登记于首付款支付方名下的，离婚时该不动产由双方协议处理。

依前款规定不能达成协议的，人民法院可以判决该不动产归登记一方，尚未归还的贷款为不动产登记一方的个人债务。双方婚后共同还贷支付的款项及其相对应财产增值部分，离婚时应根据民法典第一千零八十七条第一款规定的原则，由不动产登记一方对另一方进行补偿。

第七十九条 婚姻关系存续期间，双方用夫妻共同财产出资购买以一方父母名义参加房改的房屋，登记在一方父母名下，离婚时另一方主张按照夫妻共同财产对该房屋进行分割的，人民法院不予支持。购买该房屋时的出资，可以作为债权处理。

第八十条 离婚时夫妻一方尚未退休、不符合领取基本养老金条件，另一方请求按照夫妻共同财产分割基本养老金的，人民法院不予支持；婚后以夫妻共同财产缴纳基本养老保险费，离婚时一方主张将养老金账户中婚姻关系存续期间个人实际缴纳部分及利息作为夫妻共同财产分割的，人民法院应予支持。

第八十一条 婚姻关系存续期间，夫妻一方作为继承人依法可以继承的遗产，在继承人之间尚未实际分割，起诉离婚时另一方请求分割的，人民法院应当告知当事人在继承人之间实际分割遗产后另行起诉。

第八十二条 夫妻之间订立借款协议，以夫妻共同财产出借给一方从事个人经营活动或者用于其他个人事务的，应视为双方约定处分夫妻共同财产的行为，离婚时可以按照借款协议的约定处理。

第八十三条 离婚后，一方以尚有夫妻共同财产未处理为由向人民法院起诉请求分割的，经审查该财产确属离婚时未涉及的夫妻共同财产，人民法院应当依法予以分割。

第八十四条 当事人依据民法典第一千零九十二条的规定向人民法院提起诉讼，请求再次分割夫妻共同财产的诉讼时效期间为三年，从当事人发现之日起计算。

第八十五条 夫妻一方申请对配偶的个人财产或者夫妻共同财产采取保全措施的，人民法院可以在采取保全措施可能造成损失的范围内，根据实际情况，确定合理的财产担保数额。

第八十六条 民法典第一千零九十一条规定的“损害赔偿”，包括物质损害赔偿和精神损害赔偿。涉及精神损害赔偿的，适用《最高人民法院关于确定民事侵权精神损害赔偿责任若干问题的解释》的有关规定。

第八十七条 承担民法典第一千零九十一条规定的损害赔偿责任的主体，为离婚诉讼当事人中无过错方的配偶。

人民法院判决不准离婚的案件，对于当事人基于民法典第一千零九十一条提出的损害赔偿请求，不予支持。

在婚姻关系存续期间，当事人不起诉离婚而单独依据民法典第一千零九十一条提起损害赔偿请求的，人民法院不予受理。

第八十八条 人民法院受理离婚案件时，应当将民法典第一千零九十一条等规定中当事人的有关权利义务，书面告知当事人。在适用民法典第一千零九十一条时，应当区分以下不同情况：

（一）符合民法典第一千零九十一条规定的无过错方作为原告基于该条规定向人民法院提起损害赔偿请求的，必须在离婚诉讼的同时提出。

（二）符合民法典第一千零九十一条规定的无过错方作为被告的离婚诉讼案件，如果被告不同意离婚也不基于该条规定提起损害赔偿请求的，可以就此单独提起诉讼。

（三）无过错方作为被告的离婚诉讼案件，一审时被告未基于民法典第一千零九十一条规定提出损害赔偿请求，二审期间提出的，人民法院应当进行调解；调解不成的，告知当事人另行起诉。双方当事人同意由第二审人民法院一并审理的，第二审人民法院可以一并裁判。

第八十九条 当事人在婚姻登记机关办理离婚登记手续后，以民法典第一千零九十一条规定为由向人民法院提出损害赔偿请求的，人民法院应当受理。但当事人在协议离婚时已经明确表示放弃该项请求的，人民法院不予支持。

第九十条 夫妻双方均有民法典第一千零九十一条规定的过错情形，一方或者双方向对方提出离婚损害赔偿请求的，人民法院不予支持。

六、附 则

第九十一条 本解释自 2021 年 1 月 1 日起施行。

2. 最高人民法院关于适用《中华人民共和国民法典》婚姻家庭编的解释（二）

（2024 年 11 月 25 日经最高人民法院审判委员会第 1933 次会议通过
自 2025 年 2 月 1 日起施行）

为正确审理婚姻家庭纠纷案件，根据《中华人民共和国民法典》《中华人民共和国民事诉讼法》等相关法律规定，结合审判实践，制定本解释。

第一条 当事人依据民法典第一千零五十一条第一项规定请求确认重婚的婚姻无效，提起诉讼时合法婚姻当事人已经离婚或者配偶已经死亡，被告以此为由抗辩后一婚姻自以上情形发生时转为有效的，人民法院不予支持。

第二条 夫妻登记离婚后，一方以双方意思表示虚假为由请求确认离婚无效的，人民法院不予支持。

第三条 夫妻一方的债权人有证据证明离婚协议中财产分割条款影响其债权实现，请求参照适用民法典第五百三十八条或者第五百三十九条规定撤销相关条款的，人民法院应当综合考虑夫妻共同财产整体分割及履行情况、子女抚养费负担、离婚过错等因素，依法予以支持。

第四条 双方均无配偶的同居关系析产纠纷案件中，对同居期间所得的财产，有约定的，按照约定处理；没有约定且协商不成的，人民法院按照以下情形分别处理：

（一）各自所得的工资、奖金、劳务报酬、知识产权收益，各自继承或者受赠的财产以及单独生产、经营、投资的收益等，归各自所有；

（二）共同出资购置的财产或者共同生产、经营、投资的收益以及其他无法区分的财产，以各自出资比例为基础，综合考虑共同生活情况、有无共同子女、对财产的贡献大小等因素进行分割。

第五条 婚前或者婚姻关系存续期间，当事人约定将一方所有的房屋转移登记至另一方或者双方名下，离婚诉讼时房屋所有权尚未转移登记，双方对房屋归属或者分割有争议且协商不成的，人民法院可以根据当事人诉讼请求，结合给予目的，综合考虑婚姻关系存续时间、共同生活及孕育共同子女情况、离婚过错、对家庭的贡献大小以及离婚时房屋市场价格等因素，判决房屋归其中一方所有，并确定是否由获得房屋一方对另一方予以补偿以及补偿的具体数额。

婚前或者婚姻关系存续期间，一方将其所有的房屋转移登记至另一方或者双方名下，离婚诉讼中，双方对房屋归属或者分割有争议且协商不成的，如果婚姻关系存续时间较短且给予方无重大过错，人民法院可以根据当事人诉讼请求，判决该房屋归给予方所有，并结合给予目的，综合考虑共同生活及孕育共同子女情况、离婚过错、对家庭的贡献大小以及离婚时房屋市场价格等因素，确定是否由获得房屋一方对另一方予以补偿以及补偿的具体数额。

给予方有证据证明另一方存在欺诈、胁迫、严重侵害给予方或者其近亲属合法权益、对给予方有扶养义务而不履行等情形，请求撤销前两款规定的民事法律行为的，人民法院依法予以支持。

第六条 夫妻一方未经另一方同意，在网络直播平台用夫妻共同财产打赏，数额明显超出其家庭一般消费水平，严重损害夫妻共同财产利益的，可以认定为民法典第一千零六十六条和第一千零九十二条规定的“挥霍”。另一方请求在婚姻关系存续期间分割夫妻共同财产，或者在离婚分割夫妻共同财产时请求对打赏一方少分或者不分的，人民法院应予支持。

第七条 夫妻一方为重婚、与他人同居以及其他违反夫妻忠实义务等目的，将夫妻共同财产赠与他人或者以明显不合理的价格处分夫妻共同财产，另一方主张该民事法律行为违背公序良俗无效的，人民法院应予支持并依照民法典第一百五十七条规定处理。

夫妻一方存在前款规定情形，另一方以该方存在转移、变卖夫妻共同财产行为，严重损害夫妻共同财产利益为由，依据民法典第一千零六十六条规定请求在婚姻关系存续期间分割夫妻共同财产，或者依据民法典第一千零九十二条规定请求在离婚分割夫妻共同财产时对该方少分或者不分的，人民法院应予支持。

第八条 婚姻关系存续期间，夫妻购置房屋由一方父母全额出资，如果赠与合同明确约定只赠与自己子女一方的，按照约定处理；没有约定或者约定不明确的，离婚分割夫妻共同财产时，人民法院可以判决该房屋归出资人子女一方所有，并综合考虑共同生活及孕育共同子女情况、离婚过错、对家庭的贡献大小以及离婚时房屋市场价格等因素，确定是否由获得房屋一方对另一方予以补偿以及补偿的具体数额。

婚姻关系存续期间，夫妻购置房屋由一方父母部分出资或者双方父母出资，如果赠与合同明确约定相应出资只赠与自己子女一方的，按照约定处理；没有约定或者约定不明确的，离婚分割夫妻共同财产时，人民法院可以根据当事人诉讼请求，以出资来源及比例为基础，综合考虑共同生活及孕育共同子女情况、离婚过错、对家庭的贡献大小以及离婚时房屋市场价格等因素，判决房屋归其中一方所有，并由获得房屋一方对另一方予以合理补偿。

第九条　夫妻一方转让用夫妻共同财产出资但登记在自己名下的有限责任公司股权，另一方以未经其同意侵害夫妻共同财产利益为由请求确认股权转让合同无效的，人民法院不予支持，但有证据证明转让人与受让人恶意串通损害另一方合法权益的除外。

第十条　夫妻以共同财产投资有限责任公司，并均登记为股东，双方对相应股权的归属没有约定或者约定不明确，离婚时，一方请求按照股东名册或者公司章程记载的各自出资额确定股权分割比例的，人民法院不予支持；对当事人分割夫妻共同财产的请求，人民法院依照民法典第一千零八十七条规定处理。

第十一条　夫妻一方以另一方可继承的财产为夫妻共同财产、放弃继承侵害夫妻共同财产利益为由主张另一方放弃继承无效的，人民法院不予支持，但有证据证明放弃继承导致放弃一方不能履行法定扶养义务的除外。

第十二条　父母一方或者其近亲属等抢夺、藏匿未成年子女，另一方向人民法院申请人身安全保护令或者参照适用民法典第九百九十七条规定申请人格权侵害禁令的，人民法院依法予以支持。

抢夺、藏匿未成年子女一方以另一方存在赌博、吸毒、家庭暴力等严重侵害未成年子女合法权益情形，主张其抢夺、藏匿行为有合理事由的，人民法院应当告知其依法通过撤销监护人资格、中止探望或者变更抚养关系等途径解决。当事人对其上述主张未提供证据证明且未在合理期限内提出相关请求的，人民法院依照前款规定处理。

第十三条 夫妻分居期间，一方或者其近亲属等抢夺、藏匿未成年子女，致使另一方无法履行监护职责，另一方请求行为人承担民事责任的，人民法院可以参照适用民法典第一千零八十四条关于离婚后子女抚养的有关规定，暂时确定未成年子女的抚养事宜，并明确暂时直接抚养未成年子女一方有协助另一方履行监护职责的义务。

第十四条 离婚诉讼中，父母均要求直接抚养已满两周岁的未成年子女，一方有下列情形之一的，人民法院应当按照最有利于未成年子女的原则，优先考虑由另一方直接抚养：

（一）实施家庭暴力或者虐待、遗弃家庭成员；

（二）有赌博、吸毒等恶习；

（三）重婚、与他人同居或者其他严重违反夫妻忠实义务情形；

（四）抢夺、藏匿未成年子女且另一方不存在本条第一项或者第二项等严重侵害未成年子女合法权益情形；

（五）其他不利于未成年子女身心健康的情形。

第十五条 父母双方以法定代理人身份处分用夫妻共同财产购买并登记在未成年子女名下的房屋后，又以违反民法典第三十五条规定损害未成年子女利益为由向相对人主张该民事法律行为无效的，人民法院不予支持。

第十六条 离婚协议中关于一方直接抚养未成年子女或者不能独立生活的成年子女、另一方不负担抚养费的约定，对双方具有法律约束力。但是，离婚后，直接抚养子女一方经济状况发生变化导致原生活水平显著降低或者子女生活、教育、医疗等必要合理费用确有显著增加，未成年子女或者不能独立生活的成年子女请求另一方支付抚养费的，人民法院依法予以支持，并综合考虑离婚协议整体约定、子女实际需要、另一方的负担能力、当地生活水平等因素，确定抚养费的数额。

前款但书规定情形下，另一方以直接抚养子女一方无抚养能力为由请求变更抚养关系的，人民法院依照民法典第一千零八十四条规定处理。

第十七条 离婚后，不直接抚养子女一方未按照离婚协议约定或者以其他方式作出的承诺给付抚养费，未成年子女或者不能独立生活的成年子女请求其支付欠付的抚养费的，人民法院应予支持。

前款规定情形下，如果子女已经成年并能够独立生活，直接抚养子女一方请求另一方支付欠付的费用的，人民法院依法予以支持。

第十八条 对民法典第一千零七十二条中继子女受继父或者继母抚养教育的事实，人民法院应当以共同生活时间长短为基础，综合考虑共同生活期间继父母是否实际进行生活照料、是否履行家庭教育职责、是否承担抚养费等因素予以认定。

第十九条 生父与继母或者生母与继父离婚后，当事人主张继父或者继母和曾受其抚养教育的继子女之间的权利义务关系不再适用民法典关于父母子女关系规定的，人民法院应予支持，但继父或者继母与继子女存在依法成立的收养关系或者继子女仍与继父或者继母共同生活的除外。

继父母子女关系解除后，缺乏劳动能力又缺乏生活来源的继父或者继母请求曾受其抚养教育的成年继子女给付生活费的，人民法院可以综合考虑抚养教育情况、成年继子女负担能力等因素，依法予以支持，但是继父或者继母曾存在虐待、遗弃继子女等情况的除外。

第二十条 离婚协议约定将部分或者全部夫妻共同财产给予子女，离婚后，一方在财产权利转移之前请求撤销该约定的，人民法院不予支持，但另一方同意的除外。

一方不履行前款离婚协议约定的义务，另一方请求其承担继续履行或者因无法履行而赔偿损失等民事责任的，人民法院依法予以支持。

双方在离婚协议中明确约定子女可以就本条第一款中的相关财产直接主张权利，一方不履行离婚协议约定的义务，子女请求参照适用民法典第五百二十二条第二款规定，由该方承担继续履行或者因无法履行而赔偿损失等民事责任的，人民法院依法予以支持。

离婚协议约定将部分或者全部夫妻共同财产给予子女，离婚后，一方有证据证明签订离婚协议时存在欺诈、胁迫等情形，请求撤销该约定的，人民法院依法予以支持；当事人同时请求分割该部分夫妻共同财产的，人民法院依照民法典第一千零八十七条规定处理。

第二十一条 离婚诉讼中，夫妻一方有证据证明在婚姻关系存续期间因抚育子女、照料老年人、协助另一方工作等负担较多义务，依据民法典第一千零八十八条规定请求另一方给予补偿的，人民法院可以综合考虑负担相应义务投入的时间、精力和对双方的影响以及给付方负担能力、当地居民人均可支配收入等因素，确定补偿数额。

第二十二条 离婚诉讼中，一方存在年老、残疾、重病等生活困难情形，依据民法典第一千零九十条规定请求有负担能力的另一方给予适当帮助的，人民法院可以根据当事人请求，结合另一方财产状况，依法予以支持。

第二十三条 本解释自2025年2月1日起施行。

3. 最高人民法院关于审理涉彩礼纠纷案件适用法律若干问题的规定

（2023年11月13日由最高人民法院审判委员会第1905次会议通过
自2024年2月1日施行）

为正确审理涉彩礼纠纷案件，根据《中华人民共和国民法典》、《中华人民共和国民事诉讼法》等法律规定，结合审判实践，制定本规定。

第一条 以婚姻为目的依据习俗给付彩礼后，因要求返还产生的纠纷，适用本规定。

第二条 禁止借婚姻索取财物。一方以彩礼为名借婚姻索取财物，另一方要求返还的，人民法院应予支持。

第三条 人民法院在审理涉彩礼纠纷案件中，可以根据一方给付财物的目的，综合考虑双方当地习俗、给付的时间和方式、财物价值、给付人及接收人等事实，认定彩礼范围。

下列情形给付的财物，不属于彩礼：

（一）一方在节日、生日等有特殊纪念意义时点给付的价值不大的礼物、礼金；

（二）一方为表达或者增进感情的日常消费性支出；

（三）其他价值不大的财物。

第四条 婚约财产纠纷中，婚约一方及其实际给付彩礼的父母可以作为共同原告；婚约另一方及其实际接收彩礼的父母可以作为共同被告。

离婚纠纷中,一方提出返还彩礼诉讼请求的,当事人仍为夫妻双方。

第五条 双方已办理结婚登记且共同生活,离婚时一方请求返还按照习俗给付的彩礼的,人民法院一般不予支持。但是,如果共同生活时间较短且彩礼数额过高的,人民法院可以根据彩礼实际使用及嫁妆情况,综合考虑彩礼数额、共同生活及孕育情况、双方过错等事实,结合当地习俗,确定是否返还以及返还的具体比例。

人民法院认定彩礼数额是否过高,应当综合考虑彩礼给付方所在地居民人均可支配收入、给付方家庭经济情况以及当地习俗等因素。

第六条 双方未办理结婚登记但已共同生活,一方请求返还按照习俗给付的彩礼的,人民法院应当根据彩礼实际使用及嫁妆情况,综合考虑共同生活及孕育情况、双方过错等事实,结合当地习俗,确定是否返还以及返还的具体比例。

第七条 本规定自 2024 年 2 月 1 日起施行。

本规定施行后,人民法院尚未审结的一审、二审案件适用本规定。本规定施行前已经终审、施行后当事人申请再审或者按照审判监督程序决定再审的案件,不适用本规定。

4. 婚姻登记条例

(2003 年 8 月 8 日中华人民共和国国务院令第 387 号公布
根据 2024 年 12 月 6 日《国务院关于修改和废止部分行政法规的决定》修订)

第一章 总 则

第一条 为了规范婚姻登记工作,保障婚姻自由、一夫一妻、男女平等的婚姻制度的实施,保护婚姻当事人的合法权益,根据《中华人民共和国民法典》(以下简称民法典),制定本条例。

第二条 内地居民办理婚姻登记的机关是县级人民政府民政部门或者乡(镇)人民政府,省、自治区、直辖市人民政府可以按照便民原则确定农村居民办理婚姻登记的具体机关。

中国公民同外国人，内地居民同香港特别行政区居民（以下简称香港居民）、澳门特别行政区居民（以下简称澳门居民）、台湾地区居民（以下简称台湾居民）、华侨办理婚姻登记的机关是省、自治区、直辖市人民政府民政部门或者省、自治区、直辖市人民政府民政部门确定的机关。

第三条 婚姻登记机关的婚姻登记员应当接受婚姻登记业务培训，经考核合格，方可从事婚姻登记工作。

婚姻登记机关办理婚姻登记，除按收费标准向当事人收取工本费外，不得收取其他费用或者附加其他义务。

第二章 结婚登记

第四条 内地居民结婚，男女双方应当共同到一方当事人常住户口所在地的婚姻登记机关办理结婚登记。

中国公民同外国人在中国内地结婚的，内地居民同香港居民、澳门居民、台湾居民、华侨在中国内地结婚的，男女双方应当共同到内地居民常住户口所在地的婚姻登记机关办理结婚登记。

第五条 办理结婚登记的内地居民应当出具下列证件和证明材料：

（一）本人的户口簿、身份证；

（二）本人无配偶以及与对方当事人没有直系血亲和三代以内旁系血亲关系的签字声明。

办理结婚登记的香港居民、澳门居民、台湾居民应当出具下列证件和证明材料：

（一）本人的有效通行证、身份证；

（二）经居住地公证机构公证的本人无配偶以及与对方当事人没有直系血亲和三代以内旁系血亲关系的声明。

办理结婚登记的华侨应当出具下列证件和证明材料：

（一）本人的有效护照；

（二）居住国公证机构或者有权机关出具的、经中华人民共和国驻该国使（领）馆认证的本人无配偶以及与对方当事人没有直系血亲和三代以内旁系血亲关系的证明，或者中华人民共和国驻该国使（领）馆出具的本人无配偶以及与对方当事人没有直系血亲和三代以内旁系血亲关系的证明。中华人民共和国缔结或者参加的国际条约另有规定的,按照国际条约规定的证明手续办理。

办理结婚登记的外国人应当出具下列证件和证明材料:

(一)本人的有效护照或者其他有效的国际旅行证件;

(二)所在国公证机构或者有权机关出具的、经中华人民共和国驻该国使(领)馆认证或者该国驻华使(领)馆认证的本人无配偶的证明,或者所在国驻华使(领)馆出具的本人无配偶的证明。中华人民共和国缔结或者参加的国际条约另有规定的,按照国际条约规定的证明手续办理。

办理结婚登记的当事人对外国主管机关依据本条第三款、第四款提及的国际条约出具的证明文书的真实性负责,签署书面声明,并承担相应法律责任。

第六条 办理结婚登记的当事人有下列情形之一的,婚姻登记机关不予登记:

(一)未到法定结婚年龄的;

(二)非双方自愿的;

(三)一方或者双方已有配偶的;

(四)属于直系血亲或者三代以内旁系血亲的。

第七条 婚姻登记机关应当对结婚登记当事人出具的证件、证明材料进行审查并询问相关情况。对当事人符合结婚条件的,应当当场予以登记,发给结婚证;对当事人不符合结婚条件不予登记的,应当向当事人说明理由。

第八条 男女双方补办结婚登记的,适用本条例结婚登记的规定。

第九条 因胁迫结婚的,受胁迫的当事人可以依据民法典第一千零五十二条的规定向人民法院请求撤销婚姻。一方当事人患有重大疾病的,应当在结婚登记前如实告知另一方当事人;不如实告知的,另一方当事人可以依据民法典第一千零五十三条的规定向人民法院请求撤销婚姻。

第三章 离婚登记

第十条 内地居民自愿离婚的,男女双方应当共同到一方当事人常住户口所在地的婚姻登记机关办理离婚登记。

中国公民同外国人在中国内地自愿离婚的,内地居民同香港居民、澳门居民、台湾居民、华侨在中国内地自愿离婚的,男女双方应当共同到内地居民常住户口所在地的婚姻登记机关办理离婚登记。

第十一条 办理离婚登记的内地居民应当出具下列证件和证明材料：

（一）本人的户口簿、身份证；

（二）本人的结婚证；

（三）双方当事人共同签署的离婚协议书。

办理离婚登记的香港居民、澳门居民、台湾居民、华侨、外国人除应当出具前款第（二）项、第（三）项规定的证件、证明材料外，香港居民、澳门居民、台湾居民还应当出具本人的有效通行证、身份证，华侨、外国人还应当出具本人的有效护照或者其他有效国际旅行证件。

离婚协议书应当载明双方当事人自愿离婚的意思表示以及对子女抚养、财产及债务处理等事项协商一致的意见。

第十二条 办理离婚登记的当事人有下列情形之一的，婚姻登记机关不予受理：

（一）未达成离婚协议的；

（二）属于无民事行为能力人或者限制民事行为能力人的；

（三）其结婚登记不是在中国内地办理的。

第十三条 婚姻登记机关应当对离婚登记当事人出具的证件、证明材料进行审查并询问相关情况。对当事人确属自愿离婚，并已对子女抚养、财产、债务等问题达成一致处理意见的，应当当场予以登记，发给离婚证。

第十四条 离婚的男女双方自愿恢复夫妻关系的，应当到婚姻登记机关办理复婚登记。复婚登记适用本条例结婚登记的规定。

第四章 婚姻登记档案和婚姻登记证

第十五条 婚姻登记机关应当建立婚姻登记档案。婚姻登记档案应当长期保管。具体管理办法由国务院民政部门会同国家档案管理部门规定。

第十六条 婚姻登记机关收到人民法院宣告婚姻无效或者撤销婚姻的判决书副本后，应当将该判决书副本收入当事人的婚姻登记档案。

第十七条 结婚证、离婚证遗失或者损毁的，当事人可以持户口簿、身份证向原办理婚姻登记的机关或者一方当事人常住户口所在地的婚姻登记机关申请补领。婚姻登记机关对当事人的婚姻登记档案进行查证，确认属实的，应当为当事人补发结婚证、离婚证。

第五章　罚　　则

第十八条　婚姻登记机关及其婚姻登记员有下列行为之一的,对直接负责的主管人员和其他直接责任人员依法给予行政处分:

(一)为不符合婚姻登记条件的当事人办理婚姻登记的;

(二)玩忽职守造成婚姻登记档案损失的;

(三)办理婚姻登记或者补发结婚证、离婚证超过收费标准收取费用的。

违反前款第(三)项规定收取的费用,应当退还当事人。

第六章　附　　则

第十九条　中华人民共和国驻外使(领)馆可以依照本条例的有关规定,为男女双方均居住于驻在国的中国公民办理婚姻登记。

第二十条　本条例规定的婚姻登记证由国务院民政部门规定式样并监制。

第二十一条　当事人办理婚姻登记或者补领结婚证、离婚证应当交纳工本费。工本费的收费标准由国务院价格主管部门会同国务院财政部门规定并公布。

第二十二条　本条例自2003年10月1日起施行。1994年1月12日国务院批准、1994年2月1日民政部发布的《婚姻登记管理条例》同时废止。

5.民政部关于贯彻执行《婚姻登记条例》若干问题的意见

(2004年3月29日民政部民函〔2004〕76号发布)

各省、自治区、直辖市民政厅(局),计划单列市民政局,新疆生产建设兵团民政局:

为切实保障《婚姻登记条例》的贯彻实施，规范婚姻登记工作，方便当事人办理婚姻登记，经商国务院法制办公室、外交部、公安部、解放军总政治部等相关部门，现就《婚姻登记条例》贯彻执行过程中的若干问题提出以下处理意见：

一、关于身份证问题

当事人无法提交居民身份证的，婚姻登记机关可根据当事人出具的有效临时身份证办理婚姻登记。

二、关于户口簿问题

当事人无法出具居民户口簿的，婚姻登记机关可凭公安部门或有关户籍管理机构出具的加盖印章的户籍证明办理婚姻登记；当事人属于集体户口的，婚姻登记机关可凭集体户口簿内本人的户口卡片或加盖单位印章的记载其户籍情况的户口簿复印件办理婚姻登记。

当事人未办理落户手续的，户口迁出地或另一方当事人户口所在地的婚姻登记机关可凭公安部门或有关户籍管理机构出具的证明材料办理婚姻登记。

三、关于身份证、户口簿查验问题

当事人所持户口簿与身份证上的“姓名”、“性别”、“出生日期”内容不一致的，婚姻登记机关应告知当事人先到户籍所在地的公安部门履行相关项目变更和必要的证簿换领手续后再办理婚姻登记。

当事人声明的婚姻状况与户口簿“婚姻状况”内容不一致的，婚姻登记机关对当事人婚姻状况的审查主要依据其本人书面声明。

四、关于少数民族当事人提供的照片问题

为尊重少数民族的风俗习惯，少数民族当事人办理婚姻登记时提供的照片是否免冠从习俗。

五、关于离婚登记中的结婚证问题

申请办理离婚登记的当事人有一本结婚证丢失的，婚姻登记机关可根据另一本结婚证办理离婚登记；当事人两本结婚证都丢失的，婚姻登记机关可根据结婚登记档案或当事人提供的结婚登记记录证明等证明材料办理离婚登记。当事人应对结婚证丢失情况作出书面说明，该说明由婚姻登记机关存档。

申请办理离婚登记的当事人提供的结婚证上的姓名、出生日期、身份证号与身份证、户口簿不一致的，当事人应书面说明不一致的原因。

六、关于补领结婚证、离婚证问题

申请补领结婚证、离婚证的当事人出具的身份证、户口簿上的姓名、年龄、身份证号与原婚姻登记档案记载不一致的，当事人应书面说明不一致的原因，婚姻登记机关可根据当事人出具的身份证件补发结婚证、离婚证。

当事人办理结婚登记时未达法定婚龄，申请补领时仍未达法定婚龄的，婚姻登记机关不得补发结婚证。当事人办理结婚登记时未达法定婚龄，申请补领时已达法定婚龄的，当事人应对结婚登记情况作出书面说明；婚姻登记机关补发的结婚证登记日期应为当事人达到法定婚龄之日。

七、关于出国人员、华侨及港澳台居民结婚提交材料的问题

出国人员办理结婚登记应根据其出具的证件分情况处理。当事人出具身份证、户口簿作为身份证件的，按内地居民婚姻登记规定办理；当事人出具中国护照作为身份证件的，按华侨婚姻登记规定办理。

当事人以中国护照作为身份证件，在内地居住满一年、无法取得有关国家或我驻外使领馆出具的婚姻状况证明的，婚姻登记机关可根据当事人本人的相关情况声明及两个近亲属出具的有关当事人婚姻状况的证明办理结婚登记。

八、关于双方均非内地居民的结婚登记问题

双方均为外国人，要求在内地办理结婚登记的，如果当事人能够出具《婚姻登记条例》规定的相应证件和证明材料以及当事人本国承认其居民在国外办理结婚登记效力的证明，当事人工作或生活所在地具有办理涉外婚姻登记权限的登记机关应予受理。

一方为外国人、另一方为港澳台居民或华侨，或者双方均为港澳台居民或华侨，要求在内地办理结婚登记的，如果当事人能够出具《婚姻登记条例》规定的相应证件和证明材料，当事人工作或生活所在地具有相应办理婚姻登记权限的登记机关应予受理。

一方为出国人员、另一方为外国人或港澳台居民，或双方均为出国人员，要求在内地办理结婚登记的，如果当事人能够出具《婚姻登记条例》规定的相应证件和证明材料，出国人员出国前户口所在地具有相应办理婚姻登记权限的登记机关应予受理。

九、关于现役军人的婚姻登记问题

办理现役军人的婚姻登记仍按《民政部办公厅关于印发〈军队贯彻实施《中华

人民共和国婚姻法》若干问题的规定〉有关内容的通知》（民办函〔2001〕226号）执行。

办理现役军人婚姻登记的机关可以是现役军人部队驻地所在地或户口注销前常住户口所在地的婚姻登记机关，也可以是非现役军人一方常住户口所在地的婚姻登记机关。

十、关于服刑人员的婚姻登记问题

服刑人员申请办理婚姻登记，应当亲自到婚姻登记机关提出申请并出具有效的身份证件；服刑人员无法出具身份证件的，可由监狱管理部门出具有关证明材料。

办理服刑人员婚姻登记的机关可以是一方当事人常住户口所在地或服刑监狱所在地的婚姻登记机关。

附件：公安部关于对执行《婚姻登记条例》有关问题的意见的函（略）

6. 最高人民法院、最高人民检察院、公安部、司法部印发《关于依法办理家庭暴力犯罪案件的意见》的通知

（2015年3月2日　法发〔2015〕4号发布）

发生在家庭成员之间，以及具有监护、扶养、寄养、同居等关系的共同生活人员之间的家庭暴力犯罪，严重侵害公民人身权利，破坏家庭关系，影响社会和谐稳定。人民法院、人民检察院、公安机关、司法行政机关应当严格履行职责，充分运用法律，积极预防和有效惩治各种家庭暴力犯罪，切实保障人权，维护社会秩序。为此，根据刑法、刑事诉讼法、婚姻法、未成年人保护法、老年人权益保障法、妇女权益保障法等法律，结合司法实践经验，制定本意见。

一、基本原则

1. 依法及时、有效干预。针对家庭暴力持续反复发生,不断恶化升级的特点,人民法院、人民检察院、公安机关、司法行政机关对已发现的家庭暴力,应当依法采取及时、有效的措施,进行妥善处理,不能以家庭暴力发生在家庭成员之间,或者属于家务事为由而置之不理,互相推诿。

2. 保护被害人安全和隐私。办理家庭暴力犯罪案件,应当首先保护被害人的安全。通过对被害人进行紧急救治、临时安置,以及对施暴人采取刑事强制措施、判处刑罚、宣告禁止令等措施,制止家庭暴力并防止再次发生,消除家庭暴力的现实侵害和潜在危险。对与案件有关的个人隐私,应当保密,但法律有特别规定的除外。

3. 尊重被害人意愿。办理家庭暴力犯罪案件,既要严格依法进行,也要尊重被害人的意愿。在立案、采取刑事强制措施、提起公诉、判处刑罚、减刑、假释时,应当充分听取被害人意见,在法律规定的范围内作出合情、合理的处理。对法律规定可以调解、和解的案件,应当在当事人双方自愿的基础上进行调解、和解。

4. 对未成年人、老年人、残疾人、孕妇、哺乳期妇女、重病患者特殊保护。办理家庭暴力犯罪案件,应当根据法律规定和案件情况,通过代为告诉、法律援助等措施,加大对未成年人、老年人、残疾人、孕妇、哺乳期妇女、重病患者的司法保护力度,切实保障他们的合法权益。

二、案件受理

5. 积极报案、控告和举报。依照刑事诉讼法第一百零八条第一款"任何单位和个人发现有犯罪事实或者犯罪嫌疑人,有权利也有义务向公安机关、人民检察院或者人民法院报案或者举报"的规定,家庭暴力被害人及其亲属、朋友、邻居、同事,以及村(居)委会、人民调解委员会、妇联、共青团、残联、医院、学校、幼儿园等单位、组织,发现家庭暴力,有权利也有义务及时向公安机关、人民检察院、人民法院报案、控告或者举报。

公安机关、人民检察院、人民法院对于报案人、控告人和举报人不愿意公开自己的姓名和报案、控告、举报行为的,应当为其保守秘密,保护报案人、控告人和举报人的安全。

6. 迅速审查、立案和转处。公安机关、人民检察院、人民法院接到家庭暴力的报案、控告或者举报后,应当立即问明案件的初步情况,制作笔录,迅速进行审查,按照刑事诉讼法关于立案的规定，根据自己的管辖范围，决定是否立案。对于符合立案条件的，要及时立案。对于可能构成犯罪但不属于自己管辖的，应当移送主管机关处理，并且通知报案人、控告人或者举报人；对于不属于自己管辖而又必须采取紧急措施的，应当先采取紧急措施，然后移送主管机关。

经审查，对于家庭暴力行为尚未构成犯罪，但属于违反治安管理行为的，应当将案件移送公安机关，依照治安管理处罚法的规定进行处理，同时告知被害人可以向人民调解委员会提出申请，或者向人民法院提起民事诉讼，要求施暴人承担停止侵害、赔礼道歉、赔偿损失等民事责任。

7. 注意发现犯罪案件。公安机关在处理人身伤害、虐待、遗弃等行政案件过程中，人民法院在审理婚姻家庭、继承、侵权责任纠纷等民事案件过程中，应当注意发现可能涉及的家庭暴力犯罪。一旦发现家庭暴力犯罪线索，公安机关应当将案件转为刑事案件办理，人民法院应当将案件移送公安机关；属于自诉案件的，公安机关、人民法院应当告知被害人提起自诉。

8. 尊重被害人的程序选择权。对于被害人有证据证明的轻微家庭暴力犯罪案件，在立案审查时，应当尊重被害人选择公诉或者自诉的权利。被害人要求公安机关处理的，公安机关应当依法立案、侦查。在侦查过程中，被害人不再要求公安机关处理或者要求转为自诉案件的，应当告知被害人向公安机关提交书面申请。经审查确系被害人自愿提出的，公安机关应当依法撤销案件。被害人就这类案件向人民法院提起自诉的，人民法院应当依法受理。

9. 通过代为告诉充分保障被害人自诉权。对于家庭暴力犯罪自诉案件，被害人无法告诉或者不能亲自告诉的，其法定代理人、近亲属可以告诉或者代为告诉；被害人是无行为能力人、限制行为能力人，其法定代理人、近亲属没有告诉或者代为告诉的，人民检察院可以告诉；侮辱、暴力干涉婚姻自由等告诉才处理的案件，被害人因受强制、威吓无法告诉的，人民检察院也可以告诉。人民法院对告诉或者代为告诉的，应当依法受理。

10. 切实加强立案监督。人民检察院要切实加强对家庭暴力犯罪案件的立案监督，发现公安机关应当立案而不立案的，或者被害人及其法定代理人、近亲属，有关单位、组织就公安机关不予立案向人民检察院提出异议的，人民检察院应当要求公安机关说明不立案的理由。人民检察院认为不立案理由不成立的，应当通知公安机关立案，公安机关接到通知后应当立案；认为不立案理由成立的，应当将理由告知提出异议的被害人及其法定代理人、近亲属或者有关单位、组织。

11. 及时、全面收集证据。公安机关在办理家庭暴力案件时，要充分、全面地收集、固定证据，除了收集现场的物证、被害人陈述、证人证言等证据外，还应当注意及时向村(居)委会、人民调解委员会、妇联、共青团、残联、医院、学校、幼儿园等单位、组织的工作人员，以及被害人的亲属、邻居等收集涉及家庭暴力的处理记录、病历、照片、视频等证据。

12. 妥善救治、安置被害人。人民法院、人民检察院、公安机关等负有保护公民人身安全职责的单位和组织，对因家庭暴力受到严重伤害需要紧急救治的被害人，应当立即协助联系医疗机构救治；对面临家庭暴力严重威胁，或者处于无人照料等危险状态，需要临时安置的被害人或者相关未成年人，应当通知并协助有关部门进行安置。

13. 依法采取强制措施。人民法院、人民检察院、公安机关对实施家庭暴力的犯罪嫌疑人、被告人，符合拘留、逮捕条件的，可以依法拘留、逮捕；没有采取拘留、逮捕措施的，应当通过走访、打电话等方式与被害人或者其法定代理人、近亲属联系，了解被害人的人身安全状况。对于犯罪嫌疑人、被告人再次实施家庭暴力的，应当根据情况，依法采取必要的强制措施。

人民法院、人民检察院、公安机关决定对实施家庭暴力的犯罪嫌疑人、被告人取保候审的，为了确保被害人及其子女和特定亲属的安全，可以依照刑事诉讼法第六十九条第二款的规定，责令犯罪嫌疑人、被告人不得再次实施家庭暴力；不得侵扰被害人的生活、工作、学习；不得进行酗酒、赌博等活动；经被害人申请且有必要的，责令不得接近被害人及其未成年子女。

14. 加强自诉案件举证指导。家庭暴力犯罪案件具有案发周期较长、证据难以保存，被害人处于相对弱势、举证能力有限，相关事实难以认定等特点。有些特点在自诉案件中表现得更为突出。因此，人民法院在审理家庭暴力自诉案件时，对于因当事人举证能力不足等原因，难以达到法律规定的证据要求的，应当及时对当事人进行举证指导，告知需要收集的证据及收集证据的方法。对于因客观原因不能取得的证据，当事人申请人民法院调取的，人民法院应当认真审查，认为确有必要的，应当调取。

15. 加大对被害人的法律援助力度。人民检察院自收到移送审查起诉的案件材料之日起三日内，人民法院自受理案件之日起三日内，应当告知被害人及其法定代理人或者近亲属有权委托诉讼代理人，如果经济困难，可以向法律援助机构申请法律援助；对于被害人是未成年人、老年人、重病患者或者残疾人等，因经济困难没有委托诉讼代理人的，人民检察院、人民法院应当帮助其申请法律援助。

法律援助机构应当依法为符合条件的被害人提供法律援助，指派熟悉反家庭暴力法律法规的律师办理案件。

三、定罪处罚

16. 依法准确定罪处罚。对故意杀人、故意伤害、强奸、猥亵儿童、非法拘禁、侮辱、暴力干涉婚姻自由、虐待、遗弃等侵害公民人身权利的家庭暴力犯罪，应当根据犯罪的事实、犯罪的性质、情节和对社会的危害程度，严格依照刑法的有关规定判处。对于同一行为同时触犯多个罪名的，依照处罚较重的规定定罪处罚。

17. 依法惩处虐待犯罪。采取殴打、冻饿、强迫过度劳动、限制人身自由、恐吓、侮辱、谩骂等手段，对家庭成员的身体和精神进行摧残、折磨，是实践中较为多发的虐待性质的家庭暴力。根据司法实践，具有虐待持续时间较长、次数较多；虐待手段残忍；虐待造成被害人轻微伤或者患较严重疾病；对未成年人、老年人、残疾人、孕妇、哺乳期妇女、重病患者实施较为严重的虐待行为等情形，属于刑法第二百六十条第一款规定的虐待"情节恶劣"，应当依法以虐待罪定罪处罚。

准确区分虐待犯罪致人重伤、死亡与故意伤害、故意杀人犯罪致人重伤、死亡的界限，要根据被告人的主观故意、所实施的暴力手段与方式、是否立即或者直接造成被害人伤亡后果等进行综合判断。对于被告人主观上不具有侵害被害人健康或者剥夺被害人生命的故意，而是出于追求被害人肉体和精神上的痛苦，长期或者多次实施虐待行为，逐渐造成被害人身体损害，过失导致被害人重伤或者死亡的；或者因虐待致使被害人不堪忍受而自残、自杀，导致重伤或者死亡的，属于刑法第二百六十条第二款规定的虐待"致使被害人重伤、死亡"，应当以虐待罪定罪处罚。对于被告人虽然实施家庭暴力呈现出经常性、持续性、反复性的特点，但其主观上具有希望或者放任被害人重伤或者死亡的故意，持凶器实施暴力，暴力手段残忍，暴力程度较强，直接或者立即造成被害人重伤或者死亡的，应当以故意伤害罪或者故意杀人罪定罪处罚。

依法惩处遗弃犯罪。负有扶养义务且有扶养能力的人，拒绝扶养年幼、年老、患病或者其他没有独立生活能力的家庭成员，是危害严重的遗弃性质的家庭暴力。根据司法实践，具有对被害人长期不予照顾、不提供生活来源；驱赶、逼迫被害人离家,致使被害人流离失所或者生存困难;遗弃患严重疾病或者生活不能自理的被害人;遗弃致使被害人身体严重损害或者造成其他严重后果等情形,属于刑法第二百六十一条规定的遗弃"情节恶劣",应当依法以遗弃罪定罪处罚。

准确区分遗弃罪与故意杀人罪的界限,要根据被告人的主观故意、所实施行为的时间与地点、是否立即造成被害人死亡,以及被害人对被告人的依赖程度等进行综合判断。对于只是为了逃避扶养义务,并不希望或者放任被害人死亡,将生活不能自理的被害人弃置在福利院、医院、派出所等单位或者广场、车站等行人较多的场所,希望被害人得到他人救助的,一般以遗弃罪定罪处罚。对于希望或者放任被害人死亡,不履行必要的扶养义务,致使被害人因缺乏生活照料而死亡,或者将生活不能自理的被害人带至荒山野岭等人迹罕至的场所扔弃,使被害人难以得到他人救助的,应当以故意杀人罪定罪处罚。

18. 切实贯彻宽严相济刑事政策。对于实施家庭暴力构成犯罪的,应当根据罪刑法定、罪刑相适应原则,兼顾维护家庭稳定、尊重被害人意愿等因素综合考虑,宽严并用,区别对待。根据司法实践,对于实施家庭暴力手段残忍或者造成严重后果;出于恶意侵占财产等卑劣动机实施家庭暴力;因酗酒、吸毒、赌博等恶习而长期或者多次实施家庭暴力;曾因实施家庭暴力受到刑事处罚、行政处罚;或者具有其他恶劣情形的,可以酌情从重处罚。对于实施家庭暴力犯罪情节较轻,或者被告人真诚悔罪,获得被害人谅解,从轻处罚有利于被扶养人的,可以酌情从轻处罚;对于情节轻微不需要判处刑罚的,人民检察院可以不起诉,人民法院可以判处免予刑事处罚。

对于实施家庭暴力情节显著轻微危害不大不构成犯罪的,应当撤销案件、不起诉,或者宣告无罪。

人民法院、人民检察院、公安机关应当充分运用训诫,责令施暴人保证不再实施家庭暴力,或者向被害人赔礼道歉、赔偿损失等非刑罚处罚措施,加强对施暴人的教育与惩戒。

19. 准确认定对家庭暴力的正当防卫。为了使本人或者他人的人身权利免受不法侵害,对正在进行的家庭暴力采取制止行为,只要符合刑法规定的条件,就应当依法认定为正当防卫,不负刑事责任。防卫行为造成施暴人重伤、死亡,且明显超过必要限度,属于防卫过当,应当负刑事责任,但是应当减轻或者免除处罚。

认定防卫行为是否"明显超过必要限度",应当以足以制止并使防卫人免受家庭暴力不法侵害的需要为标准，根据施暴人正在实施家庭暴力的严重程度、手段的残忍程度，防卫人所处的环境、面临的危险程度、采取的制止暴力的手段、造成施暴人重大损害的程度，以及既往家庭暴力的严重程度等进行综合判断。

20. 充分考虑案件中的防卫因素和过错责任。对于长期遭受家庭暴力后，在激愤、恐惧状态下为了防止再次遭受家庭暴力，或者为了摆脱家庭暴力而故意杀害、伤害施暴人，被告人的行为具有防卫因素，施暴人在案件起因上具有明显过错或者直接责任的，可以酌情从宽处罚。对于因遭受严重家庭暴力，身体、精神受到重大损害而故意杀害施暴人；或者因不堪忍受长期家庭暴力而故意杀害施暴人，犯罪情节不是特别恶劣，手段不是特别残忍的，可以认定为刑法第二百三十二条规定的故意杀人“情节较轻”。在服刑期间确有悔改表现的，可以根据其家庭情况，依法放宽减刑的幅度，缩短减刑的起始时间与间隔时间；符合假释条件的，应当假释。被杀害施暴人的近亲属表示谅解的，在量刑、减刑、假释时应当予以充分考虑。

四、其他措施

21. 充分运用禁止令措施。人民法院对实施家庭暴力构成犯罪被判处管制或者宣告缓刑的犯罪分子，为了确保被害人及其子女和特定亲属的人身安全，可以依照刑法第三十八条第二款、第七十二条第二款的规定，同时禁止犯罪分子再次实施家庭暴力，侵扰被害人的生活、工作、学习，进行酗酒、赌博等活动；经被害人申请且有必要的，禁止接近被害人及其未成年子女。

22. 告知申请撤销施暴人的监护资格。人民法院、人民检察院、公安机关对于监护人实施家庭暴力，严重侵害被监护人合法权益的，在必要时可以告知被监护人及其他有监护资格的人员、单位，向人民法院提出申请，要求撤销监护人资格，依法另行指定监护人。

23. 充分运用人身安全保护措施。人民法院为了保护被害人的人身安全，避免其再次受到家庭暴力的侵害，可以根据申请，依照民事诉讼法等法律的相关规定，作出禁止施暴人再次实施家庭暴力、禁止接近被害人、迁出被害人的住所等内容的裁定。对于施暴人违反裁定的行为，如对被害人进行威胁、恐吓、殴打、伤害、杀害，或者未经被害人同意拒不迁出住所的，人民法院可以根据情节轻重予以罚款、拘留；构成犯罪的，应当依法追究刑事责任。

24. 充分运用社区矫正措施。社区矫正机构对因实施家庭暴力构成犯罪被判处管制、宣告缓刑、假释或者暂予监外执行的犯罪分子,应当依法开展家庭暴力行为矫治,通过制定有针对性的监管、教育和帮助措施,矫正犯罪分子的施暴心理和行为恶习。

25. 加强反家庭暴力宣传教育。人民法院、人民检察院、公安机关、司法行政机关应当结合本部门工作职责,通过以案说法、社区普法、针对重点对象法制教育等多种形式,开展反家庭暴力宣传教育活动,有效预防家庭暴力,促进平等、和睦、文明的家庭关系,维护社会和谐、稳定。

7. 中华人民共和国人口与计划生育法

(2001年12月29日第九届全国人民代表大会常务委员会第二十五次会议通过　根据2015年12月27日第十二届全国人民代表大会常务委员会第十八次会议《关于修改〈中华人民共和国人口与计划生育法〉的决定》第一次修正　根据2021年8月20日第十三届全国人民代表大会常务委员会第三十次会议《关于修改〈中华人民共和国人口与计划生育法〉的决定》第二次修正)

第一章　总　　则

第一条　为了实现人口与经济、社会、资源、环境的协调发展,推行计划生育,维护公民的合法权益,促进家庭幸福、民族繁荣与社会进步,根据宪法,制定本法。

第二条　我国是人口众多的国家,实行计划生育是国家的基本国策。

国家采取综合措施,调控人口数量,提高人口素质,推动实现适度生育水平,优化人口结构,促进人口长期均衡发展。

国家依靠宣传教育、科学技术进步、综合服务、建立健全奖励和社会保障制度,开展人口与计划生育工作。

第三条　开展人口与计划生育工作,应当与增加妇女受教育和就业机会、增进妇女健康、提高妇女地位相结合。

第四条 各级人民政府及其工作人员在推行计划生育工作中应当严格依法行政，文明执法，不得侵犯公民的合法权益。

卫生健康主管部门及其工作人员依法执行公务受法律保护。

第五条 国务院领导全国的人口与计划生育工作。

地方各级人民政府领导本行政区域内的人口与计划生育工作。

第六条 国务院卫生健康主管部门负责全国计划生育工作和与计划生育有关的人口工作。

县级以上地方各级人民政府卫生健康主管部门负责本行政区域内的计划生育工作和与计划生育有关的人口工作。

县级以上各级人民政府其他有关部门在各自的职责范围内，负责有关的人口与计划生育工作。

第七条 工会、共产主义青年团、妇女联合会及计划生育协会等社会团体、企业事业组织和公民应当协助人民政府开展人口与计划生育工作。

第八条 国家对在人口与计划生育工作中作出显著成绩的组织和个人，给予奖励。

第二章 人口发展规划的制定与实施

第九条 国务院编制人口发展规划，并将其纳入国民经济和社会发展计划。

县级以上地方各级人民政府根据全国人口发展规划以及上一级人民政府人口发展规划，结合当地实际情况编制本行政区域的人口发展规划，并将其纳入国民经济和社会发展计划。

第十条 县级以上各级人民政府根据人口发展规划，制定人口与计划生育实施方案并组织实施。

县级以上各级人民政府卫生健康主管部门负责实施人口与计划生育实施方案的日常工作。

乡、民族乡、镇的人民政府和城市街道办事处负责本管辖区域内的人口与计划生育工作，贯彻落实人口与计划生育实施方案。

第十一条 人口与计划生育实施方案应当规定调控人口数量，提高人口素质，推动实现适度生育水平，优化人口结构，加强母婴保健和婴幼儿照护服务，促进家庭发展的措施。

第十二条 村民委员会、居民委员会应当依法做好计划生育工作。

机关、部队、社会团体、企业事业组织应当做好本单位的计划生育工作。

第十三条 卫生健康、教育、科技、文化、民政、新闻出版、广播电视等部门应当组织开展人口与计划生育宣传教育。

大众传媒负有开展人口与计划生育的社会公益性宣传的义务。

学校应当在学生中,以符合受教育者特征的适当方式,有计划地开展生理卫生教育、青春期教育或者性健康教育。

第十四条 流动人口的计划生育工作由其户籍所在地和现居住地的人民政府共同负责管理,以现居住地为主。

第十五条 国家根据国民经济和社会发展状况逐步提高人口与计划生育经费投入的总体水平。各级人民政府应当保障人口与计划生育工作必要的经费。

各级人民政府应当对欠发达地区、少数民族地区开展人口与计划生育工作给予重点扶持。

国家鼓励社会团体、企业事业组织和个人为人口与计划生育工作提供捐助。

任何单位和个人不得截留、克扣、挪用人口与计划生育工作费用。

第十六条 国家鼓励开展人口与计划生育领域的科学研究和对外交流与合作。

第三章 生育调节

第十七条 公民有生育的权利,也有依法实行计划生育的义务,夫妻双方在实行计划生育中负有共同的责任。

第十八条 国家提倡适龄婚育、优生优育。一对夫妻可以生育三个子女。

符合法律、法规规定条件的,可以要求安排再生育子女。具体办法由省、自治区、直辖市人民代表大会或者其常务委员会规定。

少数民族也要实行计划生育,具体办法由省、自治区、直辖市人民代表大会或者其常务委员会规定。

夫妻双方户籍所在地的省、自治区、直辖市之间关于再生育子女的规定不一致的,按照有利于当事人的原则适用。

第十九条 国家创造条件,保障公民知情选择安全、有效、适宜的避孕节育措施。实施避孕节育手术，应当保证受术者的安全。

第二十条 育龄夫妻自主选择计划生育避孕节育措施，预防和减少非意愿妊娠。

第二十一条 实行计划生育的育龄夫妻免费享受国家规定的基本项目的计划生育技术服务。

前款规定所需经费，按照国家有关规定列入财政预算或者由社会保险予以保障。

第二十二条 禁止歧视、虐待生育女婴的妇女和不育的妇女。

禁止歧视、虐待、遗弃女婴。

第四章 奖励与社会保障

第二十三条 国家对实行计划生育的夫妻，按照规定给予奖励。

第二十四条 国家建立、健全基本养老保险、基本医疗保险、生育保险和社会福利等社会保障制度，促进计划生育。

国家鼓励保险公司举办有利于计划生育的保险项目。

第二十五条 符合法律、法规规定生育子女的夫妻，可以获得延长生育假的奖励或者其他福利待遇。

国家支持有条件的地方设立父母育儿假。

第二十六条 妇女怀孕、生育和哺乳期间，按照国家有关规定享受特殊劳动保护并可以获得帮助和补偿。国家保障妇女就业合法权益，为因生育影响就业的妇女提供就业服务。

公民实行计划生育手术，享受国家规定的休假。

第二十七条 国家采取财政、税收、保险、教育、住房、就业等支持措施，减轻家庭生育、养育、教育负担。

第二十八条 县级以上各级人民政府综合采取规划、土地、住房、财政、金融、人才等措施，推动建立普惠托育服务体系，提高婴幼儿家庭获得服务的可及性和公平性。

国家鼓励和引导社会力量兴办托育机构，支持幼儿园和机关、企业事业单位、社区提供托育服务。

托育机构的设置和服务应当符合托育服务相关标准和规范。托育机构应当向县级人民政府卫生健康主管部门备案。

第二十九条 县级以上地方各级人民政府应当在城乡社区建设改造中,建设与常住人口规模相适应的婴幼儿活动场所及配套服务设施。

公共场所和女职工比较多的用人单位应当配置母婴设施,为婴幼儿照护、哺乳提供便利条件。

第三十条 县级以上各级人民政府应当加强对家庭婴幼儿照护的支持和指导,增强家庭的科学育儿能力。

医疗卫生机构应当按照规定为婴幼儿家庭开展预防接种、疾病防控等服务,提供膳食营养、生长发育等健康指导。

第三十一条 在国家提倡一对夫妻生育一个子女期间,自愿终身只生育一个子女的夫妻,国家发给《独生子女父母光荣证》。

获得《独生子女父母光荣证》的夫妻,按照国家和省、自治区、直辖市有关规定享受独生子女父母奖励。

法律、法规或者规章规定给予获得《独生子女父母光荣证》的夫妻奖励的措施中由其所在单位落实的,有关单位应当执行。

在国家提倡一对夫妻生育一个子女期间,按照规定应当享受计划生育家庭老年人奖励扶助的,继续享受相关奖励扶助,并在老年人福利、养老服务等方面给予必要的优先和照顾。

第三十二条 获得《独生子女父母光荣证》的夫妻,独生子女发生意外伤残、死亡的,按照规定获得扶助。县级以上各级人民政府建立、健全对上述人群的生活、养老、医疗、精神慰藉等全方位帮扶保障制度。

第三十三条 地方各级人民政府对农村实行计划生育的家庭发展经济,给予资金、技术、培训等方面的支持、优惠;对实行计划生育的贫困家庭,在扶贫贷款、以工代赈、扶贫项目和社会救济等方面给予优先照顾。

第三十四条 本章规定的奖励和社会保障措施,省、自治区、直辖市和设区的市、自治州的人民代表大会及其常务委员会或者人民政府可以依据本法和有关法律、行政法规的规定,结合当地实际情况,制定具体实施办法。

第五章 计划生育服务

第三十五条 国家建立婚前保健、孕产期保健制度,防止或者减少出生缺陷,提高出生婴儿健康水平。

第三十六条 各级人民政府应当采取措施，保障公民享有计划生育服务，提高公民的生殖健康水平。

第三十七条 医疗卫生机构应当针对育龄人群开展优生优育知识宣传教育，对育龄妇女开展围孕期、孕产期保健服务，承担计划生育、优生优育、生殖保健的咨询、指导和技术服务，规范开展不孕不育症诊疗。

第三十八条 计划生育技术服务人员应当指导实行计划生育的公民选择安全、有效、适宜的避孕措施。

国家鼓励计划生育新技术、新药具的研究、应用和推广。

第三十九条 严禁利用超声技术和其他技术手段进行非医学需要的胎儿性别鉴定；严禁非医学需要的选择性别的人工终止妊娠。

第六章 法律责任

第四十条 违反本法规定，有下列行为之一的，由卫生健康主管部门责令改正，给予警告，没收违法所得；违法所得一万元以上的，处违法所得二倍以上六倍以下的罚款；没有违法所得或者违法所得不足一万元的，处一万元以上三万元以下的罚款；情节严重的，由原发证机关吊销执业证书；构成犯罪的，依法追究刑事责任：

（一）非法为他人施行计划生育手术的；

（二）利用超声技术和其他技术手段为他人进行非医学需要的胎儿性别鉴定或者选择性别的人工终止妊娠的。

第四十一条 托育机构违反托育服务相关标准和规范的，由卫生健康主管部门责令改正，给予警告；拒不改正的，处五千元以上五万元以下的罚款；情节严重的，责令停止托育服务，并处五万元以上十万元以下的罚款。

托育机构有虐待婴幼儿行为的，其直接负责的主管人员和其他直接责任人员终身不得从事婴幼儿照护服务；构成犯罪的，依法追究刑事责任。

第四十二条 计划生育技术服务人员违章操作或者延误抢救、诊治，造成严重后果的，依照有关法律、行政法规的规定承担相应的法律责任。

第四十三条 国家机关工作人员在计划生育工作中，有下列行为之一，构成犯罪的，依法追究刑事责任；尚不构成犯罪的，依法给予处分；有违法所得的，没收违法所得：

（一）侵犯公民人身权、财产权和其他合法权益的；

（二）滥用职权、玩忽职守、徇私舞弊的；

（三）索取、收受贿赂的；

（四）截留、克扣、挪用、贪污计划生育经费的；

（五）虚报、瞒报、伪造、篡改或者拒报人口与计划生育统计数据的。

第四十四条 违反本法规定，不履行协助计划生育管理义务的，由有关地方人民政府责令改正，并给予通报批评；对直接负责的主管人员和其他直接责任人员依法给予处分。

第四十五条 拒绝、阻碍卫生健康主管部门及其工作人员依法执行公务的，由卫生健康主管部门给予批评教育并予以制止；构成违反治安管理行为的，依法给予治安管理处罚；构成犯罪的，依法追究刑事责任。

第四十六条 公民、法人或者其他组织认为行政机关在实施计划生育管理过程中侵犯其合法权益，可以依法申请行政复议或者提起行政诉讼。

第七章 附　　则

第四十七条 中国人民解放军和中国人民武装警察部队执行本法的具体办法，由中央军事委员会依据本法制定。

第四十八条 本法自2002年9月1日起施行。

8. 中华人民共和国反家庭暴力法

（2015年12月27日第十二届全国人民代表大会常务委员会第十八次会议通过　自2016年3月1日起施行）

第一章 总　　则

第一条 为了预防和制止家庭暴力，保护家庭成员的合法权益，维护平等、和睦、文明的家庭关系，促进家庭和谐、社会稳定，制定本法。

第二条　本法所称家庭暴力，是指家庭成员之间以殴打、捆绑、残害、限制人身自由以及经常性谩骂、恐吓等方式实施的身体、精神等侵害行为。

第三条　家庭成员之间应当互相帮助，互相关爱，和睦相处，履行家庭义务。

反家庭暴力是国家、社会和每个家庭的共同责任。

国家禁止任何形式的家庭暴力。

第四条　县级以上人民政府负责妇女儿童工作的机构，负责组织、协调、指导、督促有关部门做好反家庭暴力工作。

县级以上人民政府有关部门、司法机关、人民团体、社会组织、居民委员会、村民委员会、企业事业单位，应当依照本法和有关法律规定，做好反家庭暴力工作。

各级人民政府应当对反家庭暴力工作给予必要的经费保障。

第五条　反家庭暴力工作遵循预防为主，教育、矫治与惩处相结合原则。

反家庭暴力工作应当尊重受害人真实意愿，保护当事人隐私。

未成年人、老年人、残疾人、孕期和哺乳期的妇女、重病患者遭受家庭暴力的，应当给予特殊保护。

第二章　家庭暴力的预防

第六条　国家开展家庭美德宣传教育，普及反家庭暴力知识，增强公民反家庭暴力意识。

工会、共产主义青年团、妇女联合会、残疾人联合会应当在各自工作范围内，组织开展家庭美德和反家庭暴力宣传教育。

广播、电视、报刊、网络等应当开展家庭美德和反家庭暴力宣传。

学校、幼儿园应当开展家庭美德和反家庭暴力教育。

第七条　县级以上人民政府有关部门、司法机关、妇女联合会应当将预防和制止家庭暴力纳入业务培训和统计工作。

医疗机构应当做好家庭暴力受害人的诊疗记录。

第八条　乡镇人民政府、街道办事处应当组织开展家庭暴力预防工作，居民委员会、村民委员会、社会工作服务机构应当予以配合协助。

第九条　各级人民政府应当支持社会工作服务机构等社会组织开展心理健康咨询、家庭关系指导、家庭暴力预防知识教育等服务。

第十条 人民调解组织应当依法调解家庭纠纷，预防和减少家庭暴力的发生。

第十一条 用人单位发现本单位人员有家庭暴力情况的，应当给予批评教育，并做好家庭矛盾的调解、化解工作。

第十二条 未成年人的监护人应当以文明的方式进行家庭教育，依法履行监护和教育职责，不得实施家庭暴力。

第三章 家庭暴力的处置

第十三条 家庭暴力受害人及其法定代理人、近亲属可以向加害人或者受害人所在单位、居民委员会、村民委员会、妇女联合会等单位投诉、反映或者求助。有关单位接到家庭暴力投诉、反映或者求助后，应当给予帮助、处理。

家庭暴力受害人及其法定代理人、近亲属也可以向公安机关报案或者依法向人民法院起诉。

单位、个人发现正在发生的家庭暴力行为，有权及时劝阻。

第十四条 学校、幼儿园、医疗机构、居民委员会、村民委员会、社会工作服务机构、救助管理机构、福利机构及其工作人员在工作中发现无民事行为能力人、限制民事行为能力人遭受或者疑似遭受家庭暴力的，应当及时向公安机关报案。公安机关应当对报案人的信息予以保密。

第十五条 公安机关接到家庭暴力报案后应当及时出警，制止家庭暴力，按照有关规定调查取证，协助受害人就医、鉴定伤情。

无民事行为能力人、限制民事行为能力人因家庭暴力身体受到严重伤害、面临人身安全威胁或者处于无人照料等危险状态的，公安机关应当通知并协助民政部门将其安置到临时庇护场所、救助管理机构或者福利机构。

第十六条 家庭暴力情节较轻，依法不给予治安管理处罚的，由公安机关对加害人给予批评教育或者出具告诫书。

告诫书应当包括加害人的身份信息、家庭暴力的事实陈述、禁止加害人实施家庭暴力等内容。

第十七条 公安机关应当将告诫书送交加害人、受害人，并通知居民委员会、村民委员会。

居民委员会、村民委员会、公安派出所应当对收到告诫书的加害人、受害人进行查访，监督加害人不再实施家庭暴力。

第十八条 县级或者设区的市级人民政府可以单独或者依托救助管理机构设立临时庇护场所，为家庭暴力受害人提供临时生活帮助。

第十九条 法律援助机构应当依法为家庭暴力受害人提供法律援助。

人民法院应当依法对家庭暴力受害人缓收、减收或者免收诉讼费用。

第二十条 人民法院审理涉及家庭暴力的案件，可以根据公安机关出警记录、告诫书、伤情鉴定意见等证据，认定家庭暴力事实。

第二十一条 监护人实施家庭暴力严重侵害被监护人合法权益的，人民法院可以根据被监护人的近亲属、居民委员会、村民委员会、县级人民政府民政部门等有关人员或者单位的申请，依法撤销其监护人资格，另行指定监护人。

被撤销监护人资格的加害人，应当继续负担相应的赡养、扶养、抚养费用。

第二十二条 工会、共产主义青年团、妇女联合会、残疾人联合会、居民委员会、村民委员会等应当对实施家庭暴力的加害人进行法治教育，必要时可以对加害人、受害人进行心理辅导。

第四章 人身安全保护令

第二十三条 当事人因遭受家庭暴力或者面临家庭暴力的现实危险，向人民法院申请人身安全保护令的，人民法院应当受理。

当事人是无民事行为能力人、限制民事行为能力人，或者因受到强制、威吓等原因无法申请人身安全保护令的，其近亲属、公安机关、妇女联合会、居民委员会、村民委员会、救助管理机构可以代为申请。

第二十四条 申请人身安全保护令应当以书面方式提出；书面申请确有困难的，可以口头申请，由人民法院记入笔录。

第二十五条 人身安全保护令案件由申请人或者被申请人居住地、家庭暴力发生地的基层人民法院管辖。

第二十六条 人身安全保护令由人民法院以裁定形式作出。

第二十七条 作出人身安全保护令，应当具备下列条件：

（一）有明确的被申请人；

（二）有具体的请求；

（三）有遭受家庭暴力或者面临家庭暴力现实危险的情形。

第二十八条 人民法院受理申请后，应当在七十二小时内作出人身安全保护令或者驳回申请；情况紧急的，应当在二十四小时内作出。

第二十九条 人身安全保护令可以包括下列措施：

（一）禁止被申请人实施家庭暴力；

（二）禁止被申请人骚扰、跟踪、接触申请人及其相关近亲属；

（三）责令被申请人迁出申请人住所；

（四）保护申请人人身安全的其他措施。

第三十条 人身安全保护令的有效期不超过六个月，自作出之日起生效。人身安全保护令失效前，人民法院可以根据申请人的申请撤销、变更或者延长。

第三十一条 申请人对驳回申请不服或者被申请人对人身安全保护令不服的，可以自裁定生效之日起五日内向作出裁定的人民法院申请复议一次。人民法院依法作出人身安全保护令的，复议期间不停止人身安全保护令的执行。

第三十二条 人民法院作出人身安全保护令后，应当送达申请人、被申请人、公安机关以及居民委员会、村民委员会等有关组织。人身安全保护令由人民法院执行，公安机关以及居民委员会、村民委员会等应当协助执行。

第五章 法律责任

第三十三条 加害人实施家庭暴力，构成违反治安管理行为的，依法给予治安管理处罚；构成犯罪的，依法追究刑事责任。

第三十四条 被申请人违反人身安全保护令，构成犯罪的，依法追究刑事责任；尚不构成犯罪的，人民法院应当给予训诫，可以根据情节轻重处以一千元以下罚款、十五日以下拘留。

第三十五条 学校、幼儿园、医疗机构、居民委员会、村民委员会、社会工作服务机构、救助管理机构、福利机构及其工作人员未依照本法第十四条规定向公安机关报案，造成严重后果的，由上级主管部门或者本单位对直接负责的主管人员和其他直接责任人员依法给予处分。

第三十六条 负有反家庭暴力职责的国家工作人员玩忽职守、滥用职权、徇私舞弊的，依法给予处分；构成犯罪的，依法追究刑事责任。

第六章 附　　则

第三十七条 家庭成员以外共同生活的人之间实施的暴力行为，参照本法规定执行。

第三十八条 本法自 2016 年 3 月 1 日起施行。

9. 中华人民共和国母婴保健法

（1994年10月27日第八届全国人民代表大会常务委员会第十次会议通过　根据2009年8月27日第十一届全国人民代表大会常务委员会第十次会议《关于修改部分法律的决定》第一次修正　根据2017年11月4日第十二届全国人民代表大会常务委员会第三十次会议《关于修改〈中华人民共和国会计法〉等十一部法律的决定》第二次修正）

第一章　总　　则

第一条　为了保障母亲和婴儿健康，提高出生人口素质，根据宪法，制定本法。

第二条　国家发展母婴保健事业，提供必要条件和物质帮助，使母亲和婴儿获得医疗保健服务。

国家对边远贫困地区的母婴保健事业给予扶持。

第三条　各级人民政府领导母婴保健工作。

母婴保健事业应当纳入国民经济和社会发展计划。

第四条　国务院卫生行政部门主管全国母婴保健工作，根据不同地区情况提出分级分类指导原则，并对全国母婴保健工作实施监督管理。

国务院其他有关部门在各自职责范围内，配合卫生行政部门做好母婴保健工作。

第五条　国家鼓励、支持母婴保健领域的教育和科学研究，推广先进、实用的母婴保健技术，普及母婴保健科学知识。

第六条　对在母婴保健工作中做出显著成绩和在母婴保健科学研究中取得显著成果的组织和个人，应当给予奖励。

第二章　婚前保健

第七条　医疗保健机构应当为公民提供婚前保健服务。

婚前保健服务包括下列内容：

（一）婚前卫生指导：关于性卫生知识、生育知识和遗传病知识的教育；

（二）婚前卫生咨询：对有关婚配、生育保健等问题提供医学意见；

（三）婚前医学检查：对准备结婚的男女双方可能患影响结婚和生育的疾病进行医学检查。

第八条　婚前医学检查包括对下列疾病的检查：

（一）严重遗传性疾病；

（二）指定传染病；

（三）有关精神病。

经婚前医学检查，医疗保健机构应当出具婚前医学检查证明。

第九条　经婚前医学检查，对患指定传染病在传染期内或者有关精神病在发病期内的，医师应当提出医学意见；准备结婚的男女双方应当暂缓结婚。

第十条　经婚前医学检查，对诊断患医学上认为不宜生育的严重遗传性疾病的，医师应当向男女双方说明情况，提出医学意见；经男女双方同意，采取长效避孕措施或者施行结扎手术后不生育的，可以结婚。但《中华人民共和国婚姻法》规定禁止结婚的除外。

第十一条　接受婚前医学检查的人员对检查结果持有异议的，可以申请医学技术鉴定，取得医学鉴定证明。

第十二条　男女双方在结婚登记时，应当持有婚前医学检查证明或者医学鉴定证明。

第十三条　省、自治区、直辖市人民政府根据本地区的实际情况，制定婚前医学检查制度实施办法。

省、自治区、直辖市人民政府对婚前医学检查应当规定合理的收费标准，对边远贫困地区或者交费确有困难的人员应当给予减免。

第三章　孕产期保健

第十四条　医疗保健机构应当为育龄妇女和孕产妇提供孕产期保健服务。

孕产期保健服务包括下列内容：

（一）母婴保健指导：对孕育健康后代以及严重遗传性疾病和碘缺乏病等地方病的发病原因、治疗和预防方法提供医学意见；

（二）孕妇、产妇保健：为孕妇、产妇提供卫生、营养、心理等方面的咨询和指导以及产前定期检查等医疗保健服务；

（三）胎儿保健：为胎儿生长发育进行监护，提供咨询和医学指导；

（四）新生儿保健：为新生儿生长发育、哺乳和护理提供医疗保健服务。

第十五条 对患严重疾病或者接触致畸物质，妊娠可能危及孕妇生命安全或者可能严重影响孕妇健康和胎儿正常发育的，医疗保健机构应当予以医学指导。

第十六条 医师发现或者怀疑患严重遗传性疾病的育龄夫妻，应当提出医学意见。育龄夫妻应当根据医师的医学意见采取相应的措施。

第十七条 经产前检查，医师发现或者怀疑胎儿异常的，应当对孕妇进行产前诊断。

第十八条 经产前诊断，有下列情形之一的，医师应当向夫妻双方说明情况，并提出终止妊娠的医学意见：

（一）胎儿患严重遗传性疾病的；

（二）胎儿有严重缺陷的；

（三）因患严重疾病，继续妊娠可能危及孕妇生命安全或者严重危害孕妇健康的。

第十九条 依照本法规定施行终止妊娠或者结扎手术，应当经本人同意，并签署意见。本人无行为能力的，应当经其监护人同意，并签署意见。

依照本法规定施行终止妊娠或者结扎手术的，接受免费服务。

第二十条 生育过严重缺陷患儿的妇女再次妊娠前，夫妻双方应当到县级以上医疗保健机构接受医学检查。

第二十一条 医师和助产人员应当严格遵守有关操作规程，提高助产技术和服务质量，预防和减少产伤。

第二十二条 不能住院分娩的孕妇应当由经过培训、具备相应接生能力的接生人员实行消毒接生。

第二十三条 医疗保健机构和从事家庭接生的人员按照国务院卫生行政部门的规定，出具统一制发的新生儿出生医学证明；有产妇和婴儿死亡以及新生儿出生缺陷情况的，应当向卫生行政部门报告。

第二十四条 医疗保健机构为产妇提供科学育儿、合理营养和母乳喂养的指导。

医疗保健机构对婴儿进行体格检查和预防接种，逐步开展新生儿疾病筛查、婴儿多发病和常见病防治等医疗保健服务。

第四章 技术鉴定

第二十五条 县级以上地方人民政府可以设立医学技术鉴定组织，负责对婚前医学检查、遗传病诊断和产前诊断结果有异议的进行医学技术鉴定。

第二十六条 从事医学技术鉴定的人员，必须具有临床经验和医学遗传学知识，并具有主治医师以上的专业技术职务。

医学技术鉴定组织的组成人员，由卫生行政部门提名，同级人民政府聘任。

第二十七条 医学技术鉴定实行回避制度。凡与当事人有利害关系，可能影响公正鉴定的人员，应当回避。

第五章 行政管理

第二十八条 各级人民政府应当采取措施，加强母婴保健工作，提高医疗保健服务水平，积极防治由环境因素所致严重危害母亲和婴儿健康的地方性高发性疾病，促进母婴保健事业的发展。

第二十九条 县级以上地方人民政府卫生行政部门管理本行政区域内的母婴保健工作。

第三十条 省、自治区、直辖市人民政府卫生行政部门指定的医疗保健机构负责本行政区域内的母婴保健监测和技术指导。

第三十一条 医疗保健机构按照国务院卫生行政部门的规定，负责其职责范围内的母婴保健工作，建立医疗保健工作规范，提高医学技术水平，采取各种措施方便人民群众，做好母婴保健服务工作。

第三十二条 医疗保健机构依照本法规定开展婚前医学检查、遗传病诊断、产前诊断以及施行结扎手术和终止妊娠手术的，必须符合国务院卫生行政部门规定的条件和技术标准，并经县级以上地方人民政府卫生行政部门许可。

严禁采用技术手段对胎儿进行性别鉴定，但医学上确有需要的除外。

第三十三条 从事本法规定的遗传病诊断、产前诊断的人员，必须经过省、自治区、直辖市人民政府卫生行政部门的考核，并取得相应的合格证书。

从事本法规定的婚前医学检查、施行结扎手术和终止妊娠手术的人员，必须经过县级以上地方人民政府卫生行政部门的考核，并取得相应的合格证书。

第三十四条 从事母婴保健工作的人员应当严格遵守职业道德，为当事人保守秘密。

第六章 法律责任

第三十五条 未取得国家颁发的有关合格证书的，有下列行为之一，县级以上地方人民政府卫生行政部门应当予以制止，并可以根据情节给予警告或者处以罚款：

(一)从事婚前医学检查、遗传病诊断、产前诊断或者医学技术鉴定的；

(二)施行终止妊娠手术的；

(三)出具本法规定的有关医学证明的。

上款第(三)项出具的有关医学证明无效。

第三十六条 未取得国家颁发的有关合格证书，施行终止妊娠手术或者采取其他方法终止妊娠，致人死亡、残疾、丧失或者基本丧失劳动能力的，依照刑法有关规定追究刑事责任。

第三十七条 从事母婴保健工作的人员违反本法规定，出具有关虚假医学证明或者进行胎儿性别鉴定的，由医疗保健机构或者卫生行政部门根据情节给予行政处分；情节严重的，依法取消执业资格。

第七章 附 则

第三十八条 本法下列用语的含义：

指定传染病，是指《中华人民共和国传染病防治法》中规定的艾滋病、淋病、梅毒、麻疯病以及医学上认为影响结婚和生育的其他传染病。

严重遗传性疾病，是指由于遗传因素先天形成，患者全部或者部分丧失自主生活能力，后代再现风险高，医学上认为不宜生育的遗传性疾病。

有关精神病，是指精神分裂症、躁狂抑郁型精神病以及其他重型精神病。

产前诊断，是指对胎儿进行先天性缺陷和遗传性疾病的诊断。

第三十九条 本法自 1995 年 6 月 1 日起施行。

10. 最高人民法院关于办理人身安全保护令案件适用法律若干问题的规定

（2022 年 6 月 7 日由最高人民法院审判委员会第 1870 次会议通过
2022 年 7 月 14 日法释〔2022〕17 号公布　自 2022 年 8 月 1 日起施行）

为正确办理人身安全保护令案件，及时保护家庭暴力受害人的合法权益，根据《中华人民共和国民法典》《中华人民共和国反家庭暴力法》《中华人民共和国民事诉讼法》等相关法律规定，结合审判实践，制定本规定。

第一条　当事人因遭受家庭暴力或者面临家庭暴力的现实危险，依照反家庭暴力法向人民法院申请人身安全保护令的，人民法院应当受理。

向人民法院申请人身安全保护令，不以提起离婚等民事诉讼为条件。

第二条　当事人因年老、残疾、重病等原因无法申请人身安全保护令，其近亲属、公安机关、民政部门、妇女联合会、居民委员会、村民委员会、残疾人联合会、依法设立的老年人组织、救助管理机构等，根据当事人意愿，依照反家庭暴力法第二十三条规定代为申请的，人民法院应当依法受理。

第三条　家庭成员之间以冻饿或者经常性侮辱、诽谤、威胁、跟踪、骚扰等方式实施的身体或者精神侵害行为，应当认定为反家庭暴力法第二条规定的“家庭暴力”。

第四条　反家庭暴力法第三十七条规定的“家庭成员以外共同生活的人”一般包括共同生活的儿媳、女婿、公婆、岳父母以及其他有监护、扶养、寄养等关系的人。

第五条　当事人及其代理人对因客观原因不能自行收集的证据，申请人民法院调查收集，符合《最高人民法院关于适用〈中华人民共和国民事诉讼法〉的解释》第九十四条第一款规定情形的，人民法院应当调查收集。

人民法院经审查，认为办理案件需要的证据符合《最高人民法院关于适用〈中华人民共和国民事诉讼法〉的解释》第九十六条规定的，应当调查收集。

第六条 人身安全保护令案件中，人民法院根据相关证据，认为申请人遭受家庭暴力或者面临家庭暴力现实危险的事实存在较大可能性的，可以依法作出人身安全保护令。

前款所称"相关证据"包括：

（一）当事人的陈述；

（二）公安机关出具的家庭暴力告诫书、行政处罚决定书；

（三）公安机关的出警记录、讯问笔录、询问笔录、接警记录、报警回执等；

（四）被申请人曾出具的悔过书或者保证书等；

（五）记录家庭暴力发生或者解决过程等的视听资料；

（六）被申请人与申请人或者其近亲属之间的电话录音、短信、即时通讯信息、电子邮件等；

（七）医疗机构的诊疗记录；

（八）申请人或者被申请人所在单位、民政部门、居民委员会、村民委员会、妇女联合会、残疾人联合会、未成年人保护组织、依法设立的老年人组织、救助管理机构、反家暴社会公益机构等单位收到投诉、反映或者求助的记录；

（九）未成年子女提供的与其年龄、智力相适应的证言或者亲友、邻居等其他证人证言；

（十）伤情鉴定意见；

（十一）其他能够证明申请人遭受家庭暴力或者面临家庭暴力现实危险的证据。

第七条 人民法院可以通过在线诉讼平台、电话、短信、即时通讯工具、电子邮件等简便方式询问被申请人。被申请人未发表意见的，不影响人民法院依法作出人身安全保护令。

第八条 被申请人认可存在家庭暴力行为，但辩称申请人有过错的，不影响人民法院依法作出人身安全保护令。

第九条 离婚等案件中，当事人仅以人民法院曾作出人身安全保护令为由，主张存在家庭暴力事实的，人民法院应当根据《最高人民法院关于适用〈中华人民共和国民事诉讼法〉的解释》第一百零八条的规定，综合认定是否存在该事实。

第十条 反家庭暴力法第二十九条第四项规定的"保护申请人人身安全的其

他措施”可以包括下列措施：

（一）禁止被申请人以电话、短信、即时通讯工具、电子邮件等方式侮辱、诽谤、威胁申请人及其相关近亲属；

（二）禁止被申请人在申请人及其相关近亲属的住所、学校、工作单位等经常出入场所的一定范围内从事可能影响申请人及其相关近亲属正常生活、学习、工作的活动。

第十一条 离婚案件中，判决不准离婚或者调解和好后，被申请人违反人身安全保护令实施家庭暴力的，可以认定为民事诉讼法第一百二十七条第七项规定的“新情况、新理由”。

第十二条 被申请人违反人身安全保护令，符合《中华人民共和国刑法》第三百一十三条规定的，以拒不执行判决、裁定罪定罪处罚；同时构成其他犯罪的，依照刑法有关规定处理。

第十三条 本规定自2022年8月1日起施行。

11. 最高人民法院、全国妇联、教育部、公安部、民政部、司法部、卫生健康委关于加强人身安全保护令制度贯彻实施的意见

（2022年7月14日 法发〔2022〕10号）

为进一步做好预防和制止家庭暴力工作，依法保护家庭成员特别是妇女、未成年人、老年人、残疾人的合法权益，维护平等、和睦、文明的家庭关系，促进家庭和谐、社会稳定，现就加强人身安全保护令制度贯彻实施提出如下意见：

一、坚持以习近平新时代中国特色社会主义思想为指导。深入贯彻习近平法治思想和习近平总书记关于注重家庭家教家风建设的重要论述精神，在家庭中积

极培育和践行社会主义核心价值观，涵养优良家风，弘扬家庭美德，最大限度预防和制止家庭暴力。

二、坚持依法、及时、有效保护受害人原则。各部门在临时庇护、法律援助、司法救助等方面要持续加大对家庭暴力受害人的帮扶力度，建立多层次、多样化、立体式的救助体系。要深刻认识家庭暴力的私密性、突发性特点，提高家庭暴力受害人证据意识，指导其依法及时保存、提交证据。

三、坚持尊重受害人真实意愿原则。各部门在接受涉家庭暴力投诉、反映、求助以及受理案件、转介处置等工作中，应当就采取何种安全保护措施、是否申请人身安全保护令、对加害人的处理方式等方面听取受害人意见，加大对受害人的心理疏导。

四、坚持保护当事人隐私原则。各部门在受理案件、协助执行、履行强制报告义务等工作中应当注重保护当事人尤其是未成年人的隐私。受害人已搬离与加害人共同住所的，不得将受害人的行踪或者联系方式告知加害人，不得在相关文书、回执中列明受害人的现住所。人身安全保护令原则上不得公开。

五、推动建立各部门协同的反家暴工作机制。积极推动将家庭暴力防控纳入社会治安综合治理体系，发挥平安建设考评机制作用。完善人民法院、公安机关、民政部门、司法行政部门、教育部门、卫生部门和妇女联合会等单位共同参与的反家暴工作体系。充分利用信息化建设成果，加强各部门间数据的协同共享。探索通过专案专档、分级预警等方式精准跟踪、实时监督。

六、公安机关应当强化依法干预家庭暴力的观念和意识，加大家庭暴力警情处置力度，强化对加害人的告诫，依法依规出具家庭暴力告诫书。注重搜集、固定证据，积极配合人民法院依职权调取证据，提供出警记录、告诫书、询(讯)问笔录等。有条件的地方可以与人民法院、民政部门、妇女联合会等建立家暴警情联动机制和告诫通报机制。

七、民政部门应当加强对居民委员会、村民委员会、社会工作服务机构、救助管理机构、福利机构等的培训和指导。居民委员会、村民委员会、社会工作服务机构、救助管理机构、福利机构及其工作人员在工作中发现无民事行为能力人、限制民事行为能力人遭受或者疑似遭受家庭暴力的，应当及时向公安机关报案。贯彻落实《关于做好家庭暴力受害人庇护救助工作的指导意见》，加强临时庇护场所建设和人员、资金配备，为家庭暴力受害人及时提供转介安置、法律援助、婚姻家庭纠纷调解等救助服务。

八、司法行政部门应当加大对家庭暴力受害人的法律援助力度,畅通法律援助申请渠道,健全服务网络。各地可以根据实际情况依托当地妇女联合会等建立法律援助工作站或者联络点,方便家庭暴力受害人就近寻求法律援助。加强对反家庭暴力法、未成年人保护法、妇女权益保障法、老年人权益保障法等法律法规的宣传。充分发挥人民调解优势作用,扎实做好婚姻家庭纠纷排查化解工作,预防家庭暴力发生。

九、医疗机构在诊疗过程中,发现可能遭受家庭暴力的伤者,要详细做好伤者的信息登记和诊疗记录,将伤者的主诉、伤情和治疗过程,准确、客观、全面地记录于病历资料。建立医警联动机制,在诊疗过程中发现无民事行为能力人或者限制民事行为能力人遭受或者疑似遭受家庭暴力的,应当及时向公安机关报案,并积极配合公安机关做好医疗诊治资料收集工作。

十、学校、幼儿园应当加强对未成年人保护法、预防未成年人犯罪法、反家庭暴力法等法律法规的宣传教育。注重家校、家园协同。在发现未成年人遭受或者疑似遭受家庭暴力的,应当根据《未成年人学校保护规定》,及时向公安、民政、教育等有关部门报告。注重保护未成年人隐私,加强心理疏导、干预力度。

十一、人民法院应当建立人身安全保护令案件受理"绿色通道",加大依职权调取证据力度,依法及时作出人身安全保护令。各基层人民法院及其派出人民法庭应当在立案大厅或者诉讼服务中心为当事人申请人身安全保护令提供导诉服务。

十二、坚持最有利于未成年人原则。各部门就家庭暴力事实听取未成年人意见或制作询问笔录时,应当充分考虑未成年人身心特点,提供适宜的场所环境,采取未成年人能够理解的问询方式,保护其隐私和安全。必要时,可安排心理咨询师或社会工作者协助开展工作。未成年人作为受害人的人身安全保护令案件中,人民法院可以通知法律援助机构为其提供法律援助。未成年子女作为证人提供证言的,可不出庭作证。

十三、各部门在接受涉家庭暴力投诉、反映、求助或者处理婚姻家庭纠纷过程中,发现当事人遭受家庭暴力或者面临家庭暴力现实危险的,应当主动告知其可以向人民法院申请人身安全保护令。

十四、人民法院在作出人身安全保护令后,应当在 24 小时内向当事人送达,同时送达当地公安派出所、居民委员会、村民委员会，也可以视情况送达当地妇女联合会、学校、未成年人保护组织、残疾人联合会、依法设立的老年人组织等。

十五、人民法院在送达人身安全保护令时，应当注重释明和说服教育，督促被申请人遵守人身安全保护令，告知其违反人身安全保护令的法律后果。被申请人不履行或者违反人身安全保护令的，申请人可以向人民法院申请强制执行。被申请人违反人身安全保护令，尚不构成犯罪的，人民法院应当给予训诫，可以根据情节轻重处以一千元以下罚款、十五日以下拘留。

十六、人民法院在送达人身安全保护令时，可以向当地公安派出所、居民委员会、村民委员会、妇女联合会、学校等一并送达协助执行通知书，协助执行通知书中应当明确载明协助事项。相关单位应当按照协助执行通知书的内容予以协助。

十七、人身安全保护令有效期内，公安机关协助执行的内容可以包括：协助督促被申请人遵守人身安全保护令；在人身安全保护令有效期内，被申请人违反人身安全保护令的，公安机关接警后应当及时出警，制止违法行为；接到报警后救助、保护受害人，并搜集、固定证据；发现被申请人违反人身安全保护令的，将情况通报人民法院等。

十八、人身安全保护令有效期内，居民委员会、村民委员会、妇女联合会、学校等协助执行的内容可以包括：在人身安全保护令有效期内进行定期回访、跟踪记录等，填写回访单或记录单，期满由当事人签字后向人民法院反馈；发现被申请人违反人身安全保护令的，应当对其进行批评教育、填写情况反馈表，帮助受害人及时与人民法院、公安机关联系；对加害人进行法治教育，必要时对加害人、受害人进行心理辅导等。

十九、各部门在接受涉家庭暴力投诉、反映、求助或者处理婚姻家庭纠纷过程中，可以探索引入社会工作和心理疏导机制，缓解受害人以及未成年子女的心理创伤，矫治施暴者认识行为偏差，避免暴力升级，从根本上减少恶性事件发生。

二十、各部门应当充分认识人身安全保护令制度的重要意义，加大学习培训力度，熟悉人身安全保护令申请主体、作出程序以及协助执行的具体内容等，加强人身安全保护令制度普法宣传。

12. 最高人民法院关于人身安全保护令案件相关程序问题的批复

（2016 年 6 月 6 日最高人民法院审判委员会第 1686 次会议通过 2016 年 7 月 11 日法释〔2016〕15 号公布 自 2016 年 7 月 13 日起施行）

北京市高级人民法院：

你院《关于人身安全保护令案件相关程序问题的请示》（京高法〔2016〕45 号）收悉。经研究，批复如下：

一、关于人身安全保护令案件是否收取诉讼费的问题。同意你院倾向性意见，即向人民法院申请人身安全保护令，不收取诉讼费用。

二、关于申请人身安全保护令是否需要提供担保的问题。同意你院倾向性意见，即根据《中华人民共和国反家庭暴力法》请求人民法院作出人身安全保护令的，申请人不需要提供担保。

三、关于人身安全保护令案件适用程序等问题。人身安全保护令案件适用何种程序，反家庭暴力法中没有作出直接规定。人民法院可以比照特别程序进行审理。家事纠纷案件中的当事人向人民法院申请人身安全保护令的，由审理该案的审判组织作出是否发出人身安全保护令的裁定；如果人身安全保护令的申请人在接受其申请的人民法院并无正在进行的家事案件诉讼，由法官以独任审理的方式审理。至于是否需要就发出人身安全保护令问题听取被申请人的意见，则由承办法官视案件的具体情况决定。

四、关于复议问题。对于人身安全保护令的被申请人提出的复议申请和人身安全保护令的申请人就驳回裁定提出的复议申请，可以由原审判组织进行复议；人民法院认为必要的，也可以另行指定审判组织进行复议。

此复。

13. 民政部关于贯彻落实《中华人民共和国民法典》中有关婚姻登记规定的通知

（2020 年 12 月 4 日　民发〔2020〕116 号）

各省、自治区、直辖市民政厅（局），各计划单列市民政局，新疆生产建设兵团民政局：

《中华人民共和国民法典》（以下简称《民法典》）将于 2021 年 1 月 1 日起施行。根据《民法典》规定，对婚姻登记有关程序等作出如下调整：

一、婚姻登记机关不再受理因胁迫结婚请求撤销业务

《民法典》第一千零五十二条第一款规定："因胁迫结婚的，受胁迫的一方可以向人民法院请求撤销婚姻。"因此，婚姻登记机关不再受理因胁迫结婚的撤销婚姻申请，《婚姻登记工作规范》第四条第三款、第五章废止，删除第十四条第（五）项中"及可撤销婚姻"、第二十五条第（二）项中"撤销受胁迫婚姻"及第七十二条第（二）项中"撤销婚姻"表述。

二、调整离婚登记程序

根据《民法典》第一千零七十六条、第一千零七十七条和第一千零七十八条规定，离婚登记按如下程序办理：

（一）申请。夫妻双方自愿离婚的，应当签订书面离婚协议，共同到有管辖权的婚姻登记机关提出申请，并提供以下证件和证明材料：

1. 内地婚姻登记机关或者中国驻外使（领）馆颁发的结婚证；

2. 符合《婚姻登记工作规范》第二十九条至第三十五条规定的有效身份证件；

3. 在婚姻登记机关现场填写的《离婚登记申请书》。

（二）受理。婚姻登记机关按照《婚姻登记工作规范》有关规定对当事人提交的上述材料进行初审。

申请办理离婚登记的当事人有一本结婚证丢失的，当事人应当书面声明遗失，婚姻登记机关可以根据另一本结婚证受理离婚登记申请；申请办理离婚登记的当事人两本结婚证都丢失的，当事人应当书面声明结婚证遗失并提供加盖查档专用章的结婚登记档案复印件，婚姻登记机关可根据当事人提供的上述材料受理离婚登记申请。

婚姻登记机关对当事人提交的证件和证明材料初审无误后，发给《离婚登记申请受理回执单》。不符合离婚登记申请条件的，不予受理。当事人要求出具《不予受理离婚登记申请告知书》的，应当出具。

（三）冷静期。自婚姻登记机关收到离婚登记申请并向当事人发放《离婚登记申请受理回执单》之日起三十日内（自婚姻登记机关收到离婚登记申请之日的次日开始计算期间，期间的最后一日是法定休假日的，以法定休假日结束的次日为期间的最后一日），任何一方不愿意离婚的，可以持本人有效身份证件和《离婚登记申请受理回执单》（遗失的可不提供，但需书面说明情况），向受理离婚登记申请的婚姻登记机关撤回离婚登记申请，并亲自填写《撤回离婚登记申请书》。经婚姻登记机关核实无误后，发给《撤回离婚登记申请确认单》，并将《离婚登记申请书》、《撤回离婚登记申请书》与《撤回离婚登记申请确认单（存根联）》一并存档。

自离婚冷静期届满后三十日内（自冷静期届满日的次日开始计算期间，期间的最后一日是法定休假日的，以法定休假日结束的次日为期间的最后一日），双方未共同到婚姻登记机关申请发给离婚证的，视为撤回离婚登记申请。

（四）审查。自离婚冷静期届满后三十日内（自冷静期届满日的次日开始计算期间，期间的最后一日是法定休假日的，以法定休假日结束的次日为期间的最后一日），双方当事人应当持《婚姻登记工作规范》第五十五条第（四）至（七）项规定的证件和材料，共同到婚姻登记机关申请发给离婚证。

婚姻登记机关按照《婚姻登记工作规范》第五十六条和第五十七条规定的程序和条件执行和审查。婚姻登记机关对不符合离婚登记条件的，不予办理。当事人要求出具《不予办理离婚登记告知书》的，应当出具。

（五）登记（发证）。婚姻登记机关按照《婚姻登记工作规范》第五十八条至六十条规定，予以登记，发给离婚证。

离婚协议书一式三份，男女双方各一份并自行保存，婚姻登记机关存档一份。婚姻登记机关在当事人持有的两份离婚协议书上加盖"此件与存档件一致，涂改无效。××××婚姻登记处××××年××月××日"的长方形红色印章并填写日期。多页离婚协议书同时在骑缝处加盖此印章，骑缝处不填写日期。当事人亲自签订的离婚协议书原件存档。婚姻登记机关在存档的离婚协议书加盖"××××婚姻登记处存档件××××年××月××日"的长方形红色印章并填写日期。

三、离婚登记档案归档

婚姻登记机关应当按照《婚姻登记档案管理办法》规定建立离婚登记档案，形成电子档案。

归档材料应当增加离婚登记申请环节所有材料（包括撤回离婚登记申请和视为撤回离婚登记申请的所有材料）。

四、工作要求

（一）加强宣传培训。要将本《通知》纳入信息公开的范围，将更新后的婚姻登记相关规定和工作程序及时在相关网站、婚姻登记场所公开，让群众知悉婚姻登记的工作流程和工作要求，最大限度做到便民利民。要抓紧开展教育培训工作，使婚姻登记员及时掌握《通知》的各项规定和要求，确保婚姻登记工作依法依规开展。

（二）做好配套衔接。加快推进本地区相关配套制度的"废改立"工作，确保与本《通知》的规定相一致。做好婚姻登记信息系统的升级，及时将离婚登记的申请、撤回等环节纳入信息系统，确保与婚姻登记程序有效衔接。

（三）强化风险防控。要做好分析研判，对《通知》实施过程中可能出现的风险和问题要有应对措施，确保矛盾问题得到及时处置。要健全请示报告制度，在《通知》执行过程中遇到的重要问题和有关情况，及时报告民政部。

本通知自2021年1月1日起施行。《民政部关于印发〈婚姻登记工作规范〉的通知》（民发〔2015〕230号）中与本《通知》不一致的，以本《通知》为准。

14. 最高人民法院关于内地与香港特别行政区法院相互认可和执行婚姻家庭民事案件判决的安排

（2017年5月22日由最高人民法院审判委员会第1718次会议通过
2022年2月14日法释〔2022〕4号公布　自2022年2月15日起施行）

根据《中华人民共和国香港特别行政区基本法》第九十五条的规定，最高人民法院与香港特别行政区政府经协商，现就婚姻家庭民事案件判决的认可和执行问题作出如下安排。

第一条　当事人向香港特别行政区法院申请认可和执行内地人民法院就婚姻家庭民事案件作出的生效判决，或者向内地人民法院申请认可和执行香港特别行政区法院就婚姻家庭民事案件作出的生效判决的，适用本安排。

当事人向香港特别行政区法院申请认可内地民政部门所发的离婚证，或者向内地人民法院申请认可依据《婚姻制度改革条例》（香港法例第178章）第Ⅴ部、第ⅤA部规定解除婚姻的协议书、备忘录的，参照适用本安排。

第二条　本安排所称生效判决：

（一）在内地，是指第二审判决，依法不准上诉或者超过法定期限没有上诉的第一审判决，以及依照审判监督程序作出的上述判决；

（二）在香港特别行政区，是指终审法院、高等法院上诉法庭及原讼法庭和区域法院作出的已经发生法律效力的判决，包括依据香港法律可以在生效后作出更改的命令。

前款所称判决，在内地包括判决、裁定、调解书，在香港特别行政区包括判决、命令、判令、讼费评定证明书、定额讼费证明书，但不包括双方依据其法律承认的其他国家和地区法院作出的判决。

第三条 本安排所称婚姻家庭民事案件：

（一）在内地是指：

1. 婚内夫妻财产分割纠纷案件；

2. 离婚纠纷案件；

3. 离婚后财产纠纷案件；

4. 婚姻无效纠纷案件；

5. 撤销婚姻纠纷案件；

6. 夫妻财产约定纠纷案件；

7. 同居关系子女抚养纠纷案件；

8. 亲子关系确认纠纷案件；

9. 抚养纠纷案件；

10. 扶养纠纷案件（限于夫妻之间扶养纠纷）；

11. 确认收养关系纠纷案件；

12. 监护权纠纷案件（限于未成年子女监护权纠纷）；

13. 探望权纠纷案件；

14. 申请人身安全保护令案件。

（二）在香港特别行政区是指：

1. 依据香港法例第179章《婚姻诉讼条例》第Ⅲ部作出的离婚绝对判令；

2. 依据香港法例第179章《婚姻诉讼条例》第Ⅳ部作出的婚姻无效绝对判令；

3. 依据香港法例第192章《婚姻法律程序与财产条例》作出的在讼案待决期间提供赡养费令；

4. 依据香港法例第13章《未成年人监护条例》、第16章《分居令及赡养令条例》、第192章《婚姻法律程序与财产条例》第Ⅱ部、第ⅡA部作出的赡养令；

5. 依据香港法例第13章《未成年人监护条例》、第192章《婚姻法律程序与财产条例》第Ⅱ部、第ⅡA部作出的财产转让及出售财产令；

6. 依据香港法例第182章《已婚者地位条例》作出的有关财产的命令；

7. 依据香港法例第192章《婚姻法律程序与财产条例》在双方在生时作出的修改赡养协议的命令；

8. 依据香港法例第290章《领养条例》作出的领养令；

9. 依据香港法例第179章《婚姻诉讼条例》、第429章《父母与子女条例》作出的父母身份、婚生地位或者确立婚生地位的宣告；

10. 依据香港法例第13章《未成年人监护条例》、第16章《分居令及赡养令条例》、第192章《婚姻法律程序与财产条例》作出的管养令；

11. 就受香港法院监护的未成年子女作出的管养令；

12. 依据香港法例第189章《家庭及同居关系暴力条例》作出的禁制骚扰令、驱逐令、重返令或者更改、暂停执行就未成年子女的管养令、探视令。

第四条 申请认可和执行本安排规定的判决：

（一）在内地向申请人住所地、经常居住地或者被申请人住所地、经常居住地、财产所在地的中级人民法院提出；

（二）在香港特别行政区向区域法院提出。

申请人应当向符合前款第一项规定的其中一个人民法院提出申请。向两个以上有管辖权的人民法院提出申请的，由最先立案的人民法院管辖。

第五条 申请认可和执行本安排第一条第一款规定的判决的，应当提交下列材料：

（一）申请书；

（二）经作出生效判决的法院盖章的判决副本；

（三）作出生效判决的法院出具的证明书，证明该判决属于本安排规定的婚姻家庭民事案件生效判决；

（四）判决为缺席判决的，应当提交法院已经合法传唤当事人的证明文件，但判决已经对此予以明确说明或者缺席方提出申请的除外；

（五）经公证的身份证件复印件。

申请认可本安排第一条第二款规定的离婚证或者协议书、备忘录的，应当提交下列材料：

（一）申请书；

（二）经公证的离婚证复印件，或者经公证的协议书、备忘录复印件；

（三）经公证的身份证件复印件。

向内地人民法院提交的文件没有中文文本的，应当提交准确的中文译本。

第六条 申请书应当载明下列事项：

（一）当事人的基本情况，包括姓名、住所、身份证件信息、通讯方式等；

（二）请求事项和理由，申请执行的，还需提供被申请人的财产状况和财产所在地；

（三）判决是否已在其他法院申请执行和执行情况。

第七条 申请认可和执行判决的期间、程序和方式，应当依据被请求方法律的规定。

第八条 法院应当尽快审查认可和执行的请求，并作出裁定或者命令。

第九条 申请认可和执行的判决，被申请人提供证据证明有下列情形之一的，法院审查核实后，不予认可和执行：

（一）根据原审法院地法律，被申请人未经合法传唤，或者虽经合法传唤但未获得合理的陈述、辩论机会的；

（二）判决是以欺诈方法取得的；

（三）被请求方法院受理相关诉讼后，请求方法院又受理就同一争议提起的诉讼并作出判决的；

（四）被请求方法院已经就同一争议作出判决，或者已经认可和执行其他国家和地区法院就同一争议所作出的判决的。

内地人民法院认为认可和执行香港特别行政区法院判决明显违反内地法律的基本原则或者社会公共利益，香港特别行政区法院认为认可和执行内地人民法院判决明显违反香港特别行政区法律的基本原则或者公共政策的，不予认可和执行。

申请认可和执行的判决涉及未成年子女的，在根据前款规定审查决定是否认可和执行时，应当充分考虑未成年子女的最佳利益。

第十条 被请求方法院不能对判决的全部判项予以认可和执行时，可以认可和执行其中的部分判项。

第十一条 对于香港特别行政区法院作出的判决，一方当事人已经提出上诉，内地人民法院审查核实后，可以中止认可和执行程序。经上诉，维持全部或者部分原判决的，恢复认可和执行程序；完全改变原判决的，终止认可和执行程序。

内地人民法院就已经作出的判决裁定再审的，香港特别行政区法院审查核实后，可以中止认可和执行程序。经再审，维持全部或者部分原判决的，恢复认可和执行程序；完全改变原判决的，终止认可和执行程序。

第十二条 在本安排下，内地人民法院作出的有关财产归一方所有的判项，在香港特别行政区将被视为命令一方向另一方转让该财产。

第十三条 被申请人在内地和香港特别行政区均有可供执行财产的，申请人可以分别向两地法院申请执行。

两地法院执行财产的总额不得超过判决确定的数额。应对方法院要求，两地法院应当相互提供本院执行判决的情况。

第十四条 内地与香港特别行政区法院相互认可和执行的财产给付范围，包括判决确定的给付财产和相应的利息、迟延履行金、诉讼费，不包括税收、罚款。

前款所称诉讼费，在香港特别行政区是指讼费评定证明书、定额讼费证明书核定或者命令支付的费用。

第十五条 被请求方法院就认可和执行的申请作出裁定或者命令后，当事人不服的，在内地可以于裁定送达之日起十日内向上一级人民法院申请复议，在香港特别行政区可以依据其法律规定提出上诉。

第十六条 在审理婚姻家庭民事案件期间，当事人申请认可和执行另一地法院就同一争议作出的判决的，应当受理。受理后，有关诉讼应当中止，待就认可和执行的申请作出裁定或者命令后，再视情终止或者恢复诉讼。

第十七条 审查认可和执行判决申请期间，当事人就同一争议提起诉讼的，不予受理；已经受理的，驳回起诉。

判决获得认可和执行后，当事人又就同一争议提起诉讼的，不予受理。

判决未获认可和执行的，申请人不得再次申请认可和执行，但可以就同一争议向被请求方法院提起诉讼。

第十八条 被请求方法院在受理认可和执行判决的申请之前或者之后，可以依据其法律规定采取保全或者强制措施。

第十九条 申请认可和执行判决的，应当依据被请求方有关诉讼收费的法律和规定交纳费用。

第二十条 内地与香港特别行政区法院自本安排生效之日起作出的判决，适用本安排。

第二十一条 本安排在执行过程中遇有问题或者需要修改的，由最高人民法院和香港特别行政区政府协商解决。

第二十二条 本安排自 2022 年 2 月 15 日起施行。

实用工具

1. 民事起诉状

（离婚纠纷）

<table>
<tr><td colspan="2">

说明：

为了方便您更好地参加诉讼，保护您的合法权利，请填写本表。

1. 起诉时需向人民法院提交证明您身份的材料，如身份证复印件、营业执照复印件等。

2. 本表所列内容是您提起诉讼以及人民法院查明案件事实所需，请务必如实填写。

3. 本表所涉内容系针对一般离婚纠纷案件，有些内容可能与您的案件无关，您认为与案件无关的项目可以填"无"或不填；对于本表中勾选项可以在对应项打"√"；您认为另有重要内容需要列明的，可以在本表尾部或者另附页填写。

★特别提示★

《中华人民共和国民事诉讼法》第十三条第一款规定："民事诉讼应当遵循诚信原则。"

如果诉讼参加人违反上述规定，进行虚假诉讼、恶意诉讼，人民法院将视违法情形依法追究责任。

</td></tr>
<tr><td colspan="2">当事人信息</td></tr>
<tr><td>原告</td><td>姓名：
性别：男□　女□
出生日期：　　年　　月　　日
民族：
工作单位：　　职务：　　联系电话：
住所地（户籍所在地）：
经常居住地：</td></tr>
</table>

续表

委托诉讼代理人	有□ 姓名： 单位：　　　职务：　　　联系电话： 代理权限：一般授权□　特别授权□ 无□
送达地址（所填信息除书面特别声明更改外，适用于案件一审、二审、再审所有后续程序）及收件人、电话	地址： 收件人： 电话
是否接受电子送达	是□　方式：短信____　微信____　传真____ 邮箱____　其他____ 否□
被告	姓名： 性别：男□　女□ 出生日期：　　年　　月　　日 民族： 工作单位：　　职务：　　联系电话： 住所地（户籍所在地）： 经常居住地：
诉讼请求和依据	
1. 解除婚姻关系	（具体主张）
2. 夫妻共同财产	无财产□ 有财产□： （1）房屋明细：归属：原告□/被告□/其他□（　）； （2）汽车明细：归属：原告□/被告□/其他□（　）； （3）存款明细：归属：原告□/被告□/其他□（　）； （4）其他（按照上述样式列明） ……

续表

3. 夫妻共同债务	无债务□ 有债务□ (1)债务 1：　　承担主体：原告□/被告□/其他□(　)； (2)债务 2：　　承担主体：原告□/被告□/其他□(　)； ……
4. 子女直接抚养	无此问题□ 有此问题□ 子女 1：　　归属：原告□/被告□ 子女 2：　　归属：原告□/被告□ ……
5. 子女抚养费	无此问题□ 有此问题□ 抚养费承担主体：原告□/被告□ 金额及明细： 支付方式：
6. 探望权	无此问题□ 有此问题□ 探望权行使主体：原告□/被告□ 行使方式：
7. 离婚损害赔偿/离婚经济补偿/离婚经济帮助	无此问题□ 离婚损害赔偿□ 金额： 离婚经济补偿☑ 金额： 离婚经济帮助□ 金额：
8. 诉讼费用	(金额明细)
9. 本表未列明的其他请求	

续表

约定管辖和诉讼保全	
1. 有无仲裁、法院管辖约定	有□　合同条款及内容： 无□
2. 是否申请财产保全措施	已经诉前保全：是□　保全法院：　保全时间： 否□ 申请诉讼保全：是□ 否□
事实和理由	
1. 婚姻关系基本情况	结婚时间： 生育子女情况： 双方生活情况： 离婚事由： 之前有无提起过离婚诉讼：
2. 夫妻共同财产情况	事实和理由
3. 夫妻共同债务情况	事实和理由
4. 子女直接抚养情况	子女应归原告或者被告直接抚养的事由
5. 子女抚养费情况	原告或者被告应支付抚养费及相应金额、支付方式的事由
6. 子女探望权情况	不直接抚养子女一方应否享有探望权以及具体行使方式的事由
7. 赔偿/补偿/经济帮助相关情况	符合离婚损害赔偿、离婚经济补偿或离婚经济帮助的相关事实等
8. 其他	
9. 诉请依据	法律及司法解释的规定，要写明具体条文
10. 证据清单（可另附页）	附页

具状人（签字、盖章）：

日期：

2. 民事起诉状(实例)

(离婚纠纷)

<table>
<tr><td colspan="2">说明:
为了方便您更好地参加诉讼,保护您的合法权利,请填写本表。
1. 起诉时需向人民法院提交证明您身份的材料,如身份证复印件、营业执照复印件等。
2. 本表所列内容是您提起诉讼以及人民法院查明案件事实所需,请务必如实填写。
3. 本表所涉内容系针对一般离婚纠纷案件,有些内容可能与您的案件无关,您认为与案件无关的项目可以填“无”或不填;对于本表中勾选项可以在对应项打“√”;您认为另有重要内容需要列明的,可以在本表尾部或者另附页填写。
★特别提示★
《中华人民共和国民事诉讼法》第十三条第一款规定:“民事诉讼应当遵循诚信原则。”
如果诉讼参加人违反上述规定,进行虚假诉讼、恶意诉讼,人民法院将视违法情形依法追究责任。</td></tr>
<tr><td colspan="2">当事人信息</td></tr>
<tr><td>原告</td><td>姓名:王××
性别:男□　女☑
出生日期:1982 年××月××日
民族:汉族
工作单位:××公司　职务:职员　联系电话:×××××
住所地(户籍所在地):北京市××区××街道×××小区×××号
经常居住地:北京市××区××街道×××小区×××号</td></tr>
</table>

续表

委托诉讼代理人	有☑ 姓名：简×× 单位：××律师事务所　　职务：律师　联系电话：××××× 代理权限：一般授权□　特别授权☑ 无☑
送达地址（所填信息除书面特别声明更改外，适用于案件一审、二审、再审所有后续程序）及收件人、电话	地址：北京市××区××大厦××室 收件人：简×× 电话：×××××
是否接受电子送达	是☑　方式：短信×××××　微信　传真　邮箱　其他 否□
被告	姓名：江×× 性别：男☑　女□ 出生日期：1980年××月××日 民族：汉族 工作单位：××公司　职务：职员　联系电话：××××× 住所地（户籍所在地）：河北省××市××区×××街道××小区×××号 经常居住地：北京市××区××街道×××小区×××号
诉讼请求和依据	
1. 解除婚姻关系	（具体主张）请求准予王××与江××离婚
2. 夫妻共同财产	无财产□ 有财产☑： （1）房屋明细：归属：原告☑/被告□/其他□（坐落于北京市丰台区××小区××号房屋一处）； （2）汽车明细：归属：原告□/被告☑/其他□（××牌，牌照号码京××××××小汽车一辆）； （3）存款明细：归属：原告□/被告□/其他☑（双方存款归各自所有）； （4）其他（按照上述样式列明） ……

续表

3. 夫妻共同债务	无债务☑ 有债务□ (1)债务 1:　　承担主体:原告□/被告□/其他□(　); (2)债务 2:　　承担主体:原告□/被告□/其他□(　); ……
4. 子女直接抚养	无此问题□ 有此问题☑ 子女 1:　江×　归属:原告☑/被告□ 子女 2:　　　归属:原告□/被告□
5. 子女抚养费	无此问题□ 有此问题☑ 抚养费承担主体:原告□/被告☑ 金额及明细:每月 2000 元抚养费 支付方式:按月向王××转账
6. 探望权	无此问题□ 有此问题☑ 探望权行使主体:原告□/被告☑ 行使方式:江××每两周探望江×一次,时间、地点可由双方协商。
7. 离婚损害赔偿/离婚经济补偿/离婚经济帮助	无此问题□ 离婚损害赔偿☑ 金额:50000 元 离婚经济补偿□ 金额: 离婚经济帮助□ 金额:
8. 诉讼费用	(金额明细)全部诉讼费用由被告承担。
9. 本表未列明的其他请求	

续表

约定管辖和诉讼保全	
1. 有无仲裁、法院管辖约定	有□　合同条款及内容： 无□
2. 是否申请财产保全措施	已经诉前保全：是□　保全法院：　保全时间： 否□ 申请诉讼保全：是□ 否□
事实和理由	
1. 婚姻关系基本情况	结婚时间：2016 年××月××日 生育子女情况：2019 年××月××日生育女儿江× 双方生活情况：已经分居 1 年。 离婚事由：江××对王××实施家庭暴力存在重大过错，双方感情确已破裂。 之前有无提起过离婚诉讼：无。
2. 夫妻共同财产情况	王××除与江××婚后共同购买的位于北京市丰台区××小区××号房屋外。 无其他房屋居住，需要稳定的生活环境抚养女儿。被告江××另有住房，位于北京市朝阳区×小区××号。
3. 夫妻共同债务情况	无
4. 子女直接抚养情况	女儿江×年幼，自出生一直由王××照顾，江××存在实施家庭暴力行为，不利于江×的健康成长。
5. 子女抚养费情况	根据江×入学、医疗、生活等方面的日常支出情况，原被告各自承担抚养费的一半，由被告承担2000 元/月。
6. 子女探望权情况	从利于孩子成长的角度考虑，江××每两周探望江×一次，时间、地点可由双方协商。
7. 赔偿/补偿/经济帮助情况	江××酗酒，对王××实施家庭暴力，经常因为生活琐事对原告拳脚相加，有公安机关报警记录、王××就医记录、向妇联报案记录等证实。符合离婚损害赔偿的情形

续表

8. 其他	无
9. 诉请依据	解除婚姻关系:《中华人民共和国民法典》第1079条 子女直接抚养以及抚养费:《中华人民共和国民法典》第1084条、第1085条、第1086条 夫妻共同财产处理:《中华人民共和国民法典》第1087条 离婚损害赔偿:《中华人民共和国民法典》第1091条
10. 证据清单(可另附页)	附页

具状人(签字、盖章):王××

日期:2024年××月××日

☞ **技巧与提示**

(一)缺乏感情基础的起诉状写作要点

1. 对离婚案件,人民法院审理时关键要看夫妻是否"感情确已破裂",因婚姻必然涉及子女抚养及财产分割,所以要在起诉状中把"子女"和"财产"情况及态度说清。

2.《民法典》第1079条　夫妻一方要求离婚的,可由有关组织进行调解或者直接向人民法院提出离婚诉讼。

人民法院审理离婚案件,应当进行调解;如感情确已破裂,调解无效的,应当准予离婚。

有下列情形之一,调解无效的,应准予离婚:

(一)重婚或者与他人同居的;

(二)实施家庭暴力或者虐待、遗弃家庭成员的;

(三)有赌博、吸毒等恶习屡教不改;

(四)因感情不和分居满二年的;

(五)其他导致夫妻感情破裂的情形。

一方被宣告失踪,另一方提出离婚诉讼的,应准予离婚。

经人民法院判决不准离婚后,双方又分居满一年,一方再次提起离婚诉讼的,应当准予离婚。

3.《民法典》第1087条第1款　离婚时，夫妻的共同财产由双方协议处理；协议不成的，由人民法院根据财产的具体情况，按照照顾子女、女方和无过错方权益的原则判决。

（二）因存在第三者的起诉状写作要点

1. 婚姻存续期间，因一方有第三者，离婚时有过错的一方可少分或不分家庭财产。

2.《民法典》第1091条　有下列情形之一，导致离婚的，无过错方有权请求损害赔偿：（一）重婚；（二）与他人同居；（三）实施家庭暴力；（四）虐待、遗弃家庭成员；（五）有其他重大过错。

3. 应当注意，生活中事实与法律上事实的区别，因存在第三者而导致离婚的，应当向法庭提交第三者存在的证据，录音、录像、手机短信、电子邮件及证人等均可作为证据，同时应当注意取得证据的合法性。

3. 民事答辩状

（离婚纠纷）

<table>
<tr><td colspan="4">说明：
为了方便您更好地参加诉讼，保护您的合法权利，请填写本表。
1. 应诉时需向人民法院提交证明您身份的材料，如身份证复印件、营业执照复印件等。
2. 本表所列内容是您参加诉讼以及人民法院查明案件事实所需，请务必如实填写。
3. 本表所涉内容系针对一般离婚纠纷案件，有些内容可能与您的案件无关，您认为与案件无关的项目可以填“无”或不填；对于本表中勾选项可以在对应项打“√”；您认为另有重要内容需要列明的，可以在本表尾部或者另附页填写。
★特别提示★
《中华人民共和国民事诉讼法》第十三条第一款规定：“民事诉讼应当遵循诚信原则。”
如果诉讼参加人违反上述规定，进行虚假诉讼、恶意诉讼，人民法院将视违法情形依法追究责任。</td></tr>
<tr><td>案号</td><td></td><td>案由</td><td></td></tr>
<tr><td colspan="4">当事人信息</td></tr>
<tr><td colspan="2">答辩人</td><td colspan="2">姓名：
性别：男□　女□
出生日期：　　年　　月　　日
民族：
工作单位：　　　职务：　　　联系电话：
住所地（户籍所在地）：
经常居住地：</td></tr>
</table>

续表

委托诉讼代理人	有□ 姓名： 单位：　　　职务：　　　联系电话： 代理权限：一般授权□　特别授权□ 无□
送达地址（所填信息除书面特别声明更改外，适用于案件一审、二审、再审所有后续程序）及收件人、电话	地址： 收件人： 电话：
是否接受电子送达	是□　方式：短信　微信　传真　邮箱　其他 否□
答辩事项和依据 （对原告诉讼请求的确认或者异议）	
1. 对解除婚姻关系的确认和异议	确认□　异议□ 事由：
2. 对夫妻共同财产诉请的确认和	确认□　异议□ 事由：
3. 对夫妻共同债务诉请的确认和	确认□　异议□ 事由：
4. 对子女直接抚养诉请的确认和异议	确认□　异议□ 事由：
5. 对子女抚养费诉请的确认和异议	确认□　异议□ 事由：
6. 对子女探望权诉请的确认和异议	确认□　异议□ 事由：

续表

7. 对赔偿/补偿/经济帮助的确认和异议	确认□　异议□ 事由：
8. 其他事由	
9. 答辩的依据	法律及司法解释的规定,要写明具体条文
10. 证据清单(可另附页)	附页

答辩人(签字、盖章)：

日期：

4. 民事答辩状(实例)

（离婚纠纷）

<table>
<tr><td colspan="4">说明：
为了方便您更好地参加诉讼，保护您的合法权利，请填写本表。
1. 应诉时需向人民法院提交证明您身份的材料，如身份证复印件、营业执照复印件等。
2. 本表所列内容是您参加诉讼以及人民法院查明案件事实所需，请务必如实填写。
3. 本表所涉内容系针对一般离婚纠纷案件，有些内容可能与您的案件无关，您认为与案件无关的项目可以填“无”或不填；对于本表中勾选项可以在对应项打“√”；您认为另有重要内容需要列明的，可以在本表尾部或者另附页填写。
★特别提示★
《中华人民共和国民事诉讼法》第十三条第一款规定：“民事诉讼应当遵循诚信原则。”
如果诉讼参加人违反上述规定，进行虚假诉讼、恶意诉讼，人民法院将视违法情形依法追究责任。</td></tr>
<tr><td>案号</td><td>（2024）京××××民初××号</td><td>案由</td><td>离婚纠纷</td></tr>
<tr><td colspan="4">当事人信息</td></tr>
<tr><td colspan="2">答辩人</td><td colspan="2">姓名：江××
性别：男☑　女☐
出生日期：1980 年××月××日
民族：汉族
工作单位：××公司　职务：职员　联系电话：×××××
住所地（户籍所在地）：河北省××市××区×××街道××小区×××号
经常居住地：北京市××区××街道×××小区×××号</td></tr>
</table>

续表

委托诉讼代理人	有☑ 姓名:李×× 单位:××律师事务所　职务:律师　联系电话:××××× 代理权限:一般授权□　特别授权☑ 无□
送达地址(所填信息除书面特别声明更改外,适用于案件所有后续程序)及收件人、电话	地址:北京市××区××街道×××小区×××号 收件人:江×× 电话:×××××
是否接受电子送达	是□　方式:短信　微信　传真　邮箱　其他 否☑
答辩事项和依据 (对原告诉讼请求的确认或者异议)	
1. 对解除婚姻关系的确认和异议	确认☑　异议□ 事由:
2. 对夫妻共同财产诉请的确认和异议	确认□　异议☑ 事由:北京市丰台区××小区××号房屋是双方婚后共同购买,登记在双方名下,应当均分。其他同意原告诉请。
3. 对夫妻共同债务诉请的确认和异议	确认☑　异议□ 事由:
4. 对子女直接抚养诉请的确认和异议	确认☑　异议□ 事由:同意江×由王××直接抚养。
5. 对子女抚养费诉请的确认和异议	确认□　异议☑ 事由:王××提出的抚养费数额不实,应当调整为每月 1500 元,按月支付。
6. 对子女探望权诉请的确认和异议	确认☑　异议□ 事由:

续表

7. 赔偿/补偿/经济帮助情况的确认和异议	确认☑ 异议☑ 事由：王××关于家庭暴力的陈述不实。
8. 其他事由	无
9. 答辩的依据	解除婚姻关系：《中华人民共和国民法典》第1079条 子女直接抚养以及抚养费：《中华人民共和国民法典》第1084条、第1085条、第1086条 夫妻共同财产处理：《中华人民共和国民法典》第1087条 离婚损害赔偿：《中华人民共和国民法典》第1091条
10. 证据清单(可另附页)	附页

答辩人(签字、盖章)：江××

日期：2024年××月××日

5. 离婚协议书(一般范本)

男方:张三,身份证号:__________,住__________省__________市__________区__________路__________栋__________单元__________号。

女方:李四,身份证号:__________,住__________省__________市__________区__________路__________栋__________单元__________号。

男、女双方于________年____月____日在__________区婚姻登记部门办理结婚登记手续,结婚证号码____________________。婚后于________年____月____日生育一儿子,取名__________。因双方性格不合无法共同生活,夫妻感情完全破裂,已无和好可能,现双方就自愿离婚一事达成如下协议:

一、男方张三与女方李四自愿离婚。

二、子女抚养、抚养费及探望权:

1. 儿子__________由女(男)方__________抚养,随同女(男)方生活,抚养费由男女双方分摊,男(女)方__________每月支付儿子__________抚养费(包括医疗费、教育费、保险费)__________元,男(女)方应于每月的5日前将儿子的抚养费转账到女(男)方指定的__________银行账户内,账号:____________________。本条约定的抚养费,可以根据双方的经济状况以及生活消费水平的变化作适当的调整,具体调整数额,由双方另行协商。本条约定的抚养费,仅是指一般的生活和教育需要费用。如儿子因特殊情况需要有重大支出,除紧急情况外，女（男）方应提前通知男（女）方，由双方协商确定支付比例。

2. 抚养费支付时间和方式，如果一方不能够按时支付的，每天加收3%的赔偿金。

3. 抚养费支付到儿子年满18周岁，超过18周岁以后，确实有必要支付抚养费时，双方协商确定数额和支付时间。

4. 离婚后，一方未经另一方书面同意，不得改变儿子的姓氏，擅自改变的，应及时恢复原来的姓氏，并一次性支付另一方赔偿金__________元。

5. 女（男）方应悉心抚养儿子，不得有虐待、遗弃、家庭暴力等行为。

6. 男（女）方每个月可以在不影响儿子学习、生活的情况下，探望儿子__________次，但应提前通知女（男）方，也可以到学校探望，每周可与儿子共同生活__________天，寒暑假可以共同生活__________天，女（男）方有协助的义务。

7. 男女任何一方作出对儿子身心健康有损害的行为的，将视为放弃抚养、教育的权利和义务，另一方有权要求变更抚养权或中止、取消探望权。

8. 儿子12岁后有自愿选择随同男方或女方生活的权利，男女双方均不得干涉阻拦，双方应积极对儿子的抚养、抚养费等问题另行协商。

三、夫妻共同财产的处理：

1. 房产：

（1）位于__________省__________市__________区__________路__________栋__________单元__________号住房，系双方在婚后共同购买，合同价人民币__________万元，现值人民币__________万元（包括房内装修、家具、电器等附属设施）。经协商，双方确定住房的所有权归男(女)方所有,房屋过户所产生的相关税费由男(女)方(得到产权的一方)承担。放弃产权的一方自离婚之日起有义务协助得到产权一方办理产权过户、产权登记等手续。

(2)得到产权的一方补偿放弃产权一方__________万元,在签订协议当天补偿放弃产权的一方__________万元,办理离婚登记当天支付__________万元,剩余款项在离婚后__________日内支付完毕。

2. 存款:

双方名下现有银行存款共__________元,双方各分一半,为__________元。分配方式:各自名下的存款保持不变,但男(女)方应于________年____月____日前一次性支付__________元给女(男)方。

3. 汽车:

夫妻关系存续期间双方共同购买__________牌小型家用轿车一辆,车牌号为__________,现登记在__________名下,双方同意该车辆归男(女)方所有,取得车辆的一方补偿没有取得车辆的一方__________万元,该款于________年____月____日前付清。

4. 其他财产:

男、女双方婚前个人财产归各自所有,婚后的个人生活用品以及个人首饰归各自所有。

四、夫妻债权债务的约定:夫妻双方没有共同的债权债务,夫妻各自名下的债权由债权人本人享有权利,债务由债务人本人承担责任。

五、关于隐瞒、虚报、转移婚内财产的约定:男、女双方在签订本协议时均没有隐瞒、虚报、转移婚内共同财产,如有隐瞒、欺骗,一经核实,自愿放弃该财产,双方对此条款均予以确认。

六、违约条款:

1. 本协议双方均自愿履行,任何一方违反本协议,均自愿赔偿对方__________万元。

2. 离婚后,一方不得干扰另一方的生活,不得向第三方泄露另一方的个人隐私和商业秘密，不得有故意损坏另一方名誉的行为，否则承担违约金__________元。

3. 双方承诺对该协议书的字词义非常清楚，并愿意完全履行本协议书，不存在受到胁迫、欺诈、误解情形。

4. 本协议书一式三份，男女双方各执一份，婚姻登记部门保留一份。在双方签字，并经婚姻登记机关办理离婚手续后生效。

5. 如本协议生效后在执行中发生争议的，双方应协商解决，协商不成，任何一方均可向人民法院提起诉讼。

男方（签名）：________　　　　日期：________年____月____日
女方（签名）：________　　　　日期：________年____月____日

6. 夫妻分居协议书(一般范本)

协议人(男方):姓名、年龄、民族、户籍所在地(未在户籍所在地的,列出现住地)、身份证号码。

协议人(女方):姓名、年龄、民族、户籍所在地(未在户籍所在地的,列出现住地)、身份证号码。

协议人、双方于________年____月____日在__________婚姻登记处办理结婚登记手续。________年____月____日生育子女。

现双方就分居一事达成如下协议:

一、__________与__________自愿分居。

二、夫妻共同财产有:根据客观情况,详细列明夫妻共同财产的范围。确定夫妻共同财产暂归夫妻一方管理。

三、夫妻共同债权、共同债务有:__________(详细列明)。

除已列明的共同债权、共同债务外,分居期间发生的债权和债务,在谁的名下,则由谁享有或承担。

四、夫妻在分居期间的所得为各自所有。

五、分居期间,婚生子女的监护权,暂归__________。

另一方给付抚养费__________元/月。给付方式:__________。

未直接抚养子女一方每月享有__________次探望权。

在每个月__________,时间为__________,探望地点为__________。

遇有特殊情况,探望次数、时间、地点等可由双方根据子女情况另行约定。

本协议一式两份,双方各执一份,双方签字生效。

协议人(男方):________　　　　日期:________年____月____日

协议人(女方):________　　　　日期:________年____月____日

7. 婚前财产协议书

协议人(男方):姓名、年龄、民族、户籍所在地(未在户籍所在地的,列出现住地)、身份证号码。

协议人(女方):姓名、年龄、民族、户籍所在地(未在户籍所在地的,列出现住地)、身份证号码。

协议人______________双方于________年____月____日在______________婚姻登记处办理结婚登记手续。为了防止今后可能出现的婚前财产纠纷,现双方理智地协商,就婚前财产的范围及归属达成以协议:

一、男方婚前财产的范围:(列明具体的财产,如房屋、汽车等,尽量具体详细)。

二、女方婚前财产的范围:(列明具体的财产,如房屋、汽车等,尽量具体详细)。

三、为组建家庭,双方共同出资购置的财物(列明具体的财产,如房屋、汽车等,尽量具体详细)。

四、婚前财产的归属:男方的婚前财产归男方个人所有,女方的婚前财产归女方个人所有,共同出资的财物,按照出资比例享有。

五、婚前债务,各自承担,另一方不负清偿责任。

六、双方对各自的婚前财产享有自由处分的权利,对方不得干涉。

七、若离婚,一方不得对另一方的婚前财产主张所有权。

八、本协议一式两份，双方各执一份，自双方签字生效。

协议人（男方）：________　　　　协议人（女方）：________

________年____月____日　　　　________年____月____日

8. 离婚登记申请书

（受理编号：区划代码+四位年份+六位流水号）

男方姓名：________国籍：______身份证件号码：____________________常住户口所在地：________________手机号码：____________

女方姓名：________国籍：______身份证件号码：____________________常住户口所在地：________________手机号码：____________

我们于______年____月____日，在______登记结婚，结婚证字号____________现因____________申请离婚。

我们双方自愿离婚，并已经对子女抚养、财产以及债务处理等事项达成协商一致的意见，双方均具备完全民事行为能力。

上述申请内容完全真实，如有虚假，愿承担法律责任。

申请人（签名并按指纹）：______　　______年____月____日

申请人（签名并按指纹）：______　　______年____月____日

受理人（签名并按指纹）：______　　______年____月____日

9. 离婚登记申请受理回执单

（存根联）　NO：区划代码＋四位年份＋六位流水号

男方姓名：________ 身份证件号码：________________ 手机号码：____________；

女方姓名：________ 身份证件号码：________________ 手机号码：____________。

双方于______年__月__日在本登记机关申请协议离婚。按照《民法典》相关规定，如无撤回离婚登记申请的情形，双方应于______年__月__日至______年__月__日到婚姻登记机关申请发给离婚证。

未申请的，视为撤回离婚登记申请。

×××婚姻登记处

____年__月__日

婚姻登记工作业务专用印章

离婚登记申请受理回执单

（NO：区划代码＋四位年份＋六位流水号）

____________（男女双方姓名）：

你们于______年___月___日，向本婚姻登记机关提出的离婚登记申请事项已受理。

自离婚登记申请受理之日起三十日内，任何一方不愿离婚的，可以向本登记机关撤回离婚登记申请。

自_____年___月___日至___年___月___日，双方应当持申请时所携带的有效证件（原件）、离婚协议及相关材料共同到本婚姻登记机关申请发给离婚证；未申请的，视为撤回离婚登记申请。

咨询电话：

××× 婚姻登记处

_____年___月___日

离婚登记申请受理回执单

（NO：区划代码＋四位年份＋六位流水号）

____________（男女双方姓名）：

你们于______年___月___日，向本婚姻登记机关提出的离婚登记申请事项已受理。

自离婚登记申请受理之日起三十日内，任何一方不愿离婚的，可以向本登记机关撤回离婚登记申请。

自_____年___月___日至___年___月___日，双方应当持申请时所携带的有效证件（原件）、离婚协议及相关材料共同到本婚姻登记机关申请发给离婚证；未申请的，视为撤回离婚登记申请。

咨询电话：

××× 婚姻登记处

_____年___月___日

10. 不予受理离婚登记申请告知书

__________、__________：

你们于__________年______月______日向本婚姻登记机关提出离婚登记申请，因下列□中画√的原因，根据相关法律法规的规定，不予受理离婚登记申请。

□非双方自愿；

□未对子女抚养、财产以及债务处理等事项达成协商一致的意见；

□双方未共同到婚姻登记机关提出离婚登记申请；

□男/女方属于无民事行为能力或者限制民事行为能力人；

□结婚登记不是在中国或者中国驻外使(领)馆办理的；

□本婚姻登记机关不具有管辖权；

□缺男/女方户口簿；

□缺男/女方有效身份证件；

□缺男/女方结婚证或者相关证明材料；

□男/女方身份证不在有效期内；

□男/女方常住户口迁出后未重新落户；

□男/女方身份证与户口簿上的姓名、出生日期不一致；

□其他(注明原因)。

×××婚姻登记处(印章)

______年____月____日

11. 撤回离婚登记申请书

（NO：区划代码+四位年份+六位流水号）

申请人姓名：________国籍：____身份证件号码：______________________________ 手机号码：______________ 常住户口所在地：____________________

对方姓名：__________国籍：____身份证件号码：______________________________ 手机号码：______________ 常住户口所在地：____________________

我们于________年____月____日向______________婚姻登记处提出离婚登记申请，现因下列□中画√的原因撤回离婚登记申请。

□对子女抚养、财产及债务处理等事项未协商一致；

□男女双方自愿维持婚姻关系；

□本人不愿离婚；

□其他（需注明具体原因）。

申请人：__________
（签名并按指纹）
______年____月____日

受理人：__________
（签名）
______年____月____日

12. 撤回离婚登记申请确认单

（存根联） NO：区划代码+四位年份+六位流水号

申请人____（姓名）____身份证件号码______________________________，向本婚姻登记机关提出撤回与另一方____（姓名）____身份证件号码______________________________的离婚登记申请（NO：区划代码+四位年份+六位流水号）。按照《中华人民共和国民法典》第1077条规定，申请人符合撤回离婚登记申请的条件，其于______年___月___日提出的离婚登记申请正式撤回，离婚登记程序自此终止。

×××婚姻登记处

_____年__月__日

婚姻登记工作业务专用印章

撤回离婚登记申请确认单

NO：区划代码+四位年份+六位流水号

申请人____（姓名）____身份证件号码______________________________，向本婚姻登记机关提出撤回与另一方____（姓名）____身份证件号码______________________________的离婚登记申请（NO：区划代码+四位年份+六位流水号）。按照《中华人民共和国民法典》第1077条规定，申请人符合撤回离婚登记申请的条件，其于______年___月___日提出的离婚登记申请正式撤回，离婚登记程序自此终止。

×××婚姻登记处

_____年__月__日

13. 离婚登记声明书

我们双方自愿离婚,谨此声明:

男方姓名:________国籍:______出生日期:______年____月____日 民族:____职业:__________文化程度:__________身份证号码:__________________________常住户口所在地:__________________________

女方姓名:________国籍:______出生日期:______年____月____日 民族:____职业:__________文化程度:__________身份证号码:__________________________常住户口所在地:__________________________

我们于______年____月____日登记结婚,结婚证字号:__________________________,离婚原因是________________________

我们于______年____月____日提出离婚登记申请,现离婚冷静期届满,我们对子女抚养、财产以及债务处理等事项协商一致且共同签订了离婚协议书。

上述声明完全真实,如有虚假,愿承担法律责任。

声明人(签名并按指纹):________ ______年____月____日

声明人(签名并按指纹):________ ______年____月____日

监督人(签　　　　名):________ ______年____月____日

(注:声明人签名须在监督人面前完成)

14. 不予办理离婚登记告知书

________、________：

你们于______年____月____日到本婚姻登记机关正式办理离婚登记，因下列□中画√的原因，根据相关法律法规的规定，不予办理离婚登记。

□非双方自愿；

□双方未共同到婚姻登记机关申请办理离婚登记；

□对子女抚养/财产及债务处理等未达成书面协议；

□男/女方属于无民事行为能力或限制民事行为能力人；

□结婚登记不是在中国或者中国驻外使(领)馆办理的；

□本婚姻登记机关不具有管辖权；

□缺男/女方户口簿；

□缺男/女方有效身份证件；

□缺男/女方结婚证；

□缺男/女 2 寸单人近期半身免冠照片____张；

□男/女方身份证件不在有效期内；

□男/女常住户口迁出后未重新落户；

□男/女方身份证与户口簿上的姓名、出生日期不一致；

□其他(注明原因)。

×××婚姻登记处(印章)

______年____月____日

15. 离婚登记审查处理表

申请人姓名	（男）	（女）
出生日期	年　　月　　日	年　　月　　日
身份证号码		
国籍		
民族		
职业		
文化程度		
离婚原因		
提供证件材料		
审查意见		
申请日期	年　　月　　日	
登记日期	年　　月　　日	
离婚证字号		
离婚证印制号		
承办机关名称		
登记员签名	年　　月　　日	
当事人领证 签名并按指纹	男方： 年　　月　　日	女方： 年　　月　　日
备注		

当事人照片：

16. 离婚登记流程图

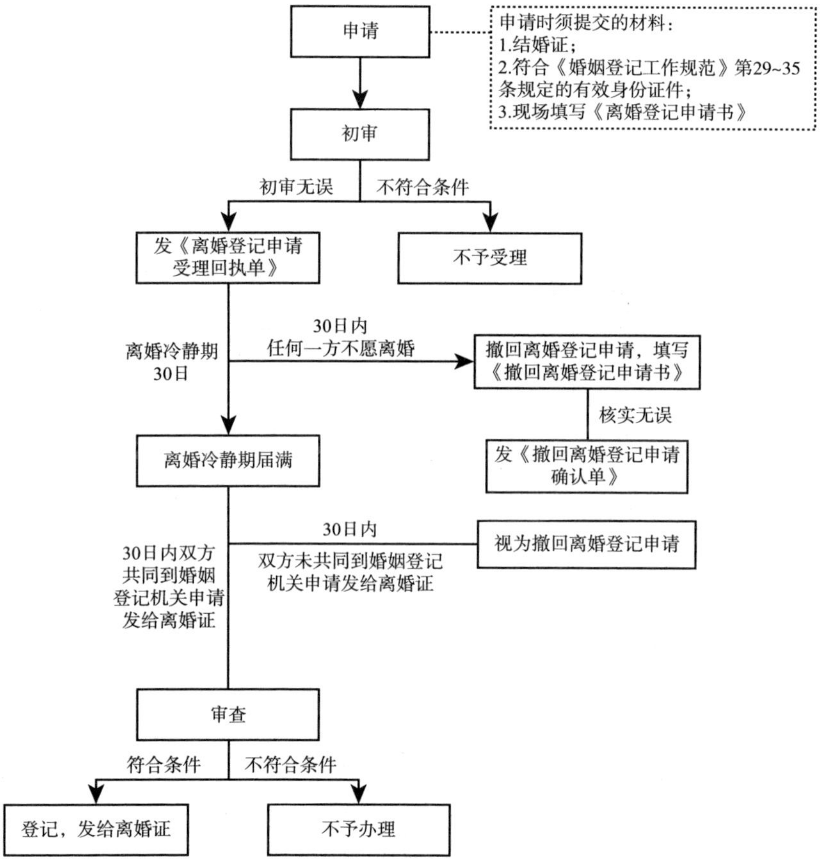
申请
申请时须提交的材料：
1.结婚证；
2.符合《婚姻登记工作规范》第29~35条规定的有效身份证件；
3.现场填写《离婚登记申请书》
初审
初审无误
不符合条件
发《离婚登记申请受理回执单》
不予受理
离婚冷静期30日
30日内任何一方不愿离婚
撤回离婚登记申请，填写《撤回离婚登记申请书》
核实无误
发《撤回离婚登记申请确认单》
离婚冷静期届满
30日内
双方未共同到婚姻登记机关申请发给离婚证
视为撤回离婚登记申请
30日内双方共同到婚姻登记机关申请发给离婚证
审查
符合条件
不符合条件
登记，发给离婚证
不予办理

17. 离婚官司流程图(一审)

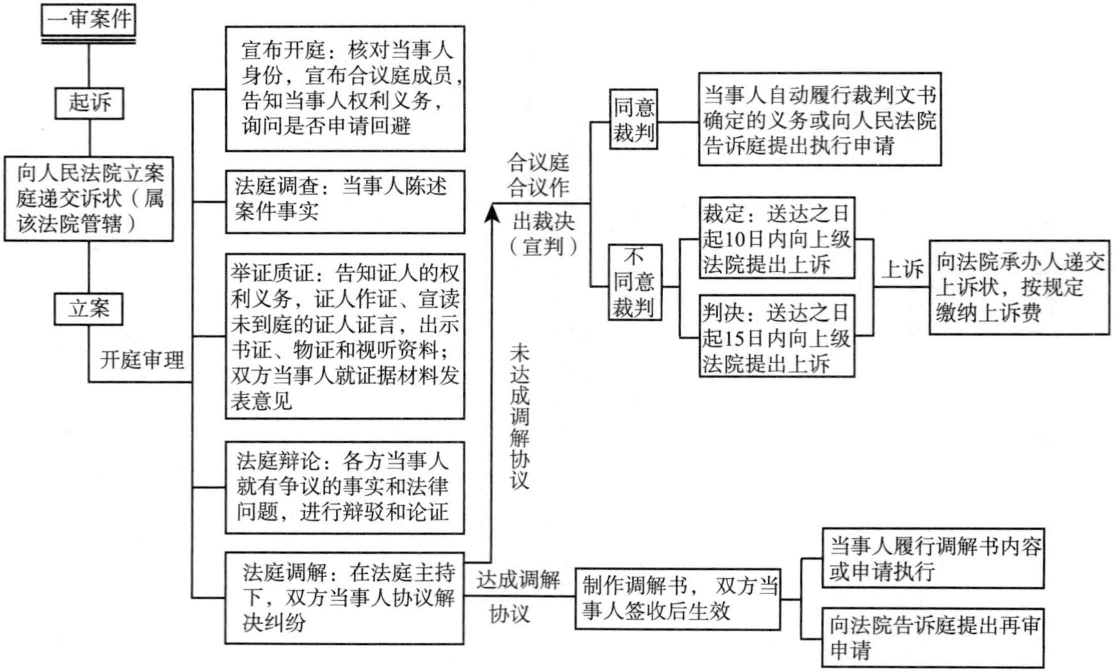

18. 离婚官司流程图(二审)

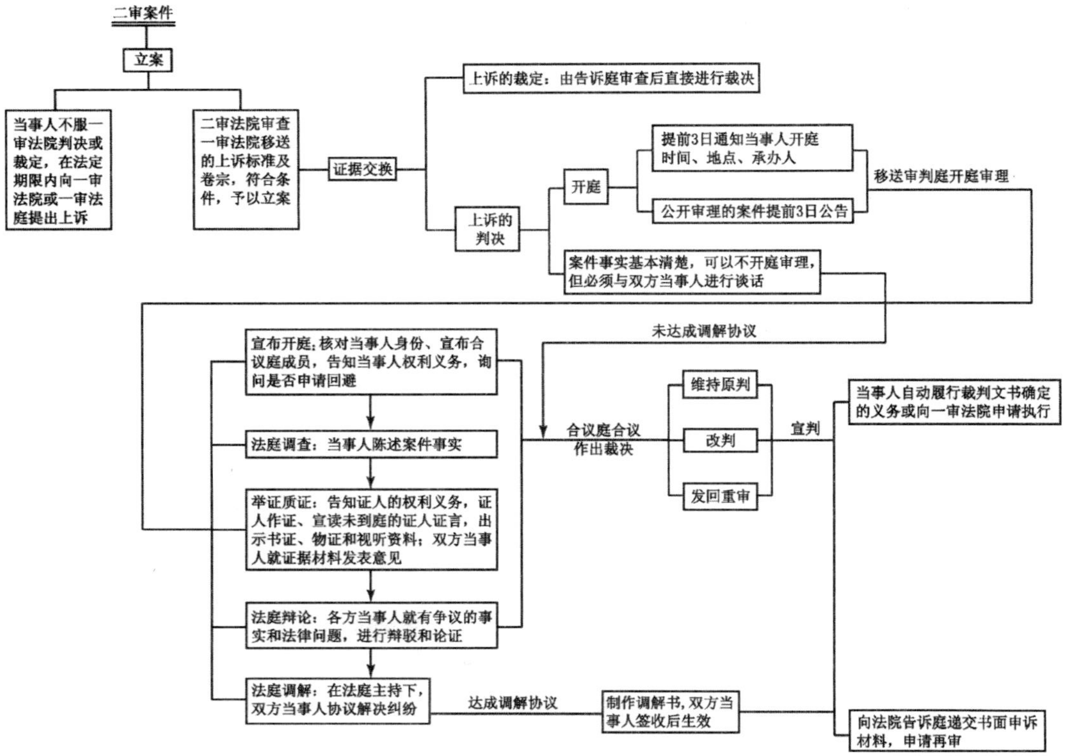